Mujeres e imaginarios de la globalización

Reflexiones para una agenda teórica global
del feminismo

Celia Amorós Puente

Mujeres e imaginarios de la globalización

Amorós Puente, Celia
    Mujeres e imaginarios de la globalización: reflexiones para una agenda teórica global del feminismo. - 1a ed. 2a reimp. - Rosario: Homo Sapiens Ediciones, 2019.

1. Rol Social de la Mujer. 2. Feminismo. I. Título
CDD 305.42

© 2008 | **Homo Sapiens Ediciones**
Sarmiento 825 (S2000CMM) Rosario | Santa Fe | Argentina
Tel: 54 341 4243399 | 4253852 | 4406892
editorial@homosapiens.com.ar
www.homosapiens.com.ar

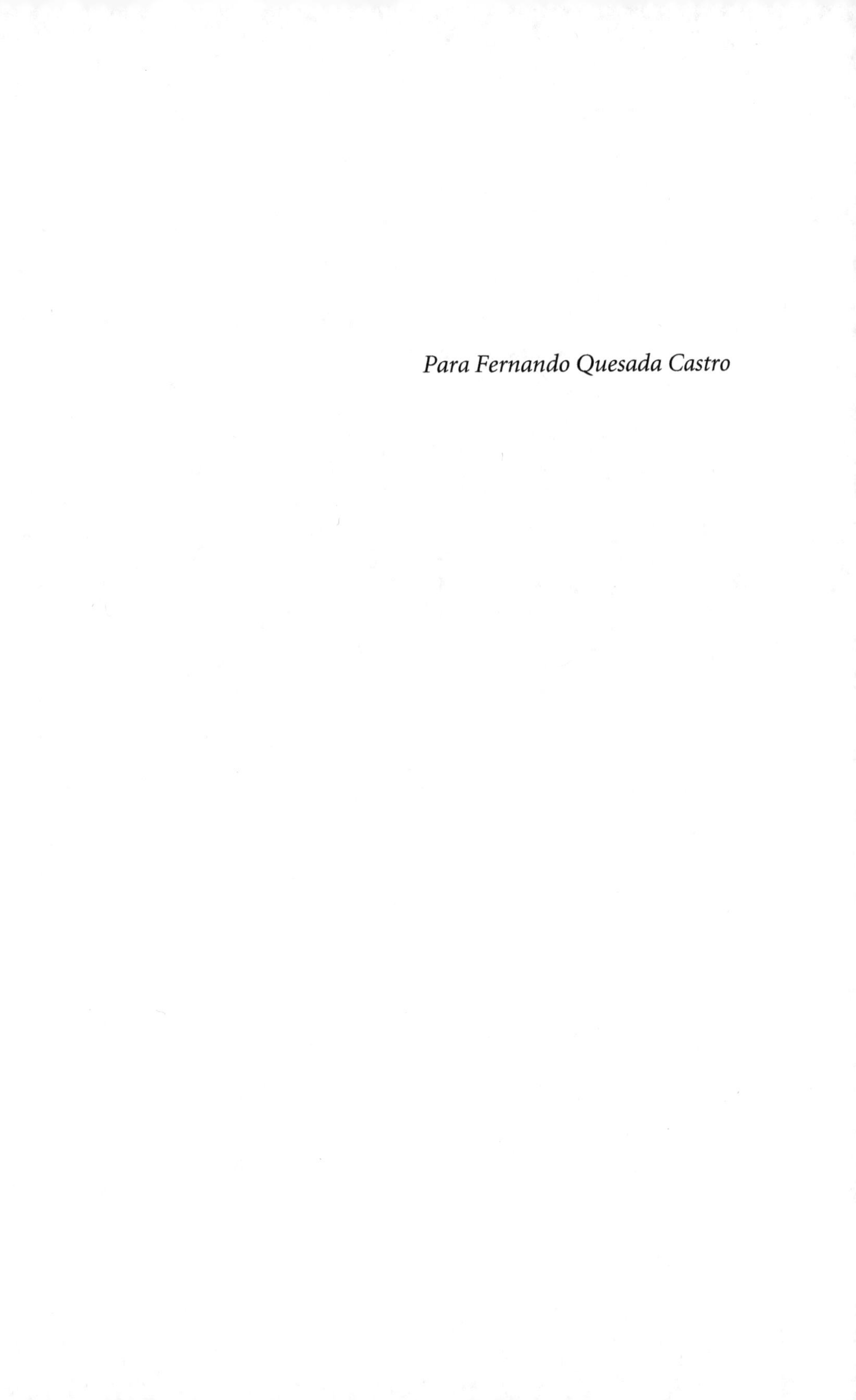

Para Fernando Quesada Castro

Agradecimientos

En cuanto al capítulo de los agradecimientos, quiero poner de manifiesto que, si bien los trabajos que componen este libro han sido elaborados en solitario, fueron pensados, como no podría ser de otro modo, dentro de un contexto. Este contexto lo constituye la relación amistosa intelectual que me une desde hace tantos años con las compañeras del grupo «Feminismo e Ilustración» y del Forum de Política feminista.

Quiero hacer constar aquí mi agradecimiento a Stella León por su intervención material en algunos de los capítulos de este libro.

Un agradecimiento muy especial va dirigido a Fernando Quesada, a quien dedico el libro. No sólo por corresponder a un apoyo afectivo y una interlocución permanente, sino por razones de justicia. Él es responsable en buena medida de mi interés por la globalización y por su sugerente idea acerca de la formación de un tercer imaginario político.

Por último, quiero dedicar un agradecimiento muy especial a María Rosa Puente, sin cuya dedicación y eficacia este libro no hubiera sido posible.

Madrid, abril de 2008.

PARTE II
El imaginario patriarcal en la era de la globalización 189

APÉNDICE
En el aniversario de Simone de Beauvoir:

La filosofía, como tan bien lo vio Hegel, despliega sus conceptualizaciones cuando el búho de Minerva despliega sus alas: en el crepúsculo. Va por detrás de los procesos del mundo: necesita ver sus contornos nítidos y ello no sucede hasta que los procesos históricos toman forma identificable. Lo cual ocurre siempre *après coup*. Pues bien, si se trata de aproximarse filosóficamente al fenómeno de la globalización, el riesgo de ir muy por detrás de dichos procesos se intensifica: el espacio histórico que totalizaba Hegel y las velocidades de los ritmos históricos poco tienen que ver en su amplitud e intensidad dinámica con lo que ocurre en nuestra contemporaneidad, a la que caracterizamos como «era global». Y eso que de países emergentes inmensos sabemos bien poco hasta el momento. Menos todavía de cómo se constituyen en ellos sujetos emergentes, y aún es mucho más escaso nuestro conocimiento acerca del papel y los horizontes de las mujeres en esos ámbitos.

En estas condiciones, un libro sobre las mujeres y la globalización ha de tener una aguda conciencia de sus limitaciones, de la provisionalidad de sus aproximaciones conceptuales. Con todo, el feminismo necesita urgentemente ir elaborando su agenda a escala

—relativamente (!)— global, y parece así necesario y conveniente correr el riesgo de «echar nuestro cuarto a espadas» en esta tarea. Pues, desde luego, quien no arriesga nada no gana nada.

Por otra parte, he experimentado tanto intelectual como vitalmente la necesidad de contrastar ciertas conceptualizaciones abstractas que he desarrollado en alguno de mis libros con los procesos y los fenómenos concretos cuya contundencia se nos impone. Concretamente, la teoría que llamo «nominalista» del patriarcado, que he venido elaborando durante muchos años y expongo en *La gran diferencia y sus pequeñas consecuencias… para las luchas de las mujeres*, me ha venido sirviendo en sus aspectos formales como esquema interpretativo para iluminar ciertos aspectos de la globalización. Contra lo que pretenden algunas, el patriarcado existe y sus efectos se dejan sentir. Esos mismos efectos serían ininteligibles y mucho menos susceptibles de ser entendidos y denunciados fuera de ese marco analítico. Celebro especialmente convergencias entre mi teoría sobre el patriarcado como sistema —inestable y complejo— de pactos entre los varones y lo que la antropóloga argentina Rita Segato expone como la dimensión «horizontal» del patriarcado, la relación de los varones entre sí como clave ineludible para la comprensión de las modalidades de su dominio sobre las mujeres, lo que ella llama el «eje vertical». Las mujeres en la era global somos objeto transaccional entre los varones bajo formas siniestras. Así, la «violencia de género», a la que yo prefiero llamar «violencia patriarcal» y los «feminicidios» deben ser estudiados a la luz de estos pactos emergentes específicos que son los pactos mafiosos y sus parafernalias.

He aplicado y prolongado, por otra parte, algunos análisis históricos como el del fenómeno libertino, al que dediqué mi atención en *Tiempo de feminismo. Sobre feminismo, proyecto ilustrado y postmodernidad*. Desgraciadamente, anomias tan específicas como la que hizo posible y caracterizó el fenómeno sadeano revisten nuevas versiones y no sólo literarias. Los feminicidios de Ciudad Juárez son un tema al que dedico una buena parte de este libro y que en su origen corresponde a unas sesiones de un Seminario que impartí en Oaxaca, donde fui invitada por el Instituto de Estudios de la Mujer, por su directora, mi buena amiga Norma Reyes Terán, así como Ana Gazga Pérez y la entrañable Estela Serret. El año pasado, en una versión más elaborada, tuve ocasión de exponerlo en el PUEG de la UNAM[1], invitada por Marisa Belausteguigoitia. Estos trabajos han significado un reto y una contrastación para mi consigna «conceptualizar es politizar». Agradezco tanto a mis anfitrionas del PUEG como a los participantes sus observaciones y aportaciones, que me sirvieron para la ilustración y el enriquecimiento del taller. Asimismo, tuve ocasión de contrastar puntos de vista sobre la problemática de la violencia de género con mi buena amiga Marcela Lagarde.

En la primera parte, vuelvo a ciertos *locus* teóricos de la historia del pensamiento feminista para verificar, una vez más, su riqueza, su calidad, su idoneidad para pensar nuestro tiempo. Las luchas feministas han sido siempre luchas complejas, muchas veces con varios frentes y referentes polémicos a la vez, y el dialogar con ellos activa la comprensión de nuestra historia y de nuestro presente. No podemos ignorar ni dilapidar ese patrimonio. Para las feministas sería un suicidio intelectual y político. La historia de la teoría feminista nos empodera: no en balde se ha desarrollado durante tres siglos en condiciones diferentes en muchos aspectos pero recurrentes y similares en otros. Por ello, me ha parecido de interés volver a poner sobre el tapete no tanto las teorías socialistas de «los sistemas duales»[2] en los términos en que se plantearon en otros contextos como los problemas a que estas teorías intentaron dar elementos de respuesta y que en buena medida se han replanteado con la globalización neoliberal. Intento algo en este sentido en el capítulo primero, que en su origen fue el prólogo que con tanta deferencia me pidió Paloma de Villota para su libro *Globalización y desigualdad de género*.

Por otra parte, hoy menos que nunca el feminismo radical es una antigualla. Creo que procede visitarlo de nuevo en la medida en

---

1. Noviembre, 2007.
2. Estos sistemas consideran que capitalismo y patriarcado son analíticamente diferentes.

que la política sexual del patriarcado parece vencerse cada vez más del lado de la violencia, y habría que determinar cómo se articula esta violencia con los pactos patriarcales. Traté por ello con cierta amplitud el tema en el monográfico sobre feminismo de la *Revista Internacional de Filosofía política*, insistiendo siempre en lo que llamo la «pinza patriarcal»: las anomalías de nuestra inserción en el mercado de trabajo nos remiten a la problemática del sexo y la familia en medida no menor en que nuestra condición de seres sexuales —ella es sexo para él, *ergo* es sexo en sí misma, afirmaba Simone de Beauvoir— nos convierte en servidoras en el ámbito del trabajo remunerado. Propongo así —y he tratado de dar un esbozo en esa línea— una nueva síntesis entre feminismo socialista y feminismo radical en el mundo de la globalización.

Los capítulos en los que hago referencia y dialogo con Donna Haraway tienen una génesis más compleja. He de confesar que en la primera lectura que hice, hace ya muchos años, del «Manifiesto para cyborgs», no me sedujo. Me sentí muy distante de sus planteamientos postmodernistas, cuando yo estaba sumergida plenamente en las relaciones históricas entre feminismo e Ilustración. Pero, cuando al regresar de mi estancia en Harvard me interesó y me pareció ineludible estudiar las relaciones entre globalización y feminismo, proyecté sobre ella una nueva luz. Sus declaraciones de postmodernismo se me empezaron entonces a aparecer como una impostación —como creo que lo es también su alineamiento, si bien crítico, con el «amodernismo» de Bruno Latour en «Las promesas de los monstruos»—. Encontré en ella un material enormemente sugerente para identificar a los nuevos sujetos emergentes en la era de la globalización, más allá de los discursos acerca de la muerte del sujeto y de «las identidades» de las «políticas de reconocimiento» de los años 80. Entre estos sujetos y en alianza con ellos, nos las teníamos que ver las mujeres damnificadas por el nuevo modelo de desarrollo capitalista y enfrentadas al reto de tomar posiciones de poder en las nuevas tecnologías. En Haraway encontramos interesantes elementos de respuesta, particularmente para la elaboración de una teoría de las alianzas que potencie —en lugar de estafarlas— la posición de las mujeres. Por otra parte, su epistemología constructivista, en íntima relación con sus compromisos políticos con los nuevos agentes, sintonizaba en algunos de sus registros con mis posiciones nominalistas —moderadas—. Creo que da un buen rendimiento —si se hace de ellas un uso adecuado—la utilización de categorías filosóficas clásicas para instrumentar necesidades epistemológicas contemporáneas: asumo, así, una posición cognoscitiva en términos del venerable debate histórico sobre el estatuto de los términos universales, para habilitar un lugar epistemológico desde el cual poder adoptar un enfoque liberador para las mujeres por parte de la policía de Ciudad Juárez.

Pero la Donna Haraway que absorbió toda mi atención y mi interés es la autora de *Testigo Modest@ del Segundo_Milenio. HombreHembra©_Conoce Oncoratón®. Feminismo y Tecnociencia.* Este libro transmite la solvencia y la pasión de quien sabe de qué está hablando. Y la autora de «Las promesas de los monstruos» sabe bien de qué habla cuando se refiere a «la naturaleza empresarializada», a «la biotecnología como continuación de la política por otros medios» y a la necesidad de una «república de la tecnociencia» —*versus* «la industria de la bioética»— como cuestión prioritaria de ciudadanía. De todo ello depende «quién vivirá y quién morirá», «qué mundos habitables» se construirán y cuáles no. Y para ello, vuelve retrospectivamente a los orígenes de la ciencia moderna, en la línea de los estudios culturales, sí, pero ya más distanciada de Latour por su compromiso político con las necesidades epistemológicas de los sujetos emergentes: lo que ella llama sus «testigos modestos mutados». Creo que este planteamiento es susceptible de ser asumido en clave ilustrada y que pueden encontrarse eslabones perdidos entre las «promesas ilustradas incumplidas» y «las promesas de los monstruos».

Entender nuestro presente desde el feminismo, insisto, implica tender puentes con los clásicos desde nuestra contemporaneidad. Así, para entender algún aspecto no precisamente baladí del troceamiento de las mujeres víctimas de Ciudad Juárez nos remontamos al imaginario misógino de Hesíodo que concibió a su Pandora como un agregado de partes. Este texto, con el que abro lo que fue el taller de México sobre Ciudad Juárez, fue presentado en un Curso de verano en El Escorial sobre Occidente y el Mal, organizado por mis amigos Javier Muguerza y Yolanda Ruano.

En lo que concierne al origen de los textos de la primera parte, he tenido ya ocasión de referirme al libro de Paloma de Villota sobre *Globalización y desigualdad de género*. «Feminismo radical y feminismo socialista: notas para una agenda teórica del feminismo en la era global» se publicó con el título de «Dimensiones del poder en la teoría feminista», en la *Revista Internacional de Filosofía Política*, en julio del 2005, en la sección «Debates feministas para el siglo XXI», coordinada por Rosa Cobo.

El capítulo que titulamos «Sujetos emergentes y modelos epistemológicos» es el desarrollo de mi participación en una mesa redonda en el «Xè Simposi Internacional de Filòsofes», invitada por Fina Birulés, que la publicó luego en el libro *La passió per la llibertat*[3]. Una versión de carácter más pedagógico ampliada y desarrollada aparece en *Historia de la teoría feminista: de la Ilustración a la Globalización*[4].

«Filosofía y feminismo en la era de la globalización» fue la ponencia que presenté al Congreso Internacional del Aula Castelao, al que fui invitada en febrero del 2006, por amigos tan estimados como Carme Adán y Jorge Álvarez. Me siento deudora de Carme Adán en la profundización del pensamiento de Donna Haraway, pues tuve el honor de estar en el tribunal de su tesis sobre Epistemología feminista que le dirigió mi querida amiga María Xosé Agra. Este mismo texto, revisado y ampliado, se publicó por parte de mis buenas amigas canarias, María José Guerra y Ana Hardisson, en la edición del ciclo *20 Pensadoras del siglo XX*[5].

Mi colega de la UNED, José Romera Castillo, tuvo la atención de incluir mi texto «Espacios y tiempos en la era de la globalización»,

---

3. Birulés, F. & M. I. Peña Aguado (eds.): *La passió per la llibertat*, Publicació i Edicions de la Universitat de Barcelona, Barcelona, 2004.
4. Amorós C. y A. de Miguel (eds.): *Historia de la teoría feminista: de la Ilustración a la Globalización, Tomo III*, Minerva, Madrid, 2005.
5. Editorial Nobel, Oviedo, 2006.

que fue mi ponencia en su congreso titulado «Dramaturgias femeninas en la segunda mitad del siglo XX: Espacio y tiempo».

Por último, mi trabajo que titulo *Feminismo y Nihilismo* y que figura como Apéndice tiene como su responsable a mi muy apreciado Pedro Cerezo, que me invitó a un curso de verano en Almuñecar sobre nihilismo, feminismo y filosofía. Hasta ahora inédito, me ha parecido oportuno incluirlo en el centenario de Simone de Beauvoir a título de apéndice. Creo que es un deber de coherencia con mi preocupación por tener siempre presente la historia del pensamiento feminista.

A lo largo de mi carrera profesional y de mi militancia feminista, la relación con Latinoamérica ha constituido una prioridad. En el año 1987, Haydée Birgin tuvo la gentileza de invitarme a impartir unos cursos sobre feminismo en Buenos Aires. El momento político y cultural en Argentina era particularmente interesante y allí trabé relaciones de amistad que todavía perduran, pese a las distancias: Marta Rosenberg, Isabel Santa Cruz, siguen siendo para mí referentes importantes. Con María Luisa Femenías he mantenido una relación continuada amistosa e intelectual. Y no cito a muchas otras porque la lista sería interminable, pero todas figuran en mi recuerdo. Así, cuando mi buen amigo Hugo Quiroga me propuso escribir un libro para una editorial argentina de difusión latinoamericana, no vacilé ni un momento en darle a este proyecto prioridad. Mi estima del trabajo tanto de Hugo como de Silvia Levín constituyó un aliciente adicional para llevar a cabo el proyecto. Así, como telón de fondo de todo el libro se encuentran mis diversos viajes a México D.F., Oaxaca, Puebla, Morelia, Cuernavaca, donde impartí conferencias y establecí contactos entrañables. En Guatemala he tenido ocasión de impartir módulos de teoría feminista, invitada por personas (no podría enumerarlas a todas) que me merecen la más alta estima. Conservo asimismo un recuerdo muy especial para las compañeras feministas de Nicaragua, quienes tuvieron para mí una acogida entrañable. Países como Honduras, Chile y Brasil, en los que he sido también invitada a impartir seminarios o conferencias, completan mi visión de Latinoamérica como un conjunto complejo, pero cuyos referentes para el pensamiento feminista tienen un significativo grado de unidad.

Tengo un enorme agradecimiento por el feminismo latinoamericano y me sentiré muy satisfecha si con este libro puedo poner un granito de arena para la comprensión de alguno de sus problemas y proyectos. Porque no debemos renunciar a la participación en una agenda feminista global.

Parte 1

Las mujeres en el paradigma informacionalista

1.

Globalización y orden del género: los hilos rosas de la globalización

1.1. La globalización: una cabeza de Medusa

Un análisis de género de la globalización es una tarea ineludible en orden a elaborar la agenda global del feminismo. Dicho de otro modo: la identificación de los hilos de color rosa en el tejido de la globalización trazan para las feministas, como en punteado, las líneas y direcciones en que habrán de intervenir los hilos violetas. Desde esta perspectiva, se vuelve inevitable una caracterización mínima del fenómeno llamado «globalización», término cuyos usos son multívocos y polivalentes. No pretendemos aquí, ni mucho menos, dar una definición del fenómeno: hay muchas disponibles, elaboradas por distintos autores competentes. La globalización es ante todo un proceso económico, y en el ámbito de la economía soy todavía menos que *amateur*: una advenediza total. Me limitaré, pues, a exponer sumariamente en qué parámetros analíticos me muevo a la hora de ubicar el trazado de los hilos rosas de la globalización, reconstruyendo las puntadas que cumplen, como veremos, una función clave en el diseño de ese nuevo tejido que, querámoslo o no, es el que nos envuelve.

El sociólogo catalán Manuel Castells[1] ha caracterizado la globalización por la convergencia de varios fenómenos: la constitución del «paradigma informacionalista», la articulación de la «sociedad red», el lanzamiento de un nuevo modelo de desarrollo capitalista y la redefinición del papel de los Estados Nación, fundamentalmente.

1.2. Un nuevo paradigma tecnológico

En su caracterización de lo que él llama «paradigma informacionalista», nuestro sociólogo se basa en el concepto de «paradigma» que Kuhn acuñó en su conocida obra *La estructura de las revoluciones científicas*. Dada la proliferación del uso —y abuso— del término kuhniano en toda clase de contextos, con la consiguiente pérdida de precisión que ello conlleva, debemos agradecer a Castells que nos lo defina brevemente: un paradigma es «un modelo conceptual» que proporciona un criterio estándar de selección de las interpretaciones. La retícula conceptual que configura el paradigma, como conjunto de conceptos interrelacionados, determina el que una interpretación o una explicación de los fenómenos sea o no de recibo en el marco de los supuestos teóricos que se expresan en los conceptos propios de esa retícula. Dicho de otro modo, cada paradigma, científico-tecnológico en este caso, establece *en términos de qué* hay que describir, interpretar o explicar los fenómenos para que un determinado paradigma acepte tal descripción, interpretación o explicación como pertinente. Por ejemplo, en un paradigma mágico-animista se acepta como adecuada una predicción del destino de un recién nacido por la conjunción de las posiciones de los astros en el momento de su nacimiento. Una explicación tal, sin embargo, resultaría inaceptable para un paradigma mecanicista, que descartaría una explicación-predicción tal, a menos que fuera posible traducirla en términos de masas de átomos, velocidades, etc.

---

1. Castells, M.: *La era de la información*, 3 volúmenes, Alianza, Madrid, 1997-1998.

Del mismo modo, interpretar el comportamiento moral de una persona apelando a los conceptos de superego, introyección, pulsiones reprimidas, etc., es válido en el ámbito de los supuestos teóricos del psicoanálisis, considerado a los efectos como un paradigma. Pero ni siquiera lo admitiría a trámite, podríamos decir, un psicólogo de orientación conductista o gestáltica [2].

Pues bien, nuestro «paradigma informacionalista» es el paradigma vigente en la era de la globalización, que ha venido a suplantar al «paradigma industrialista» [3] de desarrollo decimonónico. Este paradigma se caracteriza en el orden del conocimiento por llevar a cabo una unificación epistemológica del ámbito de la comunicación y el ámbito de la vida [4]. Cualquier modelo explicativo que se proponga en ambos dominios ha de ser formulado en términos de información: en ello consiste la unificación epistemológica. Una unificación tal implica que, en cuanto se refiere al modo formal como abordamos su conocimiento, las máquinas electrónicas contemporáneas no se distinguen sustantivamente de los organismos vivos: tanto a los unos como a las otras se los maneja congnoscitivamente en la medida en que son procesadores de información.

La bióloga y teórica feminista Donna Haraway [5] ha llevado al límite las implicaciones ontológicas de esta unificación epistemológica

---

2. Obsérvese que aquí nos estamos refiriendo a pertinencia de las interpretaciones por referencia a un paradigma determinado. Esta cuestión es previa a toda adjudicación de verdad o falsedad. Para que esta cuestión entre a ser dilucidada como valor de una explicación o de una interpretación, es preciso que los consensos teóricos implicados en un determinado paradigma, por así decirlo, la hayan admitido a trámite.

3. Nos llevaría aquí demasiado lejos entrar en detalle en las distinciones y relaciones entre ciencia y tecnología. De un modo muy sumario, nos limitaremos a decir, siguiendo a Castells, que la tecnología se basa en el conocimiento científico para hacer uso del mismo «de una forma reproducible» y, podríamos añadir, sistemática. Así, los conocimientos que proporciona la microelectrónica sirven para producir ordenadores en gran escala —si hay dinero para ello, claro está—.

4. La unificación epistemológica a la que nos referimos parece alcanzar recientemente también a la materia inerte. Por razones obvias, aquí no vamos a entrar en ello.

5. Haraway, D.: *Ciencia, cyborgs y mujeres*, Cátedra, Colección Feminismos, Madrid, 1995.

en su figuración de los cyborgs, organismos cibernéticos en los que las fronteras entre lo humano, lo animal y lo maquínico se diluyen. A su vez, el panorama ontológico así reconfigurado tiene para Donna Haraway implicaciones políticas: «el cyborg es nuestra ontología, debe ser nuestra política», afirma en su «Manifiesto para cyborgs». Volveremos sobre ello. De momento vamos a seguir, de la mano de Castells, con la reconstrucción del paradigma informacionalista de nuestra era global. En este paradigma convergen dos revoluciones contemporáneas: la revolución en la microelectrónica, causa y consecuencia de los enormes progresos en la informática, y la de la ingeniería genética. La revolución informática consiste básicamente en la emergencia de una insólita capacidad de procesamiento de la información en torno a dos ejes: el de la recombinación y el de la distribución. Se hace posible, por una parte, enlazar y reunir información procedente de los más diferentes campos[6]. La información así recombinada es, a su vez, aplicada a diferentes capítulos donde se formulan las preguntas a las que se quiere dar respuesta mediante la recombinación de la información obtenida. La «espiral creativa[7]», para Castells, responde a la articulación sistemática de la recombinación y la redistribución: una nueva recombinación de la información nos ayuda a establecer de qué modo podríamos distribuirla, a qué ámbito de cuestiones la podríamos aplicar, a la vez que esta nueva distribución nos sirve de palanca para promover y orientar en determinado sentido nuevas recombinaciones. Recombinación y redistribución generan así un círculo virtuoso, con un efecto *feedback* permanente y apto para la construcción de mensajes personalizados.

La revolución informática es, en un sentido, condición de posibilidad de la que ha tenido lugar en la ingeniería genética: sin la potencia de procesamiento de la información y, con ella, de las capacidades de simulación logradas por la informática, la ingeniería

---

6. Sea cual fuere su volumen, prácticamente.

7. Castells, M.: prólogo a Himanen, P., *La ética del hacker y el espíritu de la era de la información*, Destino, Madrid, 2001.

genética no habría sido posible. Esta segunda revolución ha llevado a descifrar el ADN como código de la materia viva. La prensa y la literatura científica de divulgación nos tienen al corriente de sus enormes virtualidades: la investigación con células madre orientada al tratamiento de enfermedades degenerativas, entre otros muchos usos, como la tan discutida clonación…

1.3. El triunfo de «la *perestroika* capitalista»

La constitución de este nuevo paradigma científico-tecnológico coincidió *grosso modo* en el tiempo y entró en interacción con la respuesta del modo de producción capitalista a la crisis de estancamiento que padeció a partir de la década de los 70. De nuevo de forma sumaria, podríamos caracterizar esta respuesta económico-política, en términos negativos, como una quiebra del consenso keynesiano que se había producido después de la Segunda Guerra Mundial en los países que, en contraposición con el bloque soviético, se regían por una economía de libre mercado. A los efectos que aquí nos interesan, retendremos, en relación con el consenso keynesiano, la asunción de un compromiso entre el capital y el trabajo por el cual se ponían límites a lo que de otro modo sería un mercado totalmente autorregulado. Se admitía la necesidad de una intervención del Estado en materias que, como la salud, la educación, entre otras, no podían quedar a merced de la sola dinámica de las fuerzas del mercado. Los logros de las luchas de la clase obrera, tal como se reflejaron en las regulaciones laborales, así como el reconocimiento reactivo, tras los horrores de la guerra, de ciertos derechos humanos básicos, plasmados en la Declaración de Derechos Humanos de 1948, constituyeron importantes diques de interrupción de la lógica capitalista del puro beneficio. A todo ello habría que añadir el marcaje que, para los países de economía mercantil, suponía la existencia y el funcionamiento de las economías de planificación estatal del bloque soviético, su referente ineludible de contrastación. Los Estados del Bienestar europeos y americanos, diferentes en varias líneas de sus diseños, respondían básicamente a este consenso.

El bloque soviético, de acuerdo con Castells, colapsó económicamente, en una gran medida, por su incapacidad de asumir y de adaptarse al nuevo paradigma informacionalista emergente, anclado como estaba en un «paradigma industrialista» cada vez más obsoleto. En cambio, como lo afirma nuestro sociólogo, «la *perestroika* capitalista funcionó».

1.4. **Los «flujos descodificados» en la era de la globalización**

La *perestroika* capitalista funcionó mediante el lanzamiento de un nuevo modelo de desarrollo capitalista de gran potencia y dinamismo, caracterizado por la desregulación en todos los ámbitos: desregulación de los flujos financieros, en primer lugar. Esta desregulación no fue consecuencia de una presunta dinámica inmanente y espontánea de las leyes económicas, sino que estuvo en función de decisiones políticas de los Estados, más concreta y fundamentalmente, de Estados Unidos y Gran Bretaña. Peter Gowan, desde esta perspectiva, describe la globalización en términos de un «cambio cualitativo del papel de las finanzas privadas en las relaciones monetarias internacionales: las nuevas disposiciones[8] pusieron estas finanzas privadas internacionales en el centro mismo del funcionamiento del nuevo sistema monetario internacional». Se actuó, de este modo, deliberadamente contra «la represión financiera keynesiana». A su vez, y siguiendo de nuevo a Peter Gowan, la Administración Nixon involucró a estas finanzas emergentes en una actividad prestamista «hacia los países del Sur, proporcionándoles

---

8. Hace referencia a medidas tales como la abolición, por parte de la administración Nixon, de los «controles de capital», es decir, de las restricciones sobre el flujo de fondos que entraba y salía de su territorio. En el mismo sentido, la Administración Reagan aprobó en 1981 una ley que permitía las «Zonas Francas Bancarias» en USA, «dando así a Wall Street el mismo status desregulado del que disfrutaba la City de Londres.»

incentivos para efectuar préstamos. Se implicó al FMI y al BM en una actividad prestamista paralela hacia esos países [...] Se decidió demoler el techo del importe de los préstamos totales que un banco podía conceder a un solo prestatario...[9]». A su vez, de acuerdo con nuestro economista, se produjo un *feedback* entre la hipertrofia del sector financiero privado predominantemente estadounidense y la institución del patrón-dólar en sustitución del patrón-oro vigente en el sistema de Breton Woods[10]. Esta descodificación de los flujos financieros, por decirlo en el lenguaje deleuziano caro a Rosi Braidotti[11], se vio facilitada por las nuevas tecnologías, que hacen posible que el dinero viaje a la velocidad de la información.

1.5. Un mundo «de ganadores y perdedores»

La desregulación de los flujos financieros, por otra parte, corrió pareja a la del mercado laboral. Propicia de entrada, como es sabido, una lógica de privatizaciones y de internacionalización. Las nuevas empresas de la era de la globalización buscan la competitividad a cualquier precio así como una flexibilidad permanente para poder ser montadas aquí, desmontadas allá, vueltas a montar en otro sitio, a la vez que organizan en torno a ellas una red de filiales y de subcontratadas. No es extraño que quieran una mano de obra funcional, que se adapte a su versatilidad potencialmente infinita.

---

9. Cfr. Gowan, P.: *La apuesta por la globalización*, Akal, Madrid, 2000. «La expansión de estas operaciones internacionales privadas puede apreciarse comparando el volumen de los préstamos bancarios y la emisión de bonos entre 1975 y 1990: los préstamos bancarios pasaron de 40.000 millones de dólares en 1975 a más de 300.000 millones en 1990; durante el mismo período, la emisión de bonos casi se multiplicó por diez: de 19.000 millones de dólares a más de 170.000 millones.»

10. Al mismo tiempo, se producía «un corrosivo proceso de laminación de la regulación pública de los agentes financieros dentro de otros Estados», cuyos sistemas financieros se vieron diseñados para ajustarlos a «las estrategias empresariales de los agentes de Wall Street y sus clientes estadounidenses (las multinacionales, los fondos de inversión en el mercado monetario, etc.)»

11. Cfr. Braidotti, R.: *Sujetos nómades*, Paidós, Barcelona, 2000.

Prefieren por ello las «zonas francas» que se sustraen con más facilidad a las reglamentaciones laborales. La mano de obra sufre así un proceso de «desterritorialización», cuando no en sentido literal porque se ve obligada a emigrar, en el sentido figurado de quedarse a merced de procesos de desarraigo dentro de sus propias fronteras por la fragilización y el deterioro del tejido social, condición de posibilidad de fenómenos tales como «las desaparecidas» en Ciudad Juárez. Queda de este modo abandonada a la expoliación de sus recursos naturales, arrancada de sus vínculos y referentes más próximos. El mundo de la globalización, afirma Castells, es un mundo de ganadores y perdedores, de inclusión de todo cuanto pueda ser refuncionalizado dentro de la lógica del mercado desregulado y de cruel exclusión de lo que no encaja en esa lógica. Opera segmentando internacionalmente y fraccionando en el interior de los propios países: de ahí que la abrupta contraposición sin matices Norte-Sur pueda obedecer a una lógica demasiado simplificadora.

1.6. La «economía del trabajo doméstico fuera del hogar»

Pues bien: en el mundo configurado por esas tendencias, no es difícil sospechar dónde se van a encontrar preferencialmente los perdedores. R. Gordon[12] ha caracterizado la lógica laboral que se desprende de la combinación del ensamblaje electrónico con el neoliberalismo como «economía del trabajo doméstico fuera del hogar». Pues se procede a «una reestructuración del trabajo que, en general, posee las características que antes tenían los empleos de las mujeres, los que sólo eran ocupados por éstas. El trabajo, independientemente de que lo lleven a cabo hombres o mujeres, está siendo redefinido como femenino y feminizado. "Feminizado": enormemente vulnerable, apto para ser desmontado, vuelto a montar, explotado como fuerza de trabajo de reserva…[13]». En consonancia

---

12. Citado por Donna Haraway en *op. cit.*
13. Gordon, R.: en *op. cit.*, p. 284.

con esta concepción del contrato laboral, tan *sui generis*, quien trabaja es «considerado más bien como servidor que como trabajador, sujeto a horarios intra y extrasalariales que son una burla de la jornada laboral limitada…». La «economía del trabajo casero» así descrita, como «estructura organizativa capitalista mundial», se hace posible, pero no está causada, por las nuevas tecnologías. El éxito del ataque a los relativamente privilegiados puestos de trabajo sindicados masculinos, generalmente ocupados por la raza blanca, está relacionado con el poder que tienen las nuevas tecnologías de la comunicación para integrar y controlar el trabajo a pesar de la amplia dispersión y de la descentralización.[14] Como consecuencia de este análisis, nuestro sociólogo estima que las consecuencias de las nuevas tecnologías para las mujeres se cifran ante todo «en la pérdida del salario familiar masculino[15]».

1.7. Estados del Bienestar y salario familiar

Hemos hecho referencia al Estado del Bienestar como plasmación del consenso keynesiano acerca de la intervención del Estado en la economía posterior a la Segunda Guerra Mundial. Su adelgazamiento, si no su desmantelamiento, es uno de los rasgos característicos de ese fenómeno al que se denomina globalización neoliberal. Sin embargo, no suele prestarse atención a lo que podríamos llamar el subtexto patriarcal del Estado del Bienestar. La teoría y el análisis feministas sí lo han hecho. Nancy Fraser[16], estudiosa de los modelos de Estado del Bienestar desde el punto de vista de los supuestos que asumen en lo que se refiere a las relaciones de género, ha identificado la institución del salario familiar como lo que ha sido la clave de bóveda de la arquitectura de estos sistemas de redistribución social. Su diseño se lleva a cabo de acuerdo con el supuesto

---

14. Ibídem, p. 285.

15. Gordon puntualiza: «si es que alguna vez tuvieron acceso a este privilegio blanco».

16. Fraser, N.: *Iustitia interrupta*, Siglo del Hombre, Santafé de Bogotá, 1997. Traducción castellana de Holguín M. e I. C. Jaramillo.

de una familia nuclear cuyo cabeza de familia es un varón, el cual provee a la misma de un salario que cubre la manutención de los hijos menores y la de la esposa, dedicada en exclusiva a la crianza y el cuidado de éstos así como al trabajo doméstico. Al ser concebida sobre estas bases la ayuda que el Estado dispensa para compensar situaciones de vulnerabilidad de los ciudadanos —por enfermedad, por paro, por jubilación—, los varones, que desempeñan un trabajo remunerado, resultan ser, como lo señala Paloma de Villota[17], los titulares de «derechos directos», mientras que las mujeres lo son de «derechos derivados» en función de su relación con el cabeza de familia proveedor de los recursos[18]. Aparecerían, así, como «dependientes»… En su «genealogía de la dependencia», Nancy Fraser y Linda Gordon reconstruyen los usos históricos de este concepto, que ha desempeñado una función clave en los debates estadounidenses contemporáneos acerca del Estado del Bienestar. Las autoras identifican una importante inflexión del mismo, en el seno del par dicotómico dependencia-independencia, a lo largo del proceso de desarrollo del capitalismo industrial decimonónico. Afirman que, una vez abolidas las jerarquías de status del Antiguo Régimen —que hacían de la dependencia respecto de la aristocracia una condición generalizada—, con las revoluciones democráticas son abolidas las designaciones de dependencia política y sociojurídica para los varones trabajadores blancos. La condición asalariada, que implica sin duda dependencia económica, oscurece sin embargo esta connotación, de forma tal que la idea de independencia llega a cubrir el ámbito del trabajo remunerado. Esta generalización de la «independencia» se produce en el contexto de sus contraposiciones con las connotaciones nuevas que adquiere la noción de dependencia, referidas entonces a las mujeres, los esclavos afroamericanos, los nativos de las colonias, los indigentes marginales. «Cuando los trabajadores blancos reclamaron sus derechos civiles y políticos, afirmaron ser independientes. Esto implicó

---

17. Villota, P. de: *Globalización y desigualdad de género*, Síntesis, Madrid, 2004.
18. Cfr. Fraser, N.: *op. cit.*

reinterpretar el significado del trabajo asalariado para despojarlo de su asociación con la dependencia», lo cual se logró mediante la reclamación por parte de los trabajadores de «una nueva forma de independencia masculina dentro de él». Este «orgullo colectivo» emergente —orgullo corporativo masculino, debemos subrayar por nuestra parte— se nutrió de valores de la ética protestante, como ética de la disciplina y el trabajo; primero vinculados, según el clásico estudio de Max Weber, al empresario calvinista, y luego, según Fraser y Gordon, asumidos por los trabajadores blancos que los recodificaron en el marco del nuevo sistema del trabajo asalariado. De este modo, «a través de sus luchas, la independencia económica llegó a incluir eventualmente el ideal de ganar un salario de proveedor, un salario suficiente para mantener una casa y sostener a una esposa e hijos dependientes. De esta manera, los trabajadores expandieron el significado de la independencia económica para incluir en ella una forma de trabajo asalariado además de la propiedad y el trabajo independiente»[19]. Los trabajadores podían, en cierto modo, homologarse con quienes tenían propiedad en la medida en que, de acuerdo con la teoría del «individualismo posesivo» de Macpherson[20], eran propietarios de su propia persona y, por ello mismo, de su propia fuerza laboral. Esta línea de argumentación, de acuerdo con Fraser y Gordon, «que llevó a concebir el salario como derecho, era abrumadoramente masculina». *Et pour cause*, podríamos añadir, porque las mujeres, bajo el sistema de cobertura jurídica y excluidas de una ciudadanía troquelada de acuerdo con esta concepción de la independencia, no eran propietarias de su propia persona. En este contexto, «una serie de personificaciones… de la dependencia se unieron para conformar la cara opuesta de la dependencia del trabajador.» Así, «quienes aspiraban a ser plenos miembros de la sociedad tenían que distinguirse del indigente, del nativo, el esclavo y el ama de casa para construir su independencia. En un orden social

---

19. *Op. cit.*, p. 174.
20. Macpherson, C. B.: *Teoría política del individualismo* posesivo, Trotta, Colección Ciencias sociales, estructura y procesos, Madrid, 2005. Traducción de Juan Ramón Capella.

donde el trabajo asalariado se volvía hegemónico, era posible sintetizar todas estas distinciones simultáneamente en el ideal de salario familiar»[21]. Los varones negros, a diferencia de los blancos, no controlaban en el hogar a sus mujeres por no aportar los suficientes ingresos, y sus familias, en contraste con la familia blanca instituida en ideal normativo, presentaban todo tipo de «patologías»[22]. En estas condiciones «el salario familiar se constituyó… en un medio para elaborar significados de dependencia e independencia profundamente influidos por factores de género, raza y clase».

1.8. Salario familiar y «mujer doméstica»

En su libro *Deseo y ficción doméstica*, Nancy Armstrong[23] elabora una genealogía de este ideal de feminidad normativa como configuración diseñada a través de la novela y los libros de conducta del siglo XVIII. Este tipo de mujer cobra sus contornos por contraposición a la aristócrata del Antiguo Régimen, espécimen femenino que circula, se muestra en público, entrega a sus hijos a nodrizas. Es la antítesis de la mujer doméstica, en torno a cuyas muy ponderadas cualidades —frugalidad, recato, vigilancia de su hogar, crianza personal de sus hijos— emerge el ideal de una nueva forma de vida privada que generó afiliaciones horizontales entre los grupos sociales que —*avant la lettre*— constituirían las emergentes clases medias. Pues bien, en esta misma línea, podríamos afirmar que, en torno al salario familiar como ideal normativo —tal y como lo reconstruyen Fraser y Gordon—, se configura una fantasía

---

21. *Op. cit.*, p. 178.
22. La reacción contra esta situación por parte del movimiento de los derechos civiles de los afroamericanos es analizada con agudeza por Shulamith Firestone en su *Dialéctica del sexo*. Este movimiento exudaba una literatura característica de alabanza a la mujer negra como madre y esposa: los varones negros se homologaban de este modo con los blancos *qua* varones en la modalidad del imaginario patriarcal que en otra parte hemos llamado «jacobinismo negro.»
23. Armstrong, N.: *Deseo y ficción doméstica*, Cátedra, Colección Feminismos, Madrid, 1991.

masculina de horizontalización en la clase obrera que viene a difuminar en alguna medida la jerarquía económica capital-trabajo. De acuerdo con Fraser y Gordon, «el lenguaje capitalista del trabajo asalariado», impostado en la retórica del salario familiar, subrayaría por mi parte, «negaba la dependencia de los empleados respecto de sus patrones, encubriendo así su posición de subordinados… Por esta razón, una jerarquía que había sido… explícita y visible en la relación entre el campesino y el terrateniente, se tornó misteriosa en la relación entre el obrero de la fábrica y el dueño de ella»[24].

1.9. El capitalismo rifa, el patriarcado distribuye boletos

La autora de *Iustitia Interrupta* y su colaboradora, la historiadora Linda Gordon, reconstruyen la historia del salario familiar como un logro lineal más en los avatares de la lucha obrera en su búsqueda de dignidad para un trabajo asalariado cuya autocomprensión excluye las connotaciones de subordinación y dependencia. Sin embargo, al no utilizar estas teóricas sociales el concepto de patriarcado, nos dejan sin algunas claves importantes a la hora de entender el significado profundo de esta institución. Para analizarla en todas sus dimensiones e implicaciones, nos vamos a apropiar del marco teórico[25] y los instrumentos de análisis que nos brinda

---

24. Fraser, N.: *op. cit.*, pp. 178-179. Tengamos en cuenta que Fraser y Gordon se refieren aquí a la historia de los Estados Unidos, donde la clase obrera no tuvo una cultura marxista ni anarquista significativa. Pero incluso en Europa, donde esa cultura estuvo mucho más presente, la institución del salario familiar colaboró a homologar *qua* varones a aquellos a quienes la jerarquía capitalista enfrentaba. Esta institución se potenció en los fascismos, que relegaron militantemente a las mujeres al hogar. Pero no es éste el momento para desarrollar este punto.
25. El marco teórico de Heidi Hartmann sería subsumido por sus críticas en lo que éstas llaman «teorías de los sistemas duales». Estos enfoques teóricos utilizarían el paradigma marxista como pertinente para comprender la explotación de las mujeres siempre que fuera complementado con otros instrumentos analíticos idóneos para identificar una dominación masculina cuyo funcionamiento y efectos son sistémicos, a la que no dudan en llamar «patriarcado». No puedo entrar aquí en el debate feminista acerca de los *dual systems* ni en el alcance de la crítica

la teórica marxista feminista Heidi Hartmann, autora del lúcido y polémico artículo titulado «Un matrimonio mal avenido: hacia una unión más progresiva entre feminismo y marxismo»[26]. Quizás podríamos sintetizar la aproximación metodológica que Hartmann nos propone para estudiar la situación de las mujeres en las sociedades capitalistas recurriendo a la siguiente metáfora: si al capitalismo patriarcal nos lo representamos como una tómbola, el capitalismo determinaría las reglas de la rifa, introduciendo en el bombo las bolas que representarían los puestos que en el mercado de trabajo va a «necesitar»: tantos a tiempo completo con salario fijo, tantos a tiempo parcial con o sin contrato temporal, tantos en el sector formal, tantos en el informal o en la economía sumergida, etc. Pero el capitalismo de suyo no controlaría el reparto de los boletos: si estos se distribuyen de forma no aleatoria, sino que son adjudicados, de forma sistemáticamente diferencial, los unos, a determinados tipos de personas, y los otros, a otras con determinadas características, ello es así porque existe ese sistema de dominación masculina al que llamamos patriarcado (conjuntamente y permeando a su vez otros sistemas de dominación como el racial, etc.). No hay que ser muy perspicaz para predecir que, si se rifan trabajos a tiempo parcial, o con contrato precario, sin regulación de derechos laborales, en el sector informal, en la economía sumergida, etc., las mujeres acaparan casi todos los boletos. Para los trabajos mejor remunerados, a tiempo completo, más estables, etc., resultará que los boletos los tienen los varones. *A fortiori* los varones están

---

feminista al marxismo. Me limitaré a señalar que la definición hartmanniana de «patriarcado», que no cae para nada en el esencialismo de considerar este entramado de dominación como una unidad ontológica, nos da mejores rendimientos explicativos a la hora de enfrentarnos con fenómenos históricos como el del salario familiar que aquellos que nos brindan quienes han inhabilitado el concepto por considerarlo poco histórico o, como lo dirían las postmodernas, metanarrativo. Cfr. Amorós, C.: Capítulo 3 de la Primera Parte, «Para una teoría nominalista del patriarcado», en: *La gran diferencia y sus pequeñas consecuencias... para la lucha de las mujeres*, Cátedra, Colección Feminismos, Madrid, 2005.

26. Hartmann, H.: «Un matrimonio mal avenido: hacia una unión más progresiva entre feminismo y marxismo», en: *Zona Abierta*, 24, marzo-abril, 1975, pp. 85-114.

hiperrepresentados entre los que controlan las reglas de la rifa y entre quienes distribuyen los boletos también.

1.10. Un pacto patriarcal interclasista

Quizás desde esta metáfora podamos comprender mejor la institución capitalista patriarcal del salario familiar como un pacto patriarcal interclasista. El primer capitalismo decimonónico, tal y como está ampliamente documentado[27], explotó indiscriminadamente a las mujeres y a los niños. A finales del siglo XIX y comienzos del XX, dejó de ser así, al menos de una forma sistemática. El sistema del «salario familiar» se convirtió gradualmente en la norma de las familias estables de clase obrera durante ese período histórico. La lógica del desarrollo capitalista por sí sola, de acuerdo con Heidi Hartmann, no explica este cambio. «El desarrollo capitalista da lugar a una jerarquía de trabajadores, pero las categorías marxistas tradicionales no pueden decirnos quién ocupará cada puesto. Son las jerarquías raciales y de género las que determinan quiénes ocupan los puestos vacantes. El patriarcado no es simplemente una organización jerárquica, sino una jerarquía en la que *determinadas* personas ocupan *determinados* puestos»[28]. Por supuesto, afirma Hartmann, no hay un «capitalismo puro» como tampoco un «patriarcado puro». Nos encontramos en cada etapa histórica con lo que vamos a llamar «el capitalismo realmente existente», que opera siempre en un terreno patriarcalmente modulado. La distinción analítica entre capitalismo y patriarcado es pertinente en la medida en que «los aspectos de las estructuras sociales que perpetúan el patriarcado son teóricamente identificables y, por consiguiente, separables de sus otros aspectos»[29].

---

27. Heidi Hartmann afirma que «las primeras fábricas (textiles) emplearon exclusivamente mano de obra femenina e infantil» y nos remite al trabajo de Pinchbeck, J.: *Woman Workers in the Industrial Revolution*, 1750-1850, Kelly, New York, 1969.
28. H. Hartmann: *loc. cit.*, p. 97. Subrayado de Hartmann.
29. Ibídem, p. 95. El subrayado es mío.

Ahora bien, ¿qué son las estructuras patriarcales? De acuerdo con nuestra teórica, el patriarcado puede definirse «como un conjunto de relaciones sociales entre los hombres que tiene una base material y que, si bien son jerárquicas, establecen o crean una interdependencia y solidaridad entre los hombres que les permiten dominar a las mujeres»[30]. Subrayemos «relaciones sociales entre los varones». Un sistema de dominación no se entiende sólo como una relación entre amo y esclavo, como lo afirmó Jean Paul Sartre a propósito de la dialéctica hegeliana del amo y el esclavo, según la cual el esclavo es depositario del secreto del amo y viceversa. El autor de la *Crítica de la razón dialéctica* puntualizó que esta relación sólo es comprensible si se tiene en cuenta la relación de los amos entre sí, así como la de los esclavos. Dicho de otro modo, el secreto de cada amo lo detentan todos y cada uno de los demás amos. Pues sólo si los amos se relacionan entre sí de una determinada forma podrán mantener un dominio conjunto sobre los esclavos[31]. Las relaciones patriarcales son sin duda jerárquicas: según los diferentes estamentos a los que pertenezcan o, en el caso de las sociedades capitalistas, sus respectivas clases sociales, los varones están subordinados los unos a los otros. Pero esa subordinación es de naturaleza tal que no llega a impedir que los varones, en su conjunto, dominen al conjunto de las mujeres. Los varones controlan la fuerza de trabajo de las mujeres *omnis et singulatim*: Hartmann le llama a eso la «base material del patriarcado». Ello se pone de manifiesto en la resistencia que pone el varón a prescindir de que su mujer le proporcione ese conjunto de servicios personales en el hogar que se ha venido denominando «trabajo doméstico[32]». Una resistencia tal es, sin duda, interclasista.

---

30. Ibídem.

31. Los cuales, a su vez, se procurará que se relacionen entre sí de una determinada forma. Pero aquí nos vamos a centrar en las relaciones entre los amos.

32. Preferimos atenernos a la denominación tradicional en lugar de resignificar el concepto como «trabajo de cuidado» tal y como lo hace Nancy Fraser. Sin duda, la autora de *Iustitia Interrupta* pretende, mediante su resignificación, que acentúa las connotaciones éticas, dignificar ese tipo de trabajo y volverlo acreedor de un reconocimiento social. Pero esta resignificación se nos antoja un tanto voluntarista y, sobre todo, oscurece un aspecto importante de la significación

La de la clase obrera —la revolucionaria— se expresa en estos términos por boca de Kautsky: «El sistema capitalista de producción en la mayoría de los casos no destruye el hogar del obrero, pero le priva de todo lo que no sean sus rasgos más desagradables. La actividad de la mujer hoy en las empresas industriales […] significa incrementar su antigua carga con una nueva. No se puede *servir a dos amo*s. El hogar del obrero se resiente siempre que su mujer tiene que ayudar a ganar el pan de cada día»[33].

No se puede poner de manifiesto de forma más pregnante cuál era la otra cara del rechazo del trabajo extradoméstico femenino por parte de los obreros: la cara manifiesta era el miedo a que las mujeres incrementaran «el ejército de reserva». Este rechazo tiene, pues, una cara clasista y una cruz patriarcal, como anverso y reverso de la misma moneda. Así pues, de acuerdo con la reconstrucción de Hartmann, habría existido cierta tensión entre los intereses de los patronos y los de los obreros en relación con la mano de obra femenina. Los capitalistas, en principio, deseaban que las mujeres —aunque no las suyas propias— trabajasen en el mercado del trabajo asalariado. Los obreros reivindicaban que se quedaran en casa a su servicio personal. Ahora bien, los capitalistas pronto repararon en que la clase obrera difícilmente podía reproducirse en las condiciones draconianas de la primera fase de la industrialización. Testigos

---

genuinamente patriarcal de este tipo de trabajo: se trata de un conjunto de servicios personalizados que las mujeres *tributamos* en privado a los varones en virtud de un *privilegio de status* al que se aferran *en tanto que varones*. Es un tributo patriarcal, a la vez que un «impuesto reproductivo», como lo llama Ingrid Palmer. Sin duda, los aspectos que podríamos llamar contractuales del trabajo doméstico, las formas de computarlo y de determinar en qué medida desempeñarlo es o no para las mujeres un negocio ruinoso, cómo habría que traducirlo en términos de valor de mercado, etc., son cuestiones fundamentales que en modo alguno deben ser minimizadas. Economistas feministas tan solventes como la nórdica Pietilä y la española Cristina Carrasco presentan contribuciones al respecto que merecen toda la atención. Por mi parte sólo quiero insistir en el aspecto político de este tipo de trabajo como tributo a la masculinidad, pues es esencial en este contexto. Sobre status y contrato en relación con el trabajo doméstico, cfr. Amorós, C.: «Capítulo VI», en: *Tiempo de feminismo. Sobre feminismo, proyecto ilustrado y postmodernidad*, Cátedra, Colección Feminismos, Madrid, 1997, 1ª edición, pp. 267 y ss.

33. *Op. cit.*, p. 99.

de ello son los novelistas de la miseria[34]. Por su parte, los sindicatos, controlados por los varones, se decantaron cada vez más por una legislación proteccionista para las mujeres[35]. Los patronos estimaron que, retirando a las mujeres obreras del mercado de trabajo, ganaban a largo plazo en estabilidad social lo que podían perder en términos de beneficios inmediatos. En suma, se implantó la norma del salario familiar. «De no haber existido el patriarcado[36], la clase obrera unificada podría haberse enfrentado al capitalismo, pero las relaciones sociales patriarcales dividieron a la clase obrera, permitiendo que una parte (los hombres) fuera comprada a expensas de la otra (las mujeres). Tanto la jerarquía como la solidaridad entre los hombres fueron fundamentales en este proceso. El 'salario familiar' puede ser interpretado como una solución al conflicto en torno a la fuerza de trabajo femenina que se produjo entre los intereses patriarcales y los capitalistas de aquella época»[37], concluye Hartmann. Nuestra teórica, de este modo, brinda relevantes elementos de reflexión para desmontar el tópico patriarcal, esgrimido tantas veces por cierta izquierda tradicional, de que es el feminismo lo que divide a la clase obrera.

1.11. Del salario familiar a las «proveedoras frustradas»

Como tendencia general, el salario familiar, constituido en pauta normativa[38], se mantuvo, como lo hemos afirmado, como el subtexto patriarcal de los consensos keynesianos que se fraguaron después de la Segunda Guerra Mundial y que trazaron, como en punteado, las líneas básicas de los Estados de Bienestar. Nancy Fraser ha llamado al modelo del Estado del Bienestar que se organiza asumiendo

---

34. Cfr. Amelia Valcárcel en Amorós, C. (ed.): *Feminismo y Filosofía*, Síntesis, Madrid, 2000.
35. Los tipógrafos, aristocracia obrera bastante misógina, de cuyas filas salió Proudhon, se destacaron en este tipo de prácticas de presión en las legislaciones laborales.
36. Evidentemente, Hartmann formula aquí lo que llaman los lógicos «un condicional contrafáctico».
37. Hartmann, H.: *op. cit.*, p. 99-100.
38. Como es sabido, las situaciones empíricas no estuvieron muchas veces a la altura de la norma.

como implícita la norma del salario familiar «Modelo del Proveedor Universal»[39]. Es evidente que, desde las últimas décadas del siglo XX, bajo el impacto de la globalización neoliberal, este modelo está en declive. La propia Heidi Hartmann ya advirtió en 1975 que «el ideal del salario familiar [...] puede estar dando paso a un nuevo ideal: que tanto el hombre como la mujer contribuyan con su salario a los ingresos de la familia». Pero, dada la modulación patriarcal del mercado de trabajo, las mujeres van a ser «proveedoras frustradas». En estas condiciones, «las diferencias salariales ayudarán a *definir* el trabajo de la mujer como secundario para el hombre», dice Hartmann. A su vez, en un efecto de *feedback*, añadiríamos, este trabajo que ha asumido la definición de secundario y complementario refuerza las diferencias salariales en contra de las mujeres. Nos encontramos con lo que en otra parte hemos llamado «el efecto ratonera»: la situación de las mujeres en la familia, gravadas con lo que la economista feminista Ingrid Palmer llama «el impuesto reproductivo[40]», las hace entrar cojas en el mercado de trabajo, a la vez que esta condición de *handicaped* en el mercado laboral fomenta su posición dependiente en la familia. En estas condiciones, la novedad de la globalización neoliberal consiste en que, para los varones, ya no hay puestos de proveedor familiar: en la medida en que el troquelado de la masculinidad dependía de este desaparecido privilegio, se encuentra en crisis. Esta crisis afecta a lo que podríamos llamar el diseño biográfico patriarcal tradicional: al menos la élite obrera podía narrar su experiencia de vida en términos de dedicación a un trabajo, coextensivo básicamente con la duración de su propia vida activa, en una empresa que lo ascendía en su organigrama de acuerdo con las inflexiones más importantes de su ciclo vital...

---

39. Al modelo que prevaleció en los países nórdicos lo denomina «Modelo de Paridad del Cuidador», que, si bien trata de reconocer social y políticamente el trabajo doméstico como «trabajo de cuidado subsidiado», dando así un margen de independencia económica a las mujeres con cargas familiares, sigue presuponiendo la figura de un cabeza de familia masculino como proveedor principal de los ingresos domésticos.

40. Ingrid Palmer, en Carrasco, C. (ed): *Mujeres y economía*, Icaria, Barcelona, 1999.

Todo eso se acabó: la empresa *e movile*, como se ha dicho que lo somos las mujeres.

1.12. Del empresario calvinista a la cultura del *hacker*

Así, en el nivel de las identidades, no ya de los trabajadores sino de los propios hombres de empresa, el nuevo paradigma tecnológico ha aportado cambios significativos: de acuerdo con Pekka Himanen y Manuel Castells[41], el empresario calvinista del primer capitalismo descrito por Max Weber, imbuido de una ética calvinista que le llevaba a una autocomprensión de su propio trabajo, paciente y rutinario, como *Beruf*, vocación o llamada con la que la inaccesible Divinidad distinguía a sus elegidos, desaparece. En su lugar, aparecerá la figura y la ética del *hacker*, demiurgo manipulador del nuevo mundo virtual. Su mayor virtud es la creatividad y, sobre todo, la versatilidad: la empresa del capitalismo post-industrial ha dejado de ser de piñón fijo, cambia y se adapta permanentemente a nuevas situaciones: lo que aquí importa es un «proyecto empresarial» flexible, cuya concepción esté sujeta a un reciclaje y una readaptación permanentes. En este mundo de empresas que se montan y se desmontan como las piezas de un *puzzle*, los trabajadores, de acuerdo con Castells, se dividen en «trabajadores autoprogramables» y «trabajadores genéricos.» En el primer grupo están los *hackers* emergentes; en el segundo, los «trabajadores desechables», vamos, de quita y pon de acuerdo con los movimientos de esta empresa montable y desmontable.

1.13. Salario familiar y salario patriarcal

Si volvemos a nuestra metáfora anterior de la tómbola, podemos ver que han cambiado las bolas de dentro del bombo: ya no se

---

41. *Op. cit.*

rifan, por lo pronto, «salarios familiares», ni puestos de trabajo para toda la vida… Se rifan, por volver a la pregnante caracterización de R. Gordon del trabajo en la era post-industrial, puestos de «economía del trabajo doméstico fuera del hogar». Y también dentro. Porque, como las economistas feministas bien lo han señalado, las PAE, las políticas de ajuste estructural y el desmantelamiento de los Estados del Bienestar que llevan consigo, desplazan costes de reproducción de la mano de obra al trabajo no remunerado de las mujeres[42]. De nuevo nos podemos preguntar: en un terreno patriarcalmente modulado donde los baches geológicos prefiguran dónde va a concentrarse la vulnerabilidad, ¿quiénes tienen casi todos los boletos en esta rifa de puestos laborales degradados, precarios, inestables, desregulados? Sin duda, las mujeres. No hay mejores trabajadores de quita y pon que aquellos cuyo trabajo se ha concebido siempre como interino, permanentemente sustituible: las mujeres entran y salen del mercado laboral, de forma reversible, de acuerdo con diferentes fases de su ciclo vital. El excelente trabajo de María José Paz Antolín y Amaia Pérez Orozco[43] nos ilustra de forma muy pregnante cómo funciona esta economía del trabajo doméstico fuera del hogar para las trabajadoras en las maquilas de Guatemala. En primer lugar, de sus investigaciones deducimos la inexactitud de llamar «salario familiar» al que tradicionalmente aportaban los varones. En realidad, y desde luego en la mayoría de los países de América Latina, el carácter «familiar» del trabajo consistía en que el varón se reservaba una buena parte del mismo para sus gastos personales y

---

42. Como lo afirma Rosalba Todaro, en el libro de Paloma Villota: «Hay numerosos estudios que muestran los efectos diferenciados de la reestructuración de la economía en mujeres y hombres. Ellas entran en condiciones de desigualdad al proceso como resultado de la división sexual del trabajo y de los diferenciales de poder entre los sexos. Estos estudios muestran cómo los cambios en la asignación de recursos y ciertos aumentos de la productividad, que se supone ocurren con programas de ajuste, se basan también en las *transferencias de costos desde el mercado hacia los hogares*. El factor *oculto* de equilibrio son las mujeres que realizan el trabajo que permite absorber los *shocks* de los programas de ajuste». Los subrayados son míos.
43. Cfr. Villota, P. de: *op. cit.*

le entregaba el resto a la mujer para que lo destinara a cubrir las necesidades de la familia. Todavía hay lugares —en Andalucía, por ejemplo, por limitarnos a España— donde el ama de casa ha de dar cumplida y detallada cuenta del uso que hace de esta porción del salario al cabeza de familia. Así, tendría pleno sentido proponer que el llamado «salario familiar» se denominara «salario patriarcal». El verdadero «salario familiar» es el de las mujeres. Pues, como lo afirman nuestras autoras, «las mujeres adoptan sus decisiones económicas en función de su núcleo familiar, siendo las responsables finales de la familia y sirviendo, por tanto, de elemento de reajuste y acomodación del sistema económico. El mercado, en este sentido, puede introducir algunos elementos de disciplina en las relaciones sociales, sobre todo en las de género, que juegan a veces a favor de las mujeres en ciertas situaciones: las madres que son una cabeza de familia monoparental prefieren, en la mayoría de los casos, seguir solas a volver a la misma con un hombre». Pese a que las explota, «la maquila proporciona mayores ingresos y más estables que las alternativas ofrecidas a las mujeres». Sin embargo, para las mujeres casadas, la disponibilidad de ingresos propios no aumenta de forma significativa «su capacidad de decisión/negociación intrafamiliar.» Parecería, pues, como si el trabajo extradoméstico de las mujeres fuera vivido por ellas y percibido por los demás como una prolongación del carácter de estatus servil que tiene su trabajo doméstico. De este modo, la «economía del trabajo doméstico fuera del hogar» caracteriza de una manera metafórica la naturaleza de los vínculos laborales para los varones en la era de la globalización neoliberal: también ellos (aunque en menor medida, ya que persiste la segmentación vertical y horizontal) se han vuelto vulnerables, su trabajo se torna discontinuo, precario, mal remunerado, con derechos laborales cada vez más recortados, etc. Pero, en el caso de las mujeres, la acertada y sugerente denominación se aplica en sentido literal: su trabajo asalariado, aun desempeñado fuera del hogar, lleva todas las marcas de su trabajo doméstico, con horarios sumamente elásticos en función de «los pedidos» —ya que prevalece por doquier la fórmula de la subcontratación—, con un aprovechamiento de sus versátiles habilidades a la vez que no se les reconoce cualificación alguna, con una subordinación a capataces masculinos que confunden sus servicios laborales con los que eventualmente podrían ser servicios sexuales o específicamente femeninos, etc. Como son percibidas como sirvientas más que como sujetos de derechos laborales, sirven tanto para un roto como para un descosido: son los «trabajadores genéricos» por antonomasia. Son tan invisibles, tan sustituibles, tan indiscernibles, tan genéricos, en suma, que, a veces, aunque desaparezcan en buen número, como ha ocurrido recientemente en Ciudad Juárez, lo hacen ante la indiferencia de las instituciones[44].

1.14. Del trabajo doméstico fuera del hogar al trabajo extradoméstico dentro el hogar

Por último, la economía del trabajo doméstico fuera del hogar se acaba convirtiendo en una economía del trabajo remunerado de mercado dentro del hogar. Luisa Rodríguez Marín, en su estudio sobre «las mujeres y la industria maquiladora de exportación» identifica los tres sectores más dinámicos de la economía de la globalización —el automotriz, la fabricación de aparatos eléctricos y electrónicos y la de prendas de vestir— y su efecto sobre las mujeres.

---

44. Cfr. Diario *El País*, agosto 2003, afirma que en la última década ha habido «más de 370 jóvenes asesinadas... y 70 desaparecidas, según las autoridades, aunque las ONG hablan de más de 400». Víctimas de narcotraficantes, de violencia sexual, de «fines satánicos, pornográficos y de tráfico de órganos», según se llegó a especular. «Lo único claro en 10 años de crímenes es el perfil de las víctimas y el patrón que han seguido los asesinos: mujeres humildes, trabajadoras de las industrias maquiladoras (montadoras) de multinacionales que dominan la economía de Ciudad Juárez, camareras, empleadas en la economía informal o estudiantes.» Las autoridades presentan la mayoría de los homicidios como «situacionales» (hechos aislados). Una vez más, el patriarcado no sabe sumar. Lo mismo se decía hasta hace poco de las víctimas de la ahora llamada «violencia doméstica», chapuza conceptual donde las haya, que lleva a sumar magnitudes heterogéneas (no todas las víctimas de la violencia que se produce en el ámbito privado son mujeres) y a no sumar las homogéneas (no se contabiliza la violencia contra las mujeres fuera del hogar).

«Alrededor de las maquiladoras, nos explica la autora, están las subcontratistas mexicanas, que elaboran la producción bajo las especificaciones del cliente. Estas, a su vez, subcontratan con empresas pequeñas y medianas, las cuales subcontratan con microempresas, talleres y trabajo a domicilio.»[45] Hay una significativa correlación entre el tamaño de las empresas y el empleo de mujeres «hasta llegar al trabajo a domicilio donde alcanzan el 90%». Se rifan ahora puestos del sector informal, en la economía sumergida y le tocarán todos los boletos, claro está, a las invisibles, sumergidas, una vez más, en los baches geológicos de los terrenos patriarcalmente modulados. La pescadilla se muerde la cola: el trabajo doméstico interno y el externo se solapan, y cada uno de ellos destiñe sobre el otro las tonalidades y matices de su respectivo destino de subordinación. La nueva economía capitalista de la era de la globalización todo lo desnaturaliza y lo desarraiga; sin embargo, donde encuentra mujeres es como si todo volviera, como decía Aristóteles, a su «lugar natural.» Los nuevos flujos, desterritorializados y descodificados[46], operan sobre la vigencia del más ancestral e implacable de los sistemas de codificación: el patriarcado como máquina de generar prestigio y desprestigio, de adjudicación sistemática de los géneros masculino y femenino, respectivamente, a las tareas socialmente prestigiadas y desprestigiadas. Para las mujeres, se acumula y se refuerza el desprestigio: trabajo doméstico en el interior del hogar y trabajo doméstico fuera del hogar (en tareas de cuidado asalariadas), economía del trabajo doméstico fuera del hogar y, por último, del trabajo extradoméstico dentro del

---

45. «Una compañía estadounidense de venta al por menor, de mediano tamaño, obtiene sus productos textiles de no menos de 13 proveedores. Estos, a su vez, disponen de un promedio de 5 subcontratistas, por lo que de hecho el empresario minorista se está surtiendo de 78 fuentes diferentes de abastecimiento, con la complicación adicional de que muchas de éstas cambian de temporada en temporada. La situación empeora si consideramos la tendencia creciente a desplazar parte de las tareas de producción a trabajadores del sector informal que laboran en sus casas.» Ibídem.
46. Hasta el propio flujo de los alimentos, como lo estudia la economista nórdica Pietilä, en Villota, *op. cit.*, pierde su carácter fundamental de valor de uso para satisfacer necesidades humanas básicas: se desterritorializa y se desarraiga.

hogar. Las combinaciones posibles dan todo su juego en orden a la explotación sistemática del ciclo vital de las mujeres[47]: mientras son jóvenes, entre 18 y 25 años, trabajan en las grandes empresas maquiladoras (entran en el sector formal en las condiciones propias del sector informal: salarios a destajo, jornadas laborales superiores a las establecidas por la ley, etc.). Cuando se casan y se quedan embarazadas, «se dedican a trabajar en su casa, sobre todo en la industria de la confección». Así, en la macabra coreografía que diseñan las estrategias de la globalización neoliberal, «alrededor de las mujeres que trabajan en las maquiladoras, hay miles de mujeres en la ciudad y en el campo que laboran en sus casas, y que forman parte de las redes de subcontratistas que están ligadas con las maquiladoras de exportación»[48]. Esta coreografía escenifica la siniestra «lógica del trabajo femenino»: en su juventud, las eternas interinas están de paso en un trabajo remunerado en el que se proyectan las connotaciones serviles del doméstico; en su madurez, y hasta en su vejez, la lógica capitalista y la patriarcal —pues no es otra la «lógica del trabajo femenino»— se compenetran paradigmáticamente para instituir el trabajo —mal remunerado— a domicilio: es éste el nuevo —y a la vez muy viejo— «salario familiar». La pescadilla que se muerde la cola estrecha su cerco y atrapa en él a las mujeres.

---

47. «Parece existir una distribución del trabajo de acuerdo con la edad, las jóvenes en las grandes empresas maquiladoras, las mujeres mayores en los talleres o en el trabajo a domicilio.»

48. El negocio es redondo para las empresas multinacionales y los subcontratistas. Ahorran gastos de renta, luz, equipos, etc., además no tienen relación con la mano de obra, no otorgan ningún tipo de prestaciones y, sobre todo, se adecua mejor a los vaivenes del mercado. Otra vez, concluye lúcidamente L. Rodríguez Marín «la discriminación de género está en el centro de la conducta social y empresarial hacia las mujeres. Mientras se siga considerando el ingreso femenino como un complemento de los ingresos familiares y la ocupación femenina como transitoria, los empleos que obtengan estarán mal remunerados». Por mi parte, querría añadir que esta disposición coreográfica es para las mujeres generadora de impotencia: en lugar de reunirlas, las separa sistemáticamente, primero, según clases de edad; luego, en la misma clase de edad, cuando ya no son tan jóvenes y podían haber adquirido experiencia y empoderamiento, las atomiza en sus hogares.

María José Paz Antolín y Amaia Pérez Orozco concluyen de su estudio sobre las trabajadoras guatemaltecas en las maquilas que «las identidades de género no sufren transformaciones coherentes y/o adecuadas ni a nivel colectivo ni a nivel individual». El rol de esposas de estas mujeres «aparece ligeramente debilitado» pero «no ocurre lo mismo con el rol de madre». El acceso al trabajo remunerado funciona para muchas de ellas como elemento interruptivo de lo que de otro modo serían monogamias en serie. Pero se ven obligadas a añadir al rol de madre la responsabilidad del sostenimiento económico de sus hijos, lo que genera a su vez nuevos dilemas «entre la necesidad económica de sus hijos y la necesidad de cuidarlos». Mediante el «salario familiar» masculino los varones llegaron a hacer de la necesidad capitalista virtud patriarcal; cuando el salario familiar es el femenino[49] tiene penalización patriarcal: exiguo y deficitario, hace que las mujeres se perciban como «proveedoras frustradas» y cuidadoras culpabilizadas.

1.15. La feminización del trabajo: de la clave literal a la metafórica

Hemos visto algunos de los efectos relevantes de la «economía del trabajo doméstico fuera del hogar» en las mujeres, es decir, en clave literal. Pero se puede sin duda aplicar a los varones en clave metafórica: cada vez en mayor medida, los varones sólo encuentran puestos de trabajo «feminizados», cuando los encuentran. Las nuevas tecnologías, así como el desplazamiento de las multinacionales a los lugares donde el abaratamiento de la mano de obra les brinda las mayores «ventajas competitivas», lanzan a muchos varones al desempleo en los países «desarrollados» e incrementan la

---

49. El salario femenino siempre es en algún sentido familiar: bien porque lo controlen los padres en el caso de las mujeres jóvenes, el marido en el caso de las mujeres casadas o las necesidades y deseos de los hijos en el de las madres solas: no acaba nunca de darle a las mujeres autonomía como individuos.

posibilidad de crear puestos de trabajo «masculinos» en el «desarrollo» del Tercer Mundo… La feminización del trabajo se intensifica. «Las mujeres negras de USA saben lo que es hacer frente al subempleo (feminización) estructural de los hombres negros así como a la vulnerabilidad de su posición en la economía de los salarios…» Este diagnóstico de la situación lleva a R. Gordon y Donna Haraway a una conclusión optimista: «cada vez habrá más mujeres y más hombres luchando con situaciones similares, lo que hará necesarias las alianzas intergenéricas e interraciales». Hagamos votos para que así sea.

La identificación y el análisis de los hilos rosas de la globalización, de su nuevo orden del género, nos deberá servir de indicación para hilvanar conscientemente, con nuestros hilos violetas y rojos, nuevas líneas estratégicas para que otro mundo sea posible, para elaborar una agenda feminista global.

Feminismo radical y feminismo socialista: notas para una agenda teórica del feminismo en la era global

2.1. La crisis de legitimidad del poder patriarcal

El tráfico sexual de mujeres es uno de los flujos desregulados que se incrementa con el proceso de globalización. Ese proceso económico todo lo descontextualiza, por una parte, mientras, por otra, la demanda creciente de «turismo sexual» reclama el goce de lo genuino con la plenitud de su sabor en su propio contexto. Un «vector de desterritorialización» arranca a las mujeres de sus raíces; otro, de sentido contrario, las reterritorializa para que puedan ser invadidas. Las cifras de los asesinatos de mujeres por maridos, compañeros o ex parejas suben de forma alarmante, año tras año, sin que puedan establecerse correlaciones significativas de estos crímenes con variables como la clase social, el nivel cultural… Ascienden en los países nórdicos con sus modélicos —al menos, hasta hace poco— Estados del Bienestar que se nos presentaban como paradigma de calidad civilizatoria. Tales asesinatos no son, muchas veces, sino el efecto de un mal cálculo: se le ha ido a uno la mano en un ejercicio de la práctica sistemática del maltrato, que erosiona hasta la médula la más asentada de las autoestimas. Quien no ha podido resistir una sistemática desnutrición y socavamiento del ego se convierte en la candidata perfecta para una sentencia de aniquilación. Pues, otras veces, el asesinato es sistematizado, quema a la víctima tras rociarla de gasolina, no es sino un derroche de cálculo simbólico que ha planificado hasta el más mínimo detalle.

Las mujeres, se ha dicho, tenemos «toque de queda». Pertenecemos como género-sexo al genérico masculino en su conjunto, salvo acuerdo entre los miembros que lo componen de respetar a las adjudicadas al ámbito privado de un varón. Así, la que circula por tierra de nadie, la que no se recoge a tiempo ateniéndose a la modulación patriarcal de los *aprioris* de la sensibilidad kantianos, se expone a ser presa de la imposición sexual del deseo de un alguien varón que tenga a bien hacer uso de ese derecho-privilegio patriarcal. Las violaciones, de este modo, como los asesinatos de mujeres, no son anécdotas. Hasta hace poco ni éstas ni aquéllos se sumaban porque eran anécdotas: mejor dicho, se las consideraba anécdotas porque no se sumaban. Sólo pueden sumarse magnitudes homogéneas, y sólo se las considera tales a la luz de los conceptos de una teoría: es así como pasan de la anécdota a la categoría. La teoría feminista, pues, ha tenido que habilitar conceptualizaciones idóneas para subsumir en ellas fenómenos aparentemente heterogéneos y dispersos. Ha podido hacerlo porque, como teoría, su misión es ver y «hacer ver», visibilizar; ahora bien, como teoría crítica que es, su «hacer ver» está en función de un irracionalizar e inmoralizar conductas que en su día fueron consideradas socialmente como de recibo. No hace tantos años se escuchaba la canción de «El preso número 9» cuya oración rezaba así: «Padre, no me arrepiento (de haber matado a mi esposa adúltera) ni me da miedo la eternidad: yo sé que allí en el cielo el Juez supremo me ha de juzgar». Contaba con la bula patriarcal, la comprensión de «hombre a hombre» para su «crimen pasional», es decir, su ejercicio de poder sobre la vida y la muerte de aquélla que era «suya».

Pues bien: la irracionalización-inmoralización de estas acciones desde la sensibilidad feminista es lo que activa el mecanismo de generalización que convierte en magnitudes homogéneas, *ergo* conceptualizables, lo que de otro modo no eran ni serían sino fenómenos dispersos y discontinuos. Sin embargo, la teoría feminista como teoría crítica no es un todo homogéneo ni acumulativo: tematiza los fenómenos a que nos hemos referido, entre muchos otros, desde diferentes paradigmas. Sin embargo, a través de una tradición de tres siglos —pues identificamos sus raíces en la Ilustración europea— ha venido aportando elementos para esclarecer y volver inteligibles los cómos y los porqués de la opresión y la subordinación de las mujeres. Estos cómos y estos porqués no pueden por menos de apuntar hacia la existencia de un poder de los varones sobre el colectivo femenino. Trataremos, pues, de reconstruir las asunciones desde las cuales se ha tematizado la cuestión de este poder y los términos en que se han formulado las preguntas acerca de su naturaleza y sus *modus operandi.*

John Stuart Mill afirmó que los grupos oprimidos expresan sus resentimientos por los abusos del poder que sufren antes de cuestionarse las bases mismas de la legitimidad de este poder. El colectivo femenino no ha sido en esto una excepción. Podemos identificar, al menos desde la Edad Media en nuestras latitudes, un género al que llamo «memorial de agravios» y que encuentra uno de sus más lúcidos exponentes en la obra de Christine de Pizan, *La cité des Dames* (1405)[1]. Nuestra autora toma la pluma para denunciar la difamación del colectivo femenino como un todo que lleva a cabo el profesor de la Sorbona Jean de Meun en la segunda parte del *Roman de la Rose* (en abrupto contraste con la primera que es la expresión del amor cortés caballeresco). Y lo hace en términos de lo que podríamos llamar un abuso de heterodesignación: él, un solo hombre, se atreve a denostar «a todo un sexo». Sin embargo, en la medida en que Christine de Pizan articula sus quejas en el marco de una concepción estamental de la sociedad sancionada por la voluntad divina, no formulará demandas de igualdad entre varones y mujeres: el Señor, como un buen amo doméstico, ha querido ser servido de forma diversa según los diferentes «estados» y, *a fortiori,* por los distintos sexos.

---

1. Pizan, Ch. de: *La Cité des Dames*, Stock Moyen Âge, París, 1986.

Sólo en el conspecto del cartesianismo y los primeros albores de la Ilustración, el poder que detentaban los varones en función de la desigualdad de los sexos va a ser problematizado. Se universalizará la posesión del *bon sens*, la capacidad autónoma de juzgar, que se extenderá de este modo al colectivo femenino. La desigualdad de los sexos pertenecerá así al acervo de aquellas creencias que se sustentan en los argumentos de autoridad, la tradición y la costumbre. Su estatuto, por tanto, será el de un prejuicio[2] que no resistirá la contrastación con la regla de evidencia: se desmorona ante las ideas claras y distintas. Si la igualdad se deriva así de la epistemología cartesiana, no en menor medida viene implicada por las concepciones antropológicas de Descartes y Poullain de la Barre: «l'esprit n'a pas de sexe» o, si se prefiere, «l'esprit est de tout sexe». Con todo, las implicaciones políticas de estas nuevas concepciones no se pondrán de manifiesto con todas sus virtualidades hasta la Revolución Francesa. Al hilo del proceso revolucionario, la crisis de *l'Ancien Régime*, desencadenada ideológicamente por la irracionalización del derecho divino de los reyes y su sustitución por los planteamientos contractualistas, conllevará lo que en otra parte he llamado una *crisis de legitimación patriarcal*[3]. La resignificación del lenguaje revolucionario y sus potencialidades subversivas fue decisiva en este proceso: mujeres de los diferentes estamentos van a volver los términos denostativos con que los revolucionarios interpelaban al Antiguo Régimen contra ellos mismos. Así, podemos encontrar en los textos de la época[4] referencias a «la aristocracia masculina», al «sexo privilegiado», así como autodesignaciones del propio colectivo excluido de la ciudadanía como «Tercer Estado dentro del Tercer Estado». Olympe de Gouges, la autora de *Los derechos de la mujer y de la ciudadana*[5],

2. Para François Poullain de la Barre, epígono de Descartes, es el prejuicio por antonomasia, el más universal y arraigado. Cfr. Amorós, C.: *Tiempo de feminismo. Sobre feminismo, proyecto ilustrado y postmodernidad*, Cátedra, Madrid, 1997, pp. 123 y ss.

3. Amorós, C.: *Tiempo de feminismo*, op. cit.

4. Cfr. Puleo, A.: *La Ilustración olvidada*, Anthropos, Barcelona, 1993.

5. Cfr. Gouges, O. de: *Escritos políticos*, Institució Alfons el Magnànim, Valencia, 2005. Traducción de Carlos Martínez.

acusa al varón de querer «mandar sobre un déspota» sobre un sexo a quien le corresponden los mismos derechos según el dictamen de «la naturaleza», en cuyo seno no se encuentra ejemplo alguno de semejante «dominio tiránico». En Inglaterra, Mary Wollstonecraft, perteneciente al círculo de los radicales receptores de las ideas de la Revolución Francesa y autora de *Vindicación de los derechos de la mujer*[6] (1792), apuesta porque «el derecho divino de los maridos, así como el derecho divino de los reyes, pueda ser combatido sin peligro en este siglo de las Luces». Todavía un siglo más tarde, la líder del movimiento sufragista Elizabeth Cady Stanton denunciaba: «Vosotros, hombres liberales, tratáis a vuestras mujeres como si fuerais barones feudales».

2.2. Visitando de nuevo el «feminismo radical»

La lógica de las vindicaciones feministas pudo de este modo impugnar la *legitimidad* del poder patriarcal. Pero, para encontrar en la teoría feminista análisis precisos y sistemáticos acerca de *la naturaleza* de ese poder, habrá que esperar a las décadas de los sesenta y los setenta del siglo XX, en las que tiene lugar una reactivación de la militancia feminista a la que se designa como «la segunda ola». Nos centraremos en el llamado «feminismo radical» como el lugar natural teórico en que se tematizan las cuestiones relativas a las características del poder masculino *qua tale*[7]. Pues bien, para una adecuada reconstrucción y valoración de la pertinencia teórica y política de esta corriente del feminismo, hemos de hacer referencia, por una parte, a su caldo de cultivo histórico y, por otra, a la propia situación teórica en que heredamos los problemas planteados desde la Ilustración hasta la lucha sufragista.

---

6. Wollstonecraft, M.: *Vindicación de los derechos de la mujer*, Cátedra, Madrid, 1994.

7. *Grosso modo* puede afirmarse que el feminismo socialista, al focalizar más su atención en la explotación de las mujeres como trabajadoras, no aportó elementos específicos para esclarecer la naturaleza del poder patriarcal. Volveremos sobre ello más adelante.

En cuanto al contexto en que se gestó esta modalidad del feminismo, hay que señalar que fueron fundamentalmente la *New Left* y el movimiento pro-derechos civiles de los afroamericanos sus referentes principales. De la militancia en estos medios provienen las figuras y las líderes más importantes de esta deriva del movimiento feminista. La impronta utópica del feminismo radical tiene como su trasfondo la pérdida por parte de los Estados Unidos de la guerra del Vietnam, lo que hacía pensar que las transformaciones sociales más profundas eran posibles[8]. El proceso de descolonización constituyó así un horizonte determinante de la lucha feminista de este período, hasta el punto de que, como lo ha señalado Alicia Puleo[9], la resignificación del lenguaje del anti-colonialismo caracteriza el modo en que se piensa a sí misma la subordinación femenina: las mujeres habrían sufrido una «colonización interior». Por otra parte, las características de la lucha contra el racismo, en la que se puso de manifiesto su irreductibilidad a la lucha de clases y, en consecuencia, la necesidad de organizarse de forma autónoma con respecto a la izquierda, influyeron en la conciencia de las militantes feministas de la necesidad de hacer lo propio. «En su teorización del sexo como categoría social y política, el modelo racial es clave para analizar las relaciones de poder entre hombres y mujeres. Si, como lo había demostrado la crítica al racismo, la relación entre las razas es política, la conclusión será que también lo es la relación entre los sexos»[10]. Sin embargo, el «separatismo» de las mujeres surgió a partir de experiencias específicas: en los movimientos revolucionarios, la división sexual del trabajo se reproducía[11], las mujeres eran relegadas a puestos y tareas secundarias y los problemas que ellas planteaban: los estereotipos sexistas que transmitían los medios de

---

8. Cfr. «*La Dialéctica del sexo* de Shulamith Firestone: modulaciones en clave feminista del freudomarxismo», en Amorós, C. y A. de Miguel (eds.): *Teoría feminista: de la Ilustración a la globalización*, Biblioteca Nueva, Madrid, 2005.

9. Cfr. Puleo, A.: «Lo personal es político: el surgimiento del feminismo radical», ibídem.

10. Puleo, A.: ibídem.

11. ¿Quién limpia la sala de las conspiraciones? ¿Quién prepara los cafés y los bocadillos a los militantes?

comunicación, el divorcio, las leyes de propiedad, la información anticonceptiva y el aborto como formas de control por parte de las mujeres de sus propios cuerpos iban a parar sistemáticamente a la cola de la agenda y nunca llegaba la hora de debatirlos[12]. La nueva izquierda anticapitalista nunca le concedió, en el fondo, a la agenda feminista, legitimidad *per se* sino por sus virtualidades anticapitalistas, con el convencimiento, compartido con el marxismo de la izquierda tradicional, de que el socialismo resolvía automáticamente todos los problemas que las feministas planteaban. Las mujeres, de este modo, se cansaron de ser «la contradicción secundaria» de «la contradicción principal» y optaron por plantear sus problemas en sus propios términos, con la ayuda de los que tenían disponibles en su horizonte histórico. De este modo, podríamos caracterizar la autocomprensión del feminismo radical como el correlato teórico de una práctica del feminismo como práctica no subsidiaria. Así, la idea de que las mujeres constituían una clase universal oprimida fue una respuesta a la trivialización del tema por parte de la nueva izquierda.

Las mujeres llevaron a cabo, por su parte, una elaboración reflexiva autónoma de su propia situación en los «grupos de concienciación» que constituyeron para intersubjetivizar sus experiencias haciéndolas pasar de ese modo de la anécdota a la categoría. Y, en la medida en que conceptualizar es politizar para los grupos oprimidos, pudieron concretar sus demandas de una teoría específica que diera cuenta, no ya de su explotación como trabajadoras sino de su sistemática subordinación *qua mujeres*. Resultado de todo ello fue que «el feminismo radical se separó de la izquierda tradicional por su atención a las relaciones de poder no originadas por la explotación económica». Habrá que proceder teóricamente de otro modo para identificar la raíz de la opresión de las mujeres, así como hacer una política específica para erradicarla. A partir de ahí, Puleo nos resume los «ejes temáticos» en torno a los que se mueve el feminismo radical: «la utilización del concepto de *patriarcado* como dominación universal que otorga especificidad a la agenda militante del

---

12. Puleo, A.: *loc. cit.*

colectivo femenino, una noción de *poder* y de *política* ampliada, la utilización de la categoría de *género* para rechazar los rasgos adscriptivos ilegítimos adjudicados por el patriarcado a través del proceso de naturalización de las oprimidas, un *análisis de la sexualidad* que desembocará en una crítica a la heterosexualidad obligatoria, la denuncia de la *violencia patriarcal* particular, aunque no exclusivamente, la sexual, y, finalmente, una sociología del conocimiento que será crítica al androcentrismo en todos los ámbitos, incluidos los de la ciencia»[13].

En su obra *El Segundo sexo*[14] (1949), Simone de Beauvoir puso de manifiesto que los varones han constituido sus propios parámetros y valores como lo que define lo genéricamente humano. Precisamente por eso han conseguido autoinstituirse en sujetos y en la conciencia esencial, adjudicándoles a las mujeres la posición del objeto y de la inesencialidad. Ahora bien, podríamos preguntarnos, ¿detentan los varones el poder por su convalidable identificación de lo genéricamente humano? ¿O más bien, por el contrario, por ser quienes controlaban el poder pudieron definir como lo genéricamente humano todo aquello por lo cual se autoprestigiaban: tareas como la guerra, la caza mayor, la promulgación de las leyes por las que debían regirse las comunidades humanas…? A nuestra filósofa existencialista le preocupó fundamentalmente que las mujeres tuvieran su parte en lo genéricamente humano. Y tenía razón en tanto que, como primera providencia, difícilmente podía ser de otro modo[15]. Sin embargo, lo duro de los forcejeos para lograr esta participación —tenemos *in mente* la lucha sufragista— y las decepciones por la insuficiencia de lo obtenido en orden a lograr un verdadero umbral de igualdad[16] llevó a las mujeres a hacerse la pregunta: ¿acaso no será que los varones formulan sus definiciones universalistas a su medida? Dicho de otro

---

13. Cfr. A. Puleo, ibídem.

14. Beauvoir, S. de: *El segundo sexo*, 2 Vol., Cátedra, Madrid, 1998. Traducción de Alicia Martorell.

15. Cfr. Amorós, C.: en «Simone de Beauvoir: un hito clave de una tradición», en *La gran diferencia y sus pequeñas consecuencias para la lucha de las mujeres, op. cit.*

16. Cfr. Millet, K.: *La política sexual*, Aguilar, México, 1975, p. 86. Traducción de Ana Mª Bravo García.

modo, ¿acaso no se habrá producido por su parte una usurpación fraudulenta de aquello que ellos mismos definen como lo genéricamente humano? Si la lucha por el acceso de las mujeres a lo definido como tal constituyó el ciclo de las vindicaciones[17], el descubrimiento de los rasgos identitarios masculinistas que impregnaban la definición misma puso en marcha el proceso de la crítica al andocentrismo. Es aquí, justamente, donde el feminismo se topa de frente con la cuestión del poder. Es aquí donde sólo la identificación del patriarcado como realidad sistémica puede dar cuenta de la sistemáticamente fraudulenta usurpación de lo universal por parte de una particularidad, una identidad facciosa: la constituida, muy precisamente, por el conjunto de quienes detentan el poder. Es aquí donde se inserta y cobra toda su significación la obra de Kate Millet, *Política Sexual* (1969). Nuestra autora procede metódicamente, para establecer sus tesis acerca del carácter radical de la política sexual, a un aislamiento de variables: todas las conmociones que, desde el siglo de las Luces, han transformado el mundo, a saber, el desarrollo de la democracia y la extensión de los derechos políticos, la democracia económica a la que aspiraba el socialismo, la revolución industrial y la tecnología, todo ello no afectó, afirma, «salvo de modo tangencial y fortuito a la vida de toda la población femenina. Ello demuestra claramente que las instituciones políticas y sociales más elementales no se hallan basadas en la riqueza o en el rango, sino en el sexo. El rasgo más característico y primordial de nuestra cultura radica en su enraizamiento patriarcal»[18]. Por otra parte, se centra en el análisis de fragmentos literarios contemporáneos que son verdaderas perlas polinésicas de la misoginia, seleccionados de las obras de Henry Miller, Norman Mailer[19] y Jean Genet[20]. Nos parece como si el lugar de los intelectuales orgánicos del

---

17. Cfr. Amorós, C.: *op. cit.* Capítulos I - IV.

18. Millet, K.: *op. cit.*, pp. 85-86.

19. Millet se refiere a *Un sueño americano* como al «grito de combate de una política sexual en la que la diplomacia ha fracasado (...). Parece un tratado acerca de cómo triunfar en la vida tras matar a la propia esposa», *op. cit.*, pp. 21-22.

20. De acuerdo con Millet, Genet, en *El balcón*, al estudiar las relaciones humanas características del mundo del chulo y de «"la maricona"... ha comprendido que la casta sexual prevalece sobre todas las demás formas de desigualdad social,

patriarcado, que antaño correspondió a los filósofos, se hubiera desplazado a los literatos: el código estético, se pretende, tiene sus propios fueros que lo protegen de una censura feminista que no sería en última instancia sino gazmoñería y represión. También en la Revolución Francesa, mientras grupos significativos de mujeres pedían la ciudadanía, el marqués de Sade escribía *Justine o los infortunios de la virtud* y *La filosofía en el tocador*. Cuando las mujeres pretenden elevar su estatus en el registro político, siempre se les puede recordar que su verdadero estatus, en última instancia, lo determina la jerarquía sexual y sus jerarcas pueden decidir, si lo consideran oportuno, «reducirla al estatus de simple hembra». Quizás ahora podamos entender mejor el concepto milletiano de «política sexual». «¿Puede acaso considerarse la relación que existe entre los sexos desde un punto de vista político?», se pregunta retóricamente nuestra autora. Dependerá, claro está, de lo que entendamos por política, y ella nos proporciona una resignificación estipulativa del vocablo según la cual «no entenderemos por política el limitado mundo de las reuniones, los presidentes y los partidos, sino… el conjunto de relaciones y compromisos estructurados de acuerdo con el poder en virtud de los cuales un grupo de personas queda bajo el control de otro grupo»[21]. Redefinida así la política, nos falta reconceptualizar los sexos como estatus. Pues bien, de acuerdo con Kate Millet, los sexos son el *ur-status*: «Aun cuando los grupos que gobiernan por derecho de nacimiento están desapareciendo rápidamente, subsiste un modelo, arcaico y universal, del dominio ejercido por un grupo natural sobre otro: el que prevalece entre los sexos». El referente teórico de «el concepto más elemental de poder» de Millet es lo que denominó Max Weber *Herrschaft*, es decir, «relación de dominio y subordinación»,

---

ya sea racial, política o económica. *El balcón* demuestra la inutilidad de cualquier revolución que deje intacta la unidad básica de la explotación y la opresión, es decir, la existente entre los sexos o entre sus sustitutivos. Genet considera la sexualidad como la relación humana fundamental y, por tanto, como el modelo nuclear de las instituciones más complejas que derivan de ella y como el prototipo de la desigualdad reglamentada». *Op. cit.*, pág., 27.

21. Ibídem, p. 32.

tal como se pone de manifiesto en «un examen objetivo de nuestras costumbres sexuales». Ahora bien, ¿cuál es la relación existente entre esta forma de dominio sexual y el poder masculino institucionalizado en todos los ámbitos de la vida social, así como en la política convencional? Millet señala que en todos las sociedades patriarcales —y no parece haber contraejemplos— «el ejército, la industria, la tecnología, las universidades, la ciencia, la política, todas las vías del poder, incluida la fuerza coercitiva de la policía— se hallan enteramente en manos masculinas. Y como la esencia de la política radica en el poder, es infalible el impacto de semejante privilegio. Por otra parte, la autoridad que todavía se atribuye a Dios y a sus ministros, así como los valores, la ética, la filosofía y el arte de nuestra cultura… son también de fabricación masculina»[22]. El coito pre-potente canónico tal como se practica en las sociedades patriarcales viene a ser un «microcosmos representativo» de toda la parafernalia del poder que se despliega, por así decirlo, en las escalas macro. Esta relación micro-macro parece ser pensada por Millet tanto en el eje de la metáfora como en el de la metonimia, con ciertas oscilaciones de los énfasis según los contextos. La relación sexual patriarcal sería, en el primer caso, la expresión quintaesenciada del poder patriarcal omnipresente; en el segundo, vendría a ser más bien su causa en última instancia.

El recurso a la analogía o al isomorfismo entre dos escalas, micro y macro, en que las relaciones de poder respectivamente se contraen o se despliegan constituye un rasgo distintivo del feminismo radical. Para Shulamith Firestone, como lo veremos, la familia es la célula en la que se forman las relaciones de poder que luego constituirán el entramado de toda la sociedad. Al partir de la existencia de ese isomorfismo, si se quiere, de esta reciprocidad de perspectivas, no es de extrañar que el razonamiento por analogía y la extrapolación de los análisis en el nivel micro al nivel macro sean recurrentes en el pensamiento de la autora de *La dialéctica del sexo*[23]. Este procedimiento

---

22. Millet, K.: *op. cit.,* pp. 33-34.
23. Sobre este punto puede verse mi *Hacia una crítica de la razón patriarcal,* Anthropos, Barcelona, 1985. Parte tercera, Capítulos 11 y 12.

discursivo se deriva de la obsesión por identificar «la raíz» de la opresión y de su convicción de que, si se la identifica adecuadamente, se puede herir de muerte al sistema como un todo. En su trasfondo se encuentra cierta impostación romántica en una concepción con tintes organicistas de la realidad social como una totalidad, categoría que, junto con la del sujeto y la de la historia, se encontrará en el blanco de la crítica posmoderna, que desplaza las totalidades por los fragmentos y las raíces por los rizomas.

En Kate Millet, el énfasis en el coito prepotente, como me gusta llamarlo, como clave de bóveda del edificio patriarcal, compite con la familia, coincidiendo de este modo con Firestone. «El patriarcado gravita —afirma— sobre la institución de la familia. Esta es, simultáneamente, un *espejo* de la sociedad y un lazo de unión con ella; en otras palabras, constituye una unidad patriarcal dentro del conjunto del patriarcado.» Podemos ver aquí cómo la familia funciona a la vez como microcosmos expresivo (espejo) de la sociedad, en el eje de la metáfora y como «lazo de unión» en el orden de la eficacia causal o de la metonimia. «Al hacer de mediadora —continúa Millet— entre el individuo y la estructura social, la familia suple a las autoridades políticas o de otro tipo en aquellos campos en que resulta insuficiente el control ejercido por éstos. La familia y los papeles que implica son un *calco* de la sociedad patriarcal, a la vez que su principal instrumento y uno de sus *pilares* fundamentales»[24]. Esta institución es, además, funcional al Estado de las sociedades patriarcales, que se relacionan con la ciudadanía a través de los cabezas de familia. Por medio de la familia, también, el patriarcado adjudica su estatus respectivo a cada categoría sexual a través del «principio de legitimidad». Este principio establece que tanto el estatus de la madre como el del hijo dependan, en última instancia, «de la presencia de un varón»[25].

Si la autora de *Política Sexual* aborda la cuestión de la familia patriarcal remitiéndose a concepciones sociológicas y antropológicas

---

24. Cfr. Millet, K.: *op. cit.*, p. 44.

25. Millet se remite aquí (p. 47) al antropólogo funcionalista Bronislaw Malinoski en: *Sex, culture and Myth*, Harcourt, New York, 1962.

de cuño funcionalista, con alguna referencia a Max Weber y a Hannah Arendt[26] , Shulamith Firestone la tematizará en claves freudomarxistas, como tendremos ocasión de ver más adelante con detalle. Para Millet, «la política sexual» es aceptada por consenso en la medida en que «la socialización» de ambos sexos en las sociedades patriarcales resulta determinante en tres dimensiones fundamentales: el estatus, al que ya nos hemos referido, el rol sexual y el temperamento. Este último se modela diferencialmente de acuerdo con los estereotipos que corresponden a cada categoría sexual; a su vez, estos estereotipos son diseñados en función del rol que respectivamente se les adjudica. Es importante en este punto subrayar el rechazo por parte de nuestra autora de cualquier variante de la ideología de la complementariedad de los sexos. Seguirá aquí el planteamiento de Simone de Beauvoir: el varón asumirá como su papel específico aquel que él mismo define como el propio de lo genéricamente humano. En contraste, «el restringido papel que se atribuye a la mujer tiende a detener su progreso en el nivel de la experiencia biológica. Por consiguiente, todo cuanto constituye una actividad propiamente humana (los animales también traen al mundo a sus hijos y cuidan de ellos) se encomienda preferentemente al varón. Huelga señalar que el *estatus* se ve influido por semejante distribución de funciones»[27]. La concatenación y el refuerzo mutuo de estos componentes de la socialización patriarcal: estatus, rol y temperamento explican así los efectos sistémicos de la dominación masculina, a la que llamamos «patriarcado».

Sin embargo, al lado de esta vertiente de la aceptación del poder patriarcal que se refiere al consenso, la autora de *Política sexual* nos recuerda que los sistemas de dominación no descansan en un solo pie. Pues «al igual que otras ideologías dominantes, tales como el racismo y el colonialismo, la sociedad patriarcal ejercería un control insuficiente, e incluso ineficaz, de no contar con el apoyo de la fuerza,

---

26. Arendt, H.: «Speculations on Violence», en: *The New York Review of Books*, Vol. XII, N°. 4, febrero, 1969.
27. Millet, K.: *op. cit.*, p. 35.

que no sólo constituye una medida de emergencia, sino también un instrumento de intimidación constante»[28]. Al lado del pie en el que se basa el consenso encontramos, pues, el que sustenta la violencia. Ésta, como instrumento clave de la política sexual, tendrá un «carácter marcadamente sexual», y se materializará «plenamente en la violación» como *analogans analogante* del uso patriarcal de la fuerza. En tanto que impregnación de la sexualidad por la crueldad, comparte, para nuestra autora, ese siniestro rango con la pornografía, cuyas figuraciones «de índole sádica», celebradas por determinadas audiencias masculinas, compara con el linchamiento de «los negros» por racistas fanáticos. Se trata en ambos casos de ritualizaciones de la dominación dotadas «de efectos catárticos».

Por otra parte, Kate Millet hace referencia a «la hilaridad», ligada a la literatura misógina, como un instrumento de expresión de la hostilidad de los varones hacia las mujeres. Le adjudica la función de «*reforzar* el estatus de ambas facciones sexuales», es decir, de sancionar la adjudicación de espacios a ambos sexos[29] que el patriarcado se arroga. Jean Paul Sartre, en su psicoanálisis existencial de Flaubert, titulado *El idiota de la familia*[30], se refiere a la risa como a «una reacción colectiva [...] mediante la cual un grupo, amenazado por un peligro, se desolidariza del hombre en quien se encarna ese peligro». Podríamos preguntarnos si acaso la risa masculina de las mujeres no es, por una parte, sino un conjuro del imaginario desertor que se pasaría a las filas del enemigo convalidando el movimiento por el que determinadas mujeres se salen de los espacios asignados. Si tomáramos como referente el grupo humano mixto en el que un número significativo de mujeres participa de los consensos del patriarcado frente a otro que se desmarca, su risa funcionaría como mortificación sexual de quienes, con su desmarque, se constituyen en peligro. Reírse de la mujer se convierte aquí en

---

28. Ibídem, p. 58.
29. C. Molina Petit define el patriarcado como poder de asignación de espacios. Cfr.: *Dialéctica feminista de la Ilustración*, Anthropos, Barcelona, 1994.
30. Cfr. Sartre, J. P.: *El idiota de la familia / 2*, Tiempo contemporáneo, Buenos Aires, 1975, p. 43. Traducción de Patricio Canto.

la ridiculización de las feministas, sometidas a esa penalización recurrente desde *Les Précieuses ridicules*, de Molière, hasta las parodias de las auténticas vindicaciones de las mujeres que encontramos en los *Cahiers de doléances* apócrifos de la Revolución Francesa[31], contra las que se reacciona convirtiendo lo peligroso en insignificante. El varón vestido de mujer es un recurso cómico que no falla. La risa recorre todos los registros que se despliegan desde la trivialización, la reducción de la otra a lo in-significante, a la paranoización, la —sólo aparentemente paradójica— conversión de lo insignificante en peligroso. La ridiculización, así, refuerza la intersubjetividad proto-simbólica varonil al hacer sonar la alarma que señala por dónde podría romperse. La eficacia de la ridiculización como des-autorización, como retiro abrupto de cualquier identificación o solidaridad, nunca se ponderará demasiado como arma del poder en general, y del patriarcal muy especialmente. La ridiculización de las formas de vestir de nuestras políticas interrumpe lo que de otro modo sería una incorporación seria al ámbito de lo serio: hay que hacer, pues, de modo recurrente, referencias a los «trapitos» para restituir a las personalidades emergentes al nivel de su genérico.

El feminismo socialista, como lo veremos más adelante de manera detallada, se ha centrado fundamentalmente en las relaciones entre el género y la clase, poniendo sus énfasis en las redefiniciones respectivas que sufrían el uno por parte del otro, ambos términos del binomio. El feminismo radical, por su parte, dota al colectivo de las mujeres de rasgos e intereses que lo caracterizan como un todo, en buena medida de forma reactiva con respecto al reduccionismo marxista de la clase. Para la autora de *Política sexual*, «las mujeres tienden a trascender, en el patriarcado, la estratificación de las clases, ya que, cualquiera que sea el nivel en el que haya nacido y se haya educado, la mujer no guarda, como el hombre, una relación inamovible con su clase. Como resultado de su dependencia económica, su afiliación a cualquier clase es indirecta

---

31. Cfr. Puleo, A.: *La Ilustración olvidada, op. cit.*

y temporal»[32]. Vienen a ser un «grupo parasitario» que «vive, en cierto modo, al margen del sistema de clases». Son un colectivo correlativo a la consideración del patriarcado como interclasista. Por otra parte, Millet considera que el sexismo «tal vez [...] sea, en nuestra sociedad, un mal más endémico que el racismo». Los varones blancos lamentan que los varones negros tengan muy poco control sobre sus esposas, vamos, que no sean lo suficientemente hombres. Parecen insinuar que «la injusticia racial puede remediarse mediante una restauración de la autoridad masculina». Una vez más, como lo afirmara Claude Lévi-Strauss, las mujeres vienen a ser el objeto transaccional de los pactos entre los varones[33]. De ahí que, de cara a un verdadero, es decir, radical cambio social, la transformación del patriarcado tenga prioridad sobre otros sistemas de explotación u opresión. Y la profundización en su análisis es ineludible, pues «todo cambio emprendido sin una comprensión exhaustiva de la institución sociopolítica que se desea modificar está de antemano condenado a la esterilidad».

2.3. Feminismo radical y freudomarxismo: entre la utopía y la analítica del poder

Otra variante significativa del feminismo radical, a la que hemos hecho referencia, es la que representa Shulamith Firestone, autora de *La dialéctica del sexo* (1973)[34]. El pensamiento de esta sugerente autora se mueve entre la utopía y unos análisis corrosivos de determinados sistemas de poder. En líneas generales, podríamos afirmar que su inscripción en la órbita del freudomarxismo la decanta del lado de la utopía: sumariamente, podríamos afirmar que representa el

---

32. Millet, K.: *op. cit.*, p. 51.
33. Cfr. Lévi-Strauss, C.: *Las estructuras elementales del parentesco*, Paidós, Barcelona, 1991. Traducción de Marie Thérèse Cevasco.
34. Firestone, Sh.: *Dialéctica del sexo*, Kairós, Barcelona, 1976. Es asimismo de interés el pensamiento de Germain Greer, que no vamos a incluir en este espacio. Una reconstrucción excelente del mismo puede encontrarse en Puleo, A.: *loc. cit.*

pendant feminista de Marcuse y Wilhem Reich. Así como, para el autor de *Eros y civilización*, la automación hará posible un socialismo cibernético que transformará el trabajo en juego, para Firestone, las nuevas tecnologías reproductivas liberarán a las mujeres de estas servidumbres suyas como clase biológicamente diferenciada que se encuentran en la base de su opresión. Así, la familia biológica, de suyo, constituye una distribución de poder intrínsecamente desigual, pues la diferenciación natural entre los sexos en las funciones reproductoras conduce *in recto* a la división sexual del trabajo y su consiguiente jerarquía. Por otra parte, la psicología del poder se configura en la familia biológica, donde tiene *su raíz*. La familia nuclear, al estructurar la personalidad y los caracteres[35], troquela las relaciones mismas de poder cuya psicología el feminismo radical se propone abolir. De este modo, llevará a cabo una reinterpretación del complejo de Edipo en términos de poder. El tabú del incesto provocaría en el niño una separación de la respuesta sexual a la madre, el primer objeto de su amor, de la respuesta globalizadora físico-emocional. La respuesta propiamente sexual es reprimida, inhibida y, por tanto, diferenciada y separada de las demás respuestas. Ello configura la psicología masculina como una psicología disociada que se orientará al objeto sexual, precisamente, en la medida en que lo degrada y puede, de esa manera, desmarcarlo de la madre. Así, no deseará a la mujer que respeta ni podría respetar ni valorar globalmente como persona a la mujer que desea. El tabú del incesto se encuentra, pues, en el origen mismo de la dicotomía masculina entre la santa y la perra. Reinterpretará asimismo en clave de poder la identificación masculina del niño con el padre, que se debe a la percepción de la madre como impotente y del progenitor masculino como poderoso por su acceso al mundo público. (Sigue en este punto a Simone de Beauvoir, quien vio en la freudiana «envidia del pene» por la niña una aspiración a la posición de sujeto social que el poseedor del pene representa.) De acuerdo con la versión del feminismo radical de nuestra

---

35. Recordemos que Marcuse y Wilhem Reich, autor de *Análisis del carácter*, son sus referentes teóricos.

autora, pues, si desmantelamos la familia, con su tiranía del principio de realidad sobre el principio del placer, la represión sexual habrá perdido su razón de ser. Se pierde así también la base de una sociedad capitalista que, en ese material humano reprimido, encontraba la dócil mano de obra funcional para su explotación, de acuerdo con las tesis del freudomarxismo. La «sexualidad polimórfica» freudiana impregnará así una nueva sociedad donde las mujeres podrán encontrar su liberación radical.

Hay en el pensamiento de Firestone una disociación entre un vector utópico, por una parte, al que ya nos hemos referido, y una capacidad insólita como analista del poder en esferas concretas. No articula un programa político para que las mujeres tuvieran acceso al control de las nuevas tecnologías reproductivas. Pone en juego, sin embargo, una verdadera maestría en una analítica del poder, que podría competir en finura y agudeza con la foucaultiana, en los ámbitos donde hay que determinar «el quién es quién de la opresión». Observa, en su capítulo «El racismo o el sexismo de la familia humana», cómo se cruzan y se entrecruzan, de formas particularmente sutiles, los rangos y los infrarangos entre hombre blanco y mujer negra, hombre negro y mujer blanca, y cómo las mujeres funcionan y actúan aquí como objetos transaccionales de los pactos entre los varones. Teoriza así con penetración el fenómeno que hemos llamado en otra parte «jacobinismo negro»[36]. Nos referimos con esta denominación al fenómeno de exaltación de la mujer negra como madre y esposa en la literatura y en las actitudes de los militantes del movimiento pro-Derechos Civiles. Hemos de tener en cuenta que la familia negra —si es que podía llamarse familia— había venido siendo la «casa de prostitución» de los varones blancos. No es de extrañar, pues, que la vindicación de los derechos de los afroamericanos pasara en su imaginario —imaginario, por supuesto, patriarcal— por homologarse con los blancos en tanto que verdaderos hombres, es decir, en hombres que controlan a las mujeres de sus familias. La filósofa

---

36. Cfr. Amorós, C. (ed.): *Feminismo y filosofía*, Síntesis, Madrid, 2000, I.I.4, pp. 36 y ss.

política Carole Pateman, autora de *El Contrato Sexual*[37] y muy influida por los feminismos radical y cultural, afirma que, en el trasfondo del «contrato social» —o, como ella lo llama, «patriarcado fraterno»—, se esconde una cláusula que hace referencia al derecho patriarcal de los varones sobre el conjunto de las mujeres, derecho que, en la modalidad fraterna del patriarcado[38], se concreta en el acceso ordenado de los varones a los cuerpos de las mujeres por medio del contrato del matrimonio. Si aplicamos su teoría a nuestro caso, el acceso de los varones negros a los mismos derechos que los blancos debería incluir su institución en verdaderos hombres, es decir, en sujetos de un pacto con aquéllos en un «patriarcado fraterno» que conllevaría su igualdad con los blancos en las relaciones contractuales con las mujeres de su raza. El «negro», de este modo, ya no es «el chulo» o el que sufre «los cuernos» que sus mujeres les ponen con los blancos. Se exaltan las virtudes domésticas de «la mujer negra», la abnegación y entrega de las mujeres a sus maridos y sus hijos. Se ha dignificado así la familia negra. Ello no significa, desde luego, la igualdad entre los varones y las mujeres de raza negra. Significa, simplemente, que se cumple una vez más la ley del patriarcado según la cual el grupo de varones emergente que disputa a otro grupo de varones su poder hegemónico lo hace con el lema «Mujer es lo que tenemos nosotros; para mujeres, las nuestras»[39]. Somos, así, los verdaderos hombres y, por tanto, sujetos dignos del poder. De esta forma, se genera una solidaridad intergenérica de raza que no propicia la emancipación —que no es lo mismo que dignificación— de las mujeres negras con respecto a «sus hombres». Esta solidaridad intergénerica puede prevalecer en muchos casos sobre los posibles pactos entre las mujeres: el contencioso por la acusación de «acoso sexual» promovida por Anita Hill contra el Juez de color Clarence Thomas es un ejemplo

---

37. Cfr. Pateman, C.: *El Contrato Sexual*, Anthropos, Barcelona, 1995. Introducción de María Xosé Agra Romero; traducción de María Luisa Femenías.
38. Pateman se refiere aquí a la polémica de Filmer y Locke acerca de los fundamentos del poder político y patriarcal.
39. Cfr. Amorós, C.: *Tiempo de Feminismo...*, *op. cit.*, pp. 58-66.

significativo de esta prelación[40]. Asimismo, en la gran marcha de afroamericanos que tuvo lugar en Washington en 1995 se vetó la presencia femenina[41]. Pues bien: Firestone ya nos había proporcionado algunas claves para entender estos fenómenos.

La autora de *La dialéctica del sexo* es especialista en desmitificar y desnaturalizar ámbitos de la vida humana que se consideraban autoregulados por sus propias leyes afectivas y emocionales. Así, de la mano de Philipe Ariès[42], pondrá de manifiesto que el mito de la infancia es una construcción moderna y que los niños como grupo social son objeto de una segregación estamental: los hijos de la burguesía visten significativamente atuendos proletarios (como el «traje de marinero»)[43]. Hará una crítica de cuño contracultural, que recuerda a Ivan Illich, contra la escuela como trasunto institucional del nuevo concepto de infancia y de su segregación. La vida del niño, como forma de vida específica, debe ser sometida a vigilancia disciplinaria como práctica correlativa a la normativización de la psicología infantil (Foucault *avant la lettre*). Firestone esboza así un paralelismo entre el mito de la infancia y el de la feminidad como racionalizaciones de su institución en esferas segregadas: «de esto no se habla delante de las señoras», «de esto no se habla delante de los niños». La emancipación de la infancia es por todo ello incluida en el proyecto del feminismo radical.

Significativamente, el manifiesto de la *New York Radical Feminist* se titulaba «Políticas del Ego»[44]. De acuerdo con su análisis, la supremacía masculina tenía como su clave y su sentido principal la satisfacción psicológica del ego masculino, al que sería inherente el ansia de poder. La identidad de un «ego» tal se mantendría en base a la

---

40. Fraser, N.: *Iustitia Interrupta...*, Siglo del hombre Editores, Santa Fe de Bogotá, 1997, II, 4. Traducción de Magdalena Holguín e Isabel C. Jaramillo.
41. Sin duda, colaboró a ello el componente musulmán, pero no nos da la explicación total del decreto de exclusión femenina.
42. Cfr. Ariès, Ph.: *El niño y la vida familiar en el Antiguo Regimen*, Taurus, Madrid, 1987. Traducción de Naty García Guadilla.
43. El concepto de infancia no se aplicaba a la niña, y con razón. Al ser la mujer una eterna menor, había una continuidad entre la niña y la adulta.
44. Fue redactado por Anne Koedt.

destrucción de los «egos» de las mujeres[45]. Ann Snitow criticó el ahistoricismo del manifiesto. Quizás por ello, Firestone concreta el planteamiento, tan general y esquemático, de Koedt en su capítulo, verdaderamente antológico, de *La dialéctica del sexo* dedicado al análisis del amor. Así comienza: «Un libro sobre el feminismo radical que no tratara del amor sería un fracaso político porque el amor, más quizás que la gestación de los hijos, es el baluarte de la opresión de las mujeres en la actualidad»[46]. Mientras los hombres creaban obras maestras, «sus mujeres invertían todas sus energías en ellos». De este modo, sienta la tesis de que «la cultura [masculina] era y [sigue siendo] parásita, y se alimenta de la energía de las mujeres sin reciprocidad». Firestone se apoya en la tesis de Theodor Reik según la cual el amor viene a ser una envidia sublimada: ya que no puedo ser ese «ego» que tanto admiro, pasaré del ser al registro del tener invadiendo emocionalmente al otro y participando así de sus cualidades. Esta invasión genera al mismo tiempo vulnerabilidad emocional, ya que no puedo invadir al ego que amo sin correr el riesgo de dejar al mío en la indefensión. Así, si hay reciprocidad, se produce un «intercambio de yos». No existe pues —todo lo contrario— en la dinámica amorosa en sí misma nada que sea destructivo. Pero entiende que el amor está necesariamente corrompido en una sociedad de clases sexuales. El enamoramiento del varón, en estas condiciones, sólo puede producirse sobre la base del alto grado de idealización de la que hace objeto a una mujer en particular (la bendita entre las mujeres), a la que desmarca de un estamento que es inferior al suyo. Por tanto, él sólo puede compensar su descenso estamental promoviendo a aquella a quien elige para asociarla con él y a la que tendrá, por tanto, que homologar a su rango, a una mitificación al hincharla artificialmente[47]. Recuerdo que un varón expresó esta

---

45. Para Marcuse, la mujer estaba vinculada más bien con el inconsciente y «el ello», como lo recuerda Alicia Puleo en *Dialéctica de la sexualidad*.

46. Cfr. *La dialéctica del sexo, op. cit.*, p. 159.

47. En *In vino veritas*, Sören Kierkegaard expresa exhaustivamente esta concepción del amor. Cfr. mi *Sören Kierkegaard o la subjetividad del caballero*, Antrhopos, Barcelona, 1987, pp. 40-50.

idea afirmando: «Las mujeres son botellas de agua de Seltz en las cuales nosotros introducimos champagne». Ellas, por su parte, también corrompen el amor, pues, al ser el sentimiento amoroso aquello de que se valen como treta del débil para conseguir un estatus adjetivo homologado, no pueden permitirse idealizar demasiado al varón[48]. Hay así un cierto escepticismo femenino, que se puede sin duda doblar de una entrega romántica idealizada, por parte de aquellas que han de hacer del amor a la vez su forma material de vida y su religión.

Firestone, por otra parte, valora de forma totalmente negativa el impacto de la «revolución sexual» para las mujeres: «la retórica de la revolución sexual, si bien no mejoró en nada [su] situación, sí demostró ser de gran utilidad para los hombres. Al convencer a las mujeres de que las astucias y exigencias femeninas tradicionales eran despreciables, injustas, mojigatas, anticuadas, puritanas y autodestructivas, se creó una nueva reserva de mujeres asequibles con el fin de ampliar la escasa existencia de mercancía para la explotación sexual tradicional, desarmando así a las mujeres de las escasas protecciones que con tanto esfuerzo habían conquistado»[49]. Sin embargo, cada vez más mujeres caen en «la trampa», sólo para descubrir demasiado tarde y en forma muy amarga que las triquiñuelas tradicionales femeninas tenían una razón de ser. Imitar a los hombres sin estar en su situación resultó ser para ellas un negocio ruinoso.

2.4. Derivas del feminismo radical: del «feminismo cultural» a la política sexual en la socialdemocracia avanzada

El feminismo radical ha sufrido a partir de sus clásicas diferentes derivas. En general, tales derivas se relacionan con la obsesión recurrente por identificar el lugar clave en que tiene lugar la

---

48. Nietzsche, en *La Gaya Ciencia*, se refirió con perspicacia al escepticismo femenino generado por la experiencia de descubrir en el marido a la bestia que ha de instituir a la vez como tutor.
49. Cfr. Firestone, S.: *op. cit.*, pp. 178-179.

dominación de las mujeres, la fortaleza bastión del patriarcado que, al ser atacada frontalmente, lo debilitaría como un todo. Así, el equilibrio y la precisión de las distinciones de Kate Millet entre la función general del consenso que sustenta el patriarcado y la de ciertas instituciones en que se encarna en él el recurso a la fuerza, propio de todo sistema de dominación, se pierde. Se produce así un escoramiento hacia la identificación de las manifestaciones más extremas, violentas y humillantes de la dominación de las mujeres como los enclaves privilegiados tanto para hacerlos objeto del análisis teórico como de la lucha política. El resultado es que fenómenos tales como la pornografía o la violación se convierten en temas monográficos un tanto sobredimensionados por cierta descontextualización con respecto a los demás aspectos. No nos detendremos aquí en estas derivas y sus —inevitables— impostaciones esencialistas, como la consideración de que la sexualidad masculina es *per se* agresiva y depredadora. Desde el punto de vista del análisis del poder, las derivas del feminismo radical hacia lo que se ha llamado «feminismo cultural» tienen un interés bastante limitado: demonizan más bien que analizan el poder masculino por sus connotaciones tanáticas frente a una —presunta— contracultura femenina biofílica e impregnada de virtualidades soteriológicas.[50] El freudomarxismo de Firestone se ve de este modo explotado en la peor de sus direcciones, mientras que la cantera de su analítica del poder sigue intacta. Ha habido que esperar hasta los años noventa para que, en su estela, una teórica feminista nórdica, Anna Jónasdóttir, escribiera el libro titulado: *El poder del amor. ¿Le importa el sexo a la democracia?*[51] El planteamiento de nuestra teórica surge a partir de un contexto privilegiado —comparativamente— para las mujeres que hace posible el aislamiento de todas las variables que siempre se han identificado como elementos causales de su situación subordinada: en los Estados nórdicos del Bienestar existe igualdad formal entre ambos sexos, un

---

50. Remito aquí al libro de Osborne, R.: *La construcción sexual de la realidad*, Cátedra, Madrid, 1993.

51. Cfr. Jónasdóttir, A.: *El poder del amor. ¿Le importa el sexo a la democracia?*, Cátedra, Madrid, 1993. Traducción de Carmen Martínez Jimeno.

feminismo estatal[52] que promueve «políticas amigas de las mujeres», tendencia a la igualdad en el trabajo remunerado y en la distribución equitativa de las tareas domésticas. ¿Por qué, sin embargo, el patriarcado sigue vigente en estas sociedades? Jónasdóttir estima que en semejante situación el feminismo socialista da un rendimiento explicativo limitado y hay que volver a las clásicas del feminismo radical. Plantea así el problema como «una lucha sobre las *condiciones políticas del amor sexual*, más que sobre las condiciones del trabajo de las mujeres». El concepto de amor debe entenderse aquí como «*prácticas de relación* socio-sexuales» y no sólo como emociones «subjetivas»[53]. Se mantiene en la concepción de las radicales según la cual el patriarcado tiene un Palacio de invierno. Así, entre la «producción de los medios de existencia» y la de «la vida inmediata» a las que Marx y Engels se refirieron[54], «la cuestión más crucial es qué producción es la más decisiva en cuanto a la explicación de los cimientos del patriarcado». Su respuesta es que debemos comprender «las condiciones de nuestra existencia primordialmente como seres sexuales». Dado el aislamiento de las demás variables a que nos hemos referido, estas condiciones y las relaciones a que dan lugar deben poder ser explicadas por sí mismas[55]. La exigencia de inmanencia explicativa del patriarcado, planteada en estos términos epistemológicos y metodológicos, va a determinar de ese modo su crítica a la teórica marxista feminista Heidi

---

52. Cfr. Hernes, H.: *El poder de las mujeres y el Estado de Bienestar*, Vindicación Feminista, Madrid, 1990. Edit. y prólogo de Lidia Falcón; traducción de María del Carmen Apreda.
53. Jónasdóttir, A.: *op. cit.*, p. 21.
54. Jónasdóttir reclama un método marxista «reorientado» para el análisis de estas cuestiones.
55. En cuanto a la base empírica que sustentaría sus tesis, Jónasdóttir hace referencia a las relaciones de pareja en las que, ceteris *paribus*, el varón se apropia de una entrega de la mujer concretada en cuidados y dedicación a la que no corresponde en condiciones de reciprocidad. Suele ser el varón quien determina las condiciones para vivir juntos, se reserva para sí mismo en mayor medida que la mujer y, si la relación se rompe, suele encontrar pareja mucho antes que la mujer en situación similar. De este modo «si el capital es la acumulación del trabajo alienado, la autoridad masculina es la acumulación del amor alienado».

Hartmann por entender que no se mantiene de forma coherente en las implicaciones y los presupuestos de los llamados «sistemas duales». Se entiende por «teorías de los sistemas duales» las que formularon aquellas teóricas feministas que asumían el marxismo a la vez que la necesidad de completarlo con una teoría adyacente que diera cuenta de modo específico de la opresión de las mujeres. Vinieron a concretarse así en diversas variantes de la fórmula «capitalismo + patriarcado» que explicarían respectivamente los modos de producción y de reproducción de la sociedad. La más potente de estas teóricas es, en nuestra opinión, Heidi Hartmann[56], quien, partiendo de críticas inmanentes al marxismo por su «ceguera ante el sexo», establece un serio y fecundo diálogo con el feminismo radical. Ella misma se propone elaborar una noción de patriarcado que haga posible entender las posiciones diferenciales que se producen en el seno del capitalismo entre los varones y las mujeres: por ejemplo, la segregación del empleo por sexos. La autora de *Un matrimonio mal avenido: hacia una unión más progresiva entre feminismo y marxismo*[57] entiende que la lógica abstracta del capital, que podríamos expresar como: «explota bien y no mires a quién», no explica, precisamente, *quiénes*, qué clase de personas determinadas ocupan determinadas posiciones en el proceso de la producción. Para ello hay que echar mano de las jerarquías sexuales y/o raciales. Pues bien, es justamente este planteamiento de la cuestión el que merece la crítica de la autora de *El poder del amor* «… no me parece pertinente [...] localizar una teoría del patriarcado *dentro* de la estructura de la economía política o en cualquier tipo de simbiosis con este campo teórico específico»[58]. Entiende que el concepto de patriarcado tan sólo tiene sentido en el ámbito del estudio de las relaciones de poder entre los sexos *qua tales*, no en cuanto fuerza laboral. Y que, justamente por hacer uso de él en un ámbito que corresponde

---

56. Cfr. el Capítulo I.
57. Cfr. Hartmann, H.: «Un matrimonio mal avenido: hacia una unión más progresiva entre feminismo y marxismo», en: *Zona Abierta*, 24, marzo-abril, 1975. Cfr. en Sargent, L.: *Women and Revolution*, Southend Press, 1976.
58. Jónasdóttir: *op. cit.*, p. 65.

a un nivel de abstracción diferente —el de las relaciones laborales capitalistas—, Hartmann falla en la identificación de aquello que es el constitutivo formal, por así expresarlo, de las relaciones de poder específicamente patriarcales, las que tienen lugar entre los sexos *qua tales*. Este constitutivo formal, para la autora nórdica, no es primariamente la apropiación por los varones del control de la fuerza laboral de las mujeres. Aquello de lo que los hombres se apropian es del amor de las mujeres y del «poder vital» resultante de él. Es de ahí de donde extraerían ellos su *empowerment*, consistente, tal como ella lo define, en una «*plusvalía de dignidad genérica* que constituye un legítimo poder de acción socio-existencial. Esta plusvalía de poder se usa (consume) para los logros y acumulaciones de control genérico en las actividades económicas, políticas y otras actividades sociales. La forma colectiva y estructurada de este poder masculino debe definirse en términos de *Herrschaft* o autoridad en sentido weberiano»[59].

2.5. Hacia una reconstrucción del feminismo socialista en la era de la globalización

Así como la conceptualización del poder de Jónasdóttir, en la línea de Millet, está en clave weberiana, la de Heidi Hartmann remite, a través de Gayle Rubin[60], a las tesis del estructuralismo antropológico de Lévi-Strauss. En su obra *Las estructuras elementales del parentesco*[61], nuestro antropólogo establece que, a través de los intercambios matrimoniales, los varones utilizan a las mujeres como mediadoras simbólicas y objetos transaccionales de sus pactos. El patriarcado, de este modo, es una relación de los varones entre sí a la vez que —si no prioritariamente— una relación que los varones establecen *omnis et singulatim* con las mujeres. También afirmaba Jean Paul Sartre que el secreto de la dialéctica del amo y

59. Jónasdóttir: *op. cit.*, p. 71.
60. Rubin, G.: «The traffic of women», en: Reiter, R. R. (comp.): *Toward and Antropology of women*, Monthy R. P., New York, 1975.
61. Claude Lévi-Strauss, *Las estructuras elementales del parentesco, op. cit.*

el esclavo no está sólo en la relación diádica que ambos mantienen, sino que remite a la que los propios amos traman entre sí.

A diferencia de lo que ocurre en las sociedades etnológicas, en las nuestras las mujeres ya no son objeto de intercambio en el mercado matrimonial; sin embargo, como lo ha visto con perspicacia Heidi Hartmann, seguimos funcionando como objeto transaccional de los pactos —y de los conflictos— entre los varones de muchas otras formas. Por ejemplo, como hemos tenido ocasión de verlo en el capítulo primero, la autora de «Un matrimonio mal avenido...» conceptualiza la institución del salario familiar, como norma de las familias estables de la clase obrera desde finales del siglo XIX, como un «pacto patriarcal interclasista» entre los patronos y los obreros sobre la mano de obra femenina. Los obreros prefieren los servicios personalizados de sus mujeres en el hogar a luchar codo con codo con ellas en los sindicatos; los patronos renuncian a la explotación despiadada a corto plazo de la mano de obra femenina en el mercado a cambio de la estabilidad a más largo plazo que les proporciona una clase obrera cuyos varones han sido instituidos en «cabezas de familia». El objeto transaccional es aquí «la fuerza de trabajo femenina». Pues bien, es precisamente en este punto donde incide la crítica de nuestra feminista nórdica: al no aislar adecuadamente «la base material» del patriarcado, este sistema específico de dominación «carece de características estructurales específicas que puedan calificar su independencia relativa». La base material del patriarcado teóricamente identificada por Hartmann es del orden de las relaciones laborales, que tiene, según ella, su propia lógica en el nivel de abstracción que corresponde a las relaciones de producción. Jónnasdóttir, por el contrario, sitúa esta base en el ámbito inmanente que corresponde a las relaciones que producen y reproducen a las personas mismas en tanto que seres sexuales, en la línea de su feminismo radical. Sustantiviza la relación varón-mujer como relación de persona-con-sexo a persona-con-sexo en el intercambio amoroso, y la privilegia con respecto al peso específico que tienen los pactos entre varones como constitutivos del patriarcado. Estos pactos interclasistas, tan lúcidamente analizados por Hartmann, apenas entran en el horizonte de visión de Jónasdóttir. Su radical inmanentismo, por otra parte, le impide —y ve precisamente en este impedimento conscientemente asumido ventajas epistemológicas y políticas— reconstruir las interacciones entre las dinámicas del sexo-género y las dinámicas de clase. Justamente, lo que constituye la preocupación de Hartmann, quien pedía al feminismo radical un concepto de patriarcado lo suficientemente potente y comprensivo como para explicar determinados fenómenos en el ámbito de las relaciones laborales. Por nuestra parte, estimamos que la autora de *El poder del amor* tendría razón si afirmara que la consideración por parte de Hartmann de que la fuerza de trabajo de las mujeres es la base material del patriarcado es limitada. Pero lo que ella afirma, desde su inmanentismo epistemológico y metodológico, es que es inadecuada. En estas condiciones, abandonada la esfera de las relaciones amorosas a su propia lógica para explicarla «en sus propios términos», ¿dónde encontraremos el *explanans*? Podría tener lugar algún desliz esencialista en la medida en que cabría sugerir que la naturaleza femenina es de suyo más generosa en el amor y recaer así en la tópica del feminismo cultural que nuestra autora ha querido esquivar en todo momento.

Hay en todo el trabajo teórico de Jónasdóttir una tensión entre dos exigencias: por una parte, la exigencia metodológica de un inmanentismo estricto en el nivel de abstracción que ella aísla como pertinente para cada sistema en su particular versión de los sistemas duales; por otra, la de identificar jerárquicamente el orden de causa-efecto en los sistemas aislados de este modo analíticamente. Así, de manera significativa, afirma que las posiciones subordinadas de las mujeres en los sindicatos son «una consecuencia, más que [...] una causa, de su posición subordinada fundamental como seres socio-sexuales». Pues, en última instancia, «las únicas relaciones y prácticas específicas que pueden calificar los rasgos distintivos del sistema de poder socio-sexual son las relaciones y actividades de dependencia generadas por las necesidades de interacción de persona-con-género a persona-con-género y las de sexualidad y amor. *"Sólo cuando el dominio masculino cesa, puede también cesar la estricta división por géneros del trabajo y el control de los hombres sobre el trabajo de las mujeres"*»[62]. Metodológicamente se afirma que «el amor, percibido como una práctica material, debe ocupar en la teoría básica feminista la posición que el "trabajo" ocupa en la teoría marxista», sin que el trabajo tenga mayor rango epistemológico que el amor ni viceversa. Sin embargo, ontológicamente se atribuye mayor eficacia causal al factor que aísla por abstracción el constitutivo formal de la dominación masculina —la jerarquía amorosa— que a aquel que identifica, como lo hace el marxismo, la contraposición de los intereses de clase. Jónasdóttir vuelve, así, a la obsesión recurrente del feminismo radical de identificar el punto neurálgico al que estratégicamente hay que apuntar para que la totalidad social como tal llegue a ser herida de muerte, o, al menos, tocada de ala. Esta obsesión, como hemos tenido ocasión de verlo, es reactiva con respecto a la pretensión del marxismo y de la izquierda tradicional de disolver en sus parámetros lo específico de la problemática del feminismo, pero quizás esa obsesión es hoy en día un tanto inercial. No nos interesa tanto saber «qué relación es la más esencial» como por qué, en el caso de las mujeres, determinadas relaciones sociales se enlazan de forma tal que ellas resultan ser atrapadas en sus mallas. Así, tiene sentido como cautela metodológica tratar de entender en sí mismas las dinámicas patriarcales en su correspondiente nivel de abstracción antes de integrarlas en una perspectiva más general que podría aclararnos el grado de su impacto preciso y diferencial entre otras series de efectos estructurales que afectan también a las mujeres de forma significativa. Pero, sin un cuidadoso estudio de las intersecciones, en la línea de Hartmann, escapará a nuestra comprensión justamente lo que define de forma decisiva la situación de las mujeres como colectivo: lo que yo llamo «la pinza patriarcal» o «el efecto ratonera». En *Hacia una crítica de la razón patriarcal* tuve ocasión de poner de manifiesto que entre «la prohibición del incesto» —y la consiguiente prescripción de la exogamia que da lugar a los sistemas de intercambio matrimonial— y la «prohibición de tareas»

---

62. Jónasdóttir, A.: *op. cit.*, p. 115. El subrayado es mío.

a las mujeres —que así conceptualiza Lévi-Strauss la eufemística y confusamente llamada «división sexual del trabajo»— hay una relación de refuerzo mutuo. Así, el dominio de los varones sobre las mujeres tiene lugar mediante «un mecanismo doble: el control de las funciones [sexuales] y reproductoras de la mujer a través del sistema de los intercambios matrimoniales queda reforzado al restringir el ámbito de las tareas productivas al que ésta tiene acceso; y, a su vez, la prohibición de tareas que se le impone a la mujer queda reforzada por el hecho de que está controlada por su inserción en las estructuras del parentesco»[63]. Las postmodernas me podrán acusar de caer en «metanarrativas», pero no es mía la culpa de que este mecanismo de remisión recíproca del trabajo al sexo —o, si se prefiere, de la producción a la reproducción— haya sido recurrente, bajo diversas modalidades, en todas las sociedades históricas y persevere con fortuna en nuestro mundo en proceso de globalización. Fenómenos como el «acoso sexual» en el trabajo sólo se explican por la percepción de la mujer *qua tale*, como la que proporciona en el matrimonio servicios domésticos y sexuales, en la esfera del trabajo extradoméstico; a su vez, y por ello mismo, su situación precaria en el ámbito del trabajo productivo remunerado remite a su posición en la familia como la que básicamente proporciona servicios. En el maltrato y el crimen sexista las mujeres se ven vapuleadas entre su falta —oscilante— de acceso independiente a los recursos económicos y su tratamiento como iconos de la posesión sexual. Si consideramos la violación, donde la mujer sufre la inmersión de estatus más humillante, su reducción a una posición sexual ultrajada es en muchos casos la sanción por no cumplir con el «toque de queda», en expresión de Lidia Falcón, al que ya hicimos referencia, que imponen quienes laboran y circulan por derecho propio en lo público, por no referirnos al tráfico sexual por parte de las mafias, donde convergen por antonomasia sexo y trabajo: son las «trabajadoras del sexo», a las que se prohíben otras tareas diferentes a la actividad sexual como definitoria

---

63. Cfr. Amorós, C.: *Hacia una crítica de la razón patriarcal*, Anthropos, Barcelona, 1985, primera edición, p. 228.

de la mujer *qua tale*; en la pornografía se hace que la mujer desempeñe como trabajo sistemático la realización de su objetificación sexual, y podríamos seguir con una larga lista de etcéteras. Es posible que en determinados casos la balanza se incline un poco más del lado de la depresión laboral y otras del de la adscripción de «la mujer» al sexo como a su ámbito inmanente, pero siempre están presentes en alguna medida uno u otro aspecto. En estas condiciones, no parece tener demasiado sentido discutir si el primado lo tiene el trabajo como feudo del feminismo socialista o el sexo como el ámbito de estudio que se autoadjudica el feminismo radical. Ambas tradiciones arrojan su luz propia por separado para iluminar el fenómeno de la explotación y la opresión de las mujeres, pero, a la hora de volverlo plenamente inteligible, han de remitir el uno al otro en sus enfoques. De otro modo, se escapa *por mor* del inmanentismo la endiablada y persistente eficacia de *los efectos sistémicos* de la dominación del conjunto de los varones sobre las mujeres a la que llamamos patriarcado.

Más que nunca, por otra parte, la globalización necesita de esa perspectiva teórica y política integradora. El trabajo en la era de la globalización neoliberal, como lo hemos podido ver en el anterior capítulo, ha podido ser caracterizado como «la economía doméstica fuera del hogar»: puestos precarios, horarios infinitamente elásticos, carencia de derechos laborales y consideración del trabajador más como un servidor que un empleado, etc. La mayoría de los boletos, como lo enfatizaría Hartmann, los tienen las mujeres, la mano de obra preferida por las multinacionales en los ámbitos de las maquilas. Por otra parte, en estas mismas zonas siniestras —recordemos el horror de las mujeres desaparecidas en Ciudad Juárez—, las mujeres son explotadas como seres sexuales y sujetos amorosos: el sueldo que ganan es el verdadero «salario familiar», que no el del varón que da a la esposa lo que le sobra tras haber cubierto sus necesidades personales. El contexto de la sugerente teorización de Jónasdóttir, tras los adelgazamientos que hasta en los países nórdicos sufre el Estado de Bienestar, por las exigencias de la globalización neoliberal parece haber retrocedido en poco tiempo al pasado: ya decía Hegel que «el búho de Minerva sólo levanta su vuelo en el crepúsculo… ».

3.

Sujetos emergentes y modelos epistemológicos

3.1. Modelos epistemológicos

Entiendo que la reflexión filosófica surge en el espacio de interacción epistemológica entre un nuevo paradigma científico-tecnológico y transformaciones impactantes de las relaciones sociales. Esta interacción se configura de forma tal que los marcos conceptuales promovidos por las revoluciones científicas —en sentido kuhniano[1]— se instituyen en el filtro a través del cual determinadas transformaciones sociales se piensan a sí mismas. A su vez, el movimiento reflexivo que la nueva ciencia ejerce sobre sí al tratar de auto-esclarecerse epistemológicamente se ve mediado por la forma en que estas transformaciones se representan a sí mismas metafórica y conceptualmente. Sólo a través de este doble movimiento reflexivo, de esta doble mediación, la filosofía puede ser pensamiento del propio tiempo en conceptos, como lo quería Hegel, así como dar forma a la conciencia que la especie humana tiene de sí misma en cada

---

1. Kuhn, Th.: *La estructura de las revoluciones científicas*, Fondo de Cultura Económica, Madrid, 1962.

momento histórico, lo que llamaba Agnes Heller «la genericidad». De este modo, la polis emergente se piensa a través de la nueva racionalidad promovida por la geometría, la cual, a su vez, como J. P. Vernant[2] lo ha puesto de manifiesto, encuentra en la médula de su inspiración teórica los esquemas que representan la configuración de la nueva polis. Por poner otro ejemplo, el paradigma mecanicista de la nueva ciencia galileo-newtoniana está, como se ha señalado, en la base epistemológica misma de las teorías del contrato social mediante las cuales la emergente sociedad burguesa patriarcal se da una representación de sí misma. A su vez, este paradigma se configura en íntima *simpatheia* con los esquemas que articulan esta nueva representación de las relaciones sociales. El atomismo del paradigma mecanicista sugiere una visión de la sociedad como formada por individuos aislados que generan por pacto —contrato social— la vida política. No entraremos aquí en las diversas modalidades de la concepción de este contrato.

Manuel Castells, en su obra *La era de la información*[3], ha caracterizado lo que llama el «paradigma informacionalista», que habría sustituido al «paradigma industrialista», por la unificación epistemológica que en él se lleva a cabo entre la microelectrónica y la ingeniería genética bajo la rúbrica común de procesamiento de la información. La máquina informática procesa la información, la recombina y la distribuye. Justamente, en el juego entre la recombinación y la distribución, Castells hace consistir lo que llama «la espiral de la innovación», de la creatividad. Por su parte, la ingeniería genética resuelve lo que Donna Haraway llamaría el «imaginario organicista» en recombinaciones, reprogramaciones y manipulaciones del ADN, de los códigos de los organismos vivos. En el mismo sentido, Haraway afirma que los organismos biológicos se han convertido en sistemas bióticos, en máquinas de comunicación como las otras. Ahora bien, pide Castells, «las nuevas tecnologías revolucionarias han de ser

---

2. Cfr. Vernant, J. P.: *Mito y pensamiento en la Grecia Antigua*, Ariel, Barcelona, 1983. Traducción de Juan Diego López Bonillo.
3. Cfr. Castells, M.: *La era de la información*, Alianza, Madrid, 1997-1998.

pensadas». Él mismo podría ofrecer su análisis de «la sociedad red» como el pensamiento de las nuevas relaciones sociales que vienen configuradas en torno a las nuevas tecnologías. Pero Donna Haraway quizás va más allá al afirmar que «el cyborg es nuestra ontología, debe ser también nuestra política». Esboza, así, una posición filosófica acorde con nuestro nuevo paradigma científico-tecnológico a la vez que da elementos de respuesta política al nuevo modelo de desarrollo económico-social propio del capitalismo en la era de la globalización. Se trataría de articular una ontología del presente para una política del presente cuyo diseño seguirá la línea de puntos marcada por las caracterizaciones ontológicas y epistemológicas del cyborg, el organismo cibernético. Volveremos sobre ello.

Donna Haraway no es profesionalmente filósofa, ni quizá su pensamiento sería considerado filosófico desde ciertos cánones convencionales. Por mi parte, siguiendo la concepción de la filosofía que he esbozado, entiendo que produce filosofía en la medida en que, por una parte, tiene su punto de mira puesto en los sujetos emergentes de la era de la globalización, a la vez que, por otra, para dar forma teórica a las aspiraciones y problemas de estos nuevos sujetos, configura una ontología y una epistemología que están en una relación de primer orden con la práctica científica en el nuevo paradigma informacionalista. Podrá diseñar así elementos para una propuesta política en la medida en que los sujetos emergentes que ella identifica encuentran importantes elementos de autocomprensión en el nuevo modelo epistemológico que su «artefactualismo reflexivo» nos propone, así como en una ontología que toma forma a partir de una nueva concepción de la naturaleza. La naturaleza aparece en «Las promesas de los monstruos» (cfr.) «como lugar común [...] [en] una cultura pública [que] tiene muchas casas, muchos habitantes que pueden refigurar la tierra, a quienes debemos incluir en la narrativa de la vida colectiva, incluida la naturaleza». Es, pues, para Haraway, una naturaleza social y artefactual. La conceptualiza en estos términos frente a dos referentes polémicos: por una parte, el naturalismo transcendental, «forma retrógrada de vuelta atrás a la naturaleza y al realismo filosófico». Por otra, a la reducción postmoderna de la naturaleza a mero discurso. En relación con el naturalismo transcendental afirmará, parafraseando a Simone de Beauvoir, que «los organismos no nacen, se hacen». «Los organismos no preexisten con fronteras ya determinadas a la espera del instrumento que los inscriba. Emergen de un proceso discursivo. La biología es un discurso: no el mundo viviente en sí.» Pero ello no significa que nuestra autora no sea crítica con lo que podríamos llamar el pandiscursivismo postmoderno. Lo que caracteriza a la naturaleza como un todo para Haraway es la articulación. El lenguaje es una forma particular de articulación, de tal manera que lo desplaza del puesto privilegiado y del monopolio que le otorgaba la postmodernidad. Sustituirá, de este modo, el protagonismo unilateral del lenguaje por una teoría de la acción en la cual los humanos no tienen la exclusividad de la agencia, ni en la construcción de las entidades de un discurso científico determinado ni en la producción de la naturaleza misma. «La naturaleza es un lugar común y una construcción discursiva poderosa, resultado de la interacción entre actores semióticos materiales humanos y no humanos.» Así, «los diversos cuerpos biológicos rivales emergen de la intersección de la investigación biológica, el trabajo literario y la publicación, de las prácticas médicas y otras prácticas empresariales; de las producciones culturales, incluidas las metáforas y las narrativas disponibles, y de la tecnología, como en el caso de las tecnologías de visualización»[4]. Concederá una especial atención al análisis de estas tecnologías en su penetrante estudio del sistema inmunológico.

En cuanto a los sujetos emergentes, podríamos afirmar que nuestra autora identifica a los sujetos contestatarios de la era de la globalización *avant la lettre*. Toma aquí su referente de lo que la teórica feminista y cineasta americana Trinh Minh-ha llama «los otros inapropiados/inapropiables». Hace referencia a todos aquellos sujetos que no encajan en la taxonomía impuesta por las narrativas

---

4. Cfr. Haraway, D.: «Las promesas de los monstruos: Una política regeneradora para otros inapropiados/bles», en: *Política y sociedad*, N° 30, Madrid, 1999.

hegemónicas de la identidad. Son, de este modo, víctimas de la heterodesignación, tal como caracterizó Simone de Beauvoir la situación de las mujeres como «el otro». Por ello, se encuentran presos del dilema que la prepotente práctica heterodesignadora impone: la homologación forzosa o bien lo que la autora tunecina Sophie Bessis considera su otra cara, la condena a la diferencia exótica que lleva consigo la marca del *apartheid*. Se tratará, pues, desde una alineación política con «los otros inapropiados/inapropiables», de configurar posibilidades epistemológicas que abran un espacio en el que puedan ser pensados. La epistemología harawayana se configura así como un «artefactualismo reflexivo», consciente de que el conocimiento es un constructo y de cómo se construye: a través de qué prácticas, de qué opciones, de qué posicionamientos. Epistemología y política, de este modo, se interpenetran: el «artefactualismo reflexivo», consciente de su modo de producir conocimiento, es responsable y debe dar cuenta de desde dónde lo produce. Se plantean aquí cuestiones normativas que nos llevarían demasiado lejos de nuestros actuales propósitos. Nos limitaremos a sugerir que, a falta de una clarificación y un criterio de convalidación de los valores que nutren estas opciones a la vez que se configuran en función de ellas, se podría aplicar a Donna Haraway la misma crítica de «criptonormativismo» que Nancy Fraser le hizo en su día a Foucault[5].

La epistemología harawayana, por su parte, tendrá asimismo un claro referente polémico: la epistemología del reflejo, en cuyo transfondo se encuentra el mundo de espejos que configura la identificación metonímica y la sustitución metafórica de Lacan. Ironiza respecto al privilegio otorgado «al órgano copulativo y urinario del primate masculino» —el pomposamente llamado «falo» por Lacan— y propone en su lugar a «un ratón competente». Nuestra autora advierte acerca de que la epistemología del reflejo no es inocente, sino que responde a lo que Luce Irigaray ha llamado la «ilusión de autogénesis del sujeto». Debe por ello ser sustituida por

---

5. Cfr. Fraser, N.: «Part 1, Chapter 1», en: *Unruly practices*, Polity Press, Cambridge, 1989,

una epistemología de la difracción. Caracteriza a esta última como «una cartografía de la interferencia», no de la réplica, el reflejo o la reproducción. Los filtros ópticos de esta difracción destacan los matices rojo, verde y ultravioleta dentro de lo que nuestra autora llama una «semiología política multicolor.» Así pues, de acuerdo con nuestra caracterización del pensamiento filosófico, la auto-comprensión de los sujetos emergentes puede encontrar en nuestra autora interesantes elementos ontológicos y epistemológicos como mediación reflexiva para establecer su identidad. A su vez, el conocimiento científico-tecnológico que ella propone producir se inspira en y toma como su referente las necesidades políticas de estos nuevos sujetos. De esta manera, implementa lo que entiende por conocimiento adecuado, es decir, situado de forma responsable, en orden al autoesclarecimiento de estas subjetividades emergentes.

3.2. El cyborg como figuración de las nuevas subjetividades políticas

Pues bien, en nuestra opinión, lo más notable que se desprende del programa político harawayano es una teoría de las nuevas alianzas para la recomposición de un sujeto político acorde con las exigencias de un mundo en proceso de globalización, regido por lo que ella llama «la informática de la dominación». Propone en este sentido el cyborg como figuración de una subjetividad política a la que caracteriza por contraposición a tres referentes polémicos: la subjetividad unitaria, la totalidad orgánica y la filosofía teleológica de la historia.

En primer lugar, vamos a referirnos a la crítica harawayana a la concepción de un sujeto uno privilegiado, con sus implicaciones epistemológicas y políticas. Esta crítica se encuentra en la base de su debate con las teorías del «punto de vista feminista», como la de Nancy Hartsock, su colaboradora en el Departamento de Women's Studies de la Universidad de California. La autora de *Money, sex and power* acusa la influencia de George Lukács, quien en *Historia y conciencia de clase* presentó la autoconciencia del proletariado como la mercancía, forma canónica de la reificación de las relaciones sociales de la sociedad capitalista, tomando conciencia de sí. Esta condición le depararía al conocimiento de la clase proletaria una posición privilegiada de acceso a la totalidad social que la sociedad capitalista constituye y al proceso histórico que en ella culmina. Por su parte, Hartsock hace de las mujeres como sujeto el *pendant* de la conciencia del proletariado, ampliando la categoría marxista de trabajo a las faenas relacionadas con la reproducción, que situarían a las mujeres en una cercanía privilegiada a las bases mismas de la vida. De este modo, Nancy Hartsock se sitúa entre el marxismo y la teoría psicoanalítica de las relaciones de objeto, sintonizando con algunos de los registros del feminismo cultural. Haraway es profundamente crítica de esta corriente del feminismo, a la que considera plagada de esencialismos y de metáforas organicistas. Por su parte, afirmará desde su «artefactualismo» que «la subyugación no es una base para una ontología. La visión requiere instrumentos visuales: una óptica y una política del posicionamiento. No existe una visión inmediata desde el punto de vista de los subyugados. La identidad, incluida la autoidentidad, no produce ciencia»[6]. Es en el acceso a la nueva ciencia y a las nuevas tecnologías, que nos brindan «fuentes frescas de poder», donde las mujeres deberán desempeñar un «papel constitutivo» en la producción del conocimiento. Nos encontramos así lejos del imaginario marcusiano, tan caro al feminismo cultural, y de sus dualismos con «subtexto generizado» como el paradigmático de *Eros versus Tanatos,* donde las mujeres tendrían una posición ontológica que las convertiría en sujetos natos de un feminismo entendido como cultura salvífica. Por el contrario, las mujeres para Haraway no tienen una posición adjudicada *a priori* como sujetos con presuntas virtualidades soteriológicas; así, al no poseer ninguna posición privilegiada ni ontológica ni epistemológicamente, han de tomar ellas mismas posiciones activas

---

6. Cfr. Haraway, D.: *Ciencia, cyborgs y mujeres*, Cátedra, Madrid, 1995, p. 332. Traducción de J. Talens.

y productivas. No hay una base de la vida que pueda servir como punto arquimédico: «hay muchas bases de la vida. A las mujeres nos pesan las ignorancias y las exclusiones, el no saber cómo construir y desmontar, cómo jugar...». Haraway nos invitaría así a disolver el imaginario marcusiano freudomarxista, que nos constituía en sujetos biofílicos a cambio de que nos mantuviéramos, incontaminadas, al margen de un «poder» al que se adjudicaban toda clase de connotaciones tanáticas. Y, en consonancia con esa disolución, que nos desaloja de toda posición privilegiada *a priori*, nos anima a tomar posiciones responsables en la constitución del nuevo paradigma científico, en la «lucha por los significados».

No hay de este modo puntos de vista privilegiados: la epistemología cyborg, como se expone en el libro de Carme Adán[7], se asume como una epistemología de «los conocimientos situados». A su vez, el rechazo del sujeto unitario definido *a priori* se dobla en Haraway de la celebración de los mestizajes *versus* supuestas identidades genuinas. Así, se sitúa en la línea de un feminismo postcolonial que se instituye en instancia de «desestabilización de las identidades revolucionarias tradicionales del Hombre de Occidente». La autora del «Manifiesto para cyborgs» propone en esta línea la resignificación subversiva de los mitos del origen de la cultura occidental que nos han colonizado: así, aboga por la reescritura de la historia de Malinche que, de la figura de traidora en que la han convertido las proyecciones de la paranoia masculina, se reconvertiría en «la madre letrada que nos ayuda a sobrevivir». Debemos atender al significado subversivo de la escritura para los grupos colonizados, como lo ilustra la escritura mestiza de la chicana Cherri Moraga, que no reclama una lengua original... Más bien, como la nómade de Rosi Braidotti, no tiene como referente ninguna lengua materna fundamentalista, sino que muestra, en un mundo global de fronteras inestables, su «habilidad para vivir en los límites». ¡Ay, las mujeres, hiperrepresentadas en las maquilas!

---

7. Cfr. Adán, C.: *Epistemología, natureza e xénero*, Universidade de Santiago de Compostela, Santiago de Compostela, 2002.

3.3. Excursus: tecnologías comunicativas y formas de la subjetividad

Las tecnologías comunicativas, como lo puso de manifiesto el antropólogo Tomás Pollán en su tesis doctoral —me temo que todavía inédita— han tenido desde siempre importantes implicaciones para la conceptualización —o, digamos mejor, metaforización— de la subjetividad. Digamos mejor metaforización, pues, como lo afirmó Rorty: «Son metáforas, más que conceptos, lo que se encuentra en la base de nuestras convicciones filosóficas». Havelock, en su *Preface to Plato*[8], puso de manifiesto el impacto de la escritura en el platonismo, en la génesis misma del pensamiento conceptual. Sin el referente fijo de las palabras escritas, la mente asocia por contigüidad pero no clasifica por rangos: los experimentos de Luria con analfabetos nos los muestran ordenando un conjunto de objetos como martillo y clavo, tijera y tela, poniendo juntos aquellos que van a ser objeto de uso simultáneo, como el martillo y el clavo, pero no agrupando, por ejemplo, el martillo y la tijera, por un lado, en concepto de instrumentos y, por el otro, el clavo y la tela en tanto que materiales a los que el instrumento se aplica. En sus estudios sobre la epopeya homérica y su función en una sociedad de cultura oral, Havelock destaca la importancia fundamental de las pautas rítmicas en orden a memorizar y reproducir secuencias que sufren profundas alteraciones de una celebración ritual a otra. MacLuhan, por su parte, en *La Galaxia Gutenberg*[9], se refiere a la lectura individualizada de los textos que la imprenta hizo posible como condición del peculiar proceso de introspección que llevó al *cogito* cartesiano. Esta clase de introspección no habría sido posible, según nuestro autor, en las condiciones de la descodificación del texto determinadas por la lectura del manuscrito medieval, que se llevaba a cabo de forma colectiva en los monasterios. (Ahora, el nuevo «*cogito*» será una dirección de correo electrónico…)

---

8. Cfr. Havelock, E. A.: *Preface to Plato*, MA, Cambridge, 1963.
9. Cfr. MacLuhan, V.: *La galaxia Gutenberg*, Aguilar, Madrid, 1969.

La metáfora en la que se condensarán de forma más pregnante estos cambios en lo concerniente a la subjetividad moderna será la del «libro de la naturaleza». En el Renacimiento, según los conocidos estudios de Garin[10], se vendrá a contraponer a los viejos libros de las bibliotecas medievales, desprestigiados como libros muertos, los libros «vivos» que resultan de la lectura directa de la naturaleza: así, como lo dirá Galileo, «la naturaleza está escrita en lenguaje matemático». La metáfora acabará por ser interiorizada y hacer de este modo referencia al intérprete del libro mismo de la naturaleza: Montaigne dirá «Yo soy el contenido de mi libro». Y Descartes (sigo aquí un antiguo trabajo de Emilio Lledó[11]), en el *Discurso del Método*, afirmará que, después de haber desechado los eruditos libros medievales y haberse dedicado a leer directamente en el libro mismo de la naturaleza, se resolvió, por fin, a leer «en moi-même», quedando así la subjetividad textualizada a guisa de libro. De este modo, no es sorprendente que, desde el nuevo paradigma informacionalista en que estamos inmersos, se nos proponga el cyborg como metáfora de la subjetividad en nuestro mundo global. Desde el feminismo, podríamos quizás asumirlo, a título de metáfora performativa, como la figuración de una subjetividad que busca una línea de fuga frente a la heterodesignación de las mujeres como guardianas de la identidad que podemos encontrar en muchos de los discursos multiculturalistas, así como frente a los discursos postmodernos de la muerte del sujeto.

Desde este punto de vista, en la línea del cyborg de Donna Haraway, se encontraría otra figuración performativa de la subjetividad como la «nómade» de Rossi Braidotti, propuesta como un «vector de desterritorialización» en sentido deleuziano, más allá de la emigrante. Braidotti tiene como referente empírico de su discurso la «feminización de los flujos migratorios» en nuestro mundo global *¡La donna e movile!* Las mujeres aparecemos así en la dinámica de los «flujos descodificados», y no en el imaginario de las recodificaciones

---

10. Garin, E.: «Le livre comme symbole à la Renaissance», en: Revue *Le Debat*, N°. 22, París, Gallimard, noviembre 1982.
11. Cfr. Lledó, E.: «Capítulo 8. Semántica cartesiana (una lectura del *Discours de la Méthode*)», en: *Filosofía y lenguaje*, Ariel, Barcelona, 1974.

y reterritorializaciones de los flujos del deseo que nos adscribiría prescriptivamente a la identidad quintaesenciada de la etnia. Se ha criticado a Braidotti por la impostación elitista propia de la figuración de la nómade: esta transgresora de fronteras de lujo tiene «múltiples pasaportes». Su transgresión no se la puede permitir la emigrante «sin papeles», cuyos itinerarios son mucho más constrictivos. Ciertamente, pero lo que Braidotti parece proponer aquí es ir más allá de la identidad de la emigrante, caracterizada por la nostalgia y la constitución del referente perdido en instancia normativo-utópica. La identidad, afirma, siempre es «retrospectiva»; como una cartografía, diseña «los lugares en que hemos estado pero en donde no estamos ya». La nómade sería así la figura que adopta una «subjetividad política» que transciende imaginativamente la identidad, dando lugar a una reinterpretación permanente del pasado por el proyecto de futuro que, por mi parte, propondría entender en clave existencialista.

Con todo, la metáfora performativa de la nómade se despliega en un registro más estetizante que ético-político: el nomadismo de Braidotti es sobre todo un «estilo». Encuentro en ella, como en el cyborg de Haraway, ciertos déficits normativos (no voy a desarrollar ahora este punto). Pero lo que me resulta profundamente sugerente es su rechazo de la lengua materna. «¿Es la maternidad coercitiva provocada por la violación de una pandilla —pregunta Braidotti refiriéndose a la tragedia de las mujeres de Bosnia Herzegovina— el precio que hay que pagar por hablar la lengua materna "incorrecta"? ¿No es toda apelación a la lengua materna "correcta" la matriz del terror, del fascismo, de la desesperación? ¿Es porque practica una especie de promiscuidad con los diferentes cimientos lingüísticos por lo que la políglota ha renunciado hace tiempo a cualquier pureza lingüística o étnica? No hay lenguas maternas, sólo sitios lingüísticos que una toma como su punto de partida. Desde el momento en que una nace, pierde su origen...»[12]. La nómade parece así renunciar a cualquier anclaje en un «orden simbólico de la madre»

---

12. Cfr. Braidotti, R.: *Sujetos nomádicos*, Paidós, Buenos Aires, 2000.

como agente y garante de una relación genuina con el ser. En lo que hemos llamado en otra parte «la izquierda de Irigaray[13]» —Muraro vendría a representar la derecha—, la autora de *Sujetos nomádicos* no rescata sino que inventa estipulativamente la nueva subjetividad femenina de la era global, figura destinada a digerir por consumo autometabólico —herencia de Irigaray— las viejas heterodesignaciones patriarcales. La propia Braidotti se sitúa de este modo entre Deleuze e Irigaray, por un lado, como críticos de Lacan, y, por otro, más allá de Foucault, con Donna Haraway. Con esta última, entiende que Foucault nombró una forma de poder «en el momento mismo de su implosión». Una vez más, pues, como lo afirmaba Hegel, «el búho de Minerva levanta su vuelo en el crepúsculo…». El cyborg se encontraría así más allá de la matriz disciplinaria de la constitución de la subjetividad y del bio-poder con sus impregnaciones todavía demasiado organicistas: no estaría sujeto a la bio-política de Foucault sino que, más bien, «simula políticas». El poder contemporáneo, asume Braidotti de acuerdo con la autora del «Manifiesto para cyborgs», «ya no opera mediante una heterogeneidad normalizada, sino que más bien lo hace tendiendo redes, mediante la comunicación y las interconexiones múltiples». Podríamos recordar aquí, como lo hace Asunción Oliva en su tesis doctoral todavía inédita[14], que Foucault ya advirtió que «el poder es capilar», que circula y fluye y, podríamos añadir, que «no se tiene, sino que más bien se ejerce»… Con todo, el poder, en la «sociedad red» analizada por Castells, se ha transformado adaptándose a su *modus operandi*, de tal modo que podemos afirmar que la visibilidad virtual se impone más allá del panóptico… En este contexto, el cyborg harawayano respondería a la pregunta de Braidotti: «¿Cuál es la visión operativa de sí mismo en un mundo dominado por la ciencia de la computadora?»

---

13. Cfr. Amorós, C.: *La gran diferencia y sus pequeñas consecuencias… para la emancipación de las mujeres*, Cátedra, Colección Feminismos, Madrid, 2005.
14. Cfr. Oliva, A.: «Críticas al sujeto de la modernidad en el feminismo filosófico de finales del siglo XX», Universidad Nacional de Educación a Distancia, Madrid, Febrero, 2003.

3.4. *Versus* la «totalidad orgánica»

Si tomamos como el primer referente polémico del cyborg el sujeto unitario privilegiado, el segundo, íntimamente solidario del primero, lo sería la representación de la totalidad orgánica. Estudiosa, como historiadora de la biología[15], de las metáforas organicistas en la ciencia, nuestra autora toma en relación con ellas un distanciamiento crítico. En la medida en que «los organismos no nacen, se hacen» (significativa paráfrasis de la afirmación de Simone de Beauvoir «la mujer no nace, se hace»), en su particular constructivismo artefactualista, la autora de *Feminism and Technoscience*[16] no ve sino fronteras fluidas entre el organismo y la máquina: ambos son homologados en tanto que textos codificados, ámbito de las semiologías cyborg. El universo de los objetos que pueden ser conocidos científicamente se determina mediante la formulación de los mismos en términos de problemas en la ingeniería de las comunicaciones o en las teorías del texto. La ontología harawayana, de este modo, podría ser interpretada en el sentido de Quine: admitiremos a título de tales las entidades que nos comprometemos a aceptar en cuanto postuladas por un determinado lenguaje, en nuestro caso, el de la informática y la ingeniería genética. Así, los organismos han dejado de existir como objetos del conocimiento: son instrumentos especiales para el procesamiento de información. Y, en la misma medida en que no existe una separación epistemológica fundamental en nuestro conocimiento formal de máquina y organismo, tampoco habría una distinción ontológica fundamental entre lo técnico y lo orgánico.

Los ecofeminismos —simplifico aquí por necesidad la documentada y matizada presentación de los mismos que ha llevado a cabo María-Xosé Agra[17]— han tenido cierta predilección, como

---

15. Cfr. Haraway, D.: «Crystals, Fabrics and Fields: Metaphores of Organicism in 20th Century Biology», Yale University Press, Yale, 1976.

16. Cfr. Haraway, D.: *Modest_Witness@Second_Millenium. Femaleman©_Meets_ Oncomouse: Feminism and technoscience*, Routledge, London-New York, 1997.

17. Cfr. Agra, M. X. (comp.): *Ecología y Feminismo*, Ecorama, Granada, 1998.

podemos verlo en el caso de Barbara Holland-Cunz[18], crítica de Donna Haraway, por las filosofías románticas de la naturaleza, desde el paradigma mágico-animista de los renacentistas a Schelling, por las metáforas organicistas y por una concepción esencialista de la naturaleza de las conexiones. Así, afirman que entre la dominación de la naturaleza por parte del hombre y la subyugación de la mujer por parte del varón habría algo así como una relación intrínseca[19]. De aquí se derivaría políticamente la promoción de las mujeres, por su supuesta connaturalidad con la naturaleza, a sujeto nato del ecologismo y de un feminismo que se articularía según el guión que el movimiento ecologista le ofrece. Existiría entre ambos algo así como una «armonía preestablecida» que escamotearía la tensión entre dos movimientos con diferentes prioridades, cuyas agendas conjuntas se tendrían en cada caso que negociar y reajustar. Así, el ecofeminismo que está en la órbita del feminismo cultural sería objeto de las mismas críticas que Haraway dirige a este último: el sujeto privilegiado es algo así como un sujeto adscrito a una causa soteriológicamente concebida en función de una concepción organicista de la totalidad, vinculada a su vez en muchos casos a una determinada filosofía de la historia.

3.5. *Versus* la teleología apocalíptica: los monstruos como imaginario de la globalización

Encontramos aquí el tercer referente polémico del cyborg: *versus* la teleología apocalíptica a que se vería abocado el sujeto de la filosofía de la historia, Haraway pide, simplemente, «cyborgs para la supervivencia de la tierra». «El cyborg no reconocería el jardín del Edén, no está hecho de barro y no puede soñar con volver a convertirse en polvo. Quisiera por eso ver si el cyborg es capaz de subvertir

---

18. Cfr. Holland-Cunz, B.: *Ecomofeminismos*, Cátedra, Madrid, 1996. Traducción de Arturo Parada.

19. Otras, como lo expone Alicia Puleo, prefieren la versión, más plausible y pertinente, de que existiría una especie de *isomorfismo entre el antropocentrismo y el androcentrismo*. Cfr. en: *Feminismo y filosofía*.

el Apocalipsis de volver al polvo nuclear mediante la compulsión maníaca de nombrar al enemigo». Al «eje del mal», por ejemplo. Para subvertir la imaginería apocalíptica, nuestra bióloga propone la metáfora de la regeneración del miembro de la salamandra, expediente sobrio para la cura de las heridas, en lugar de la resurrección, vinculada a la «política holística y al sexo reproductivo». Así, nuestra ontología del presente debería ir «más allá de los mitos gemelos de Marx y Freud», es decir, de las adscripciones simbólico-representativas que estructuran la narrativa edípica y su *telos* (aquí se encontraría Haraway con Butler, Braidotti y Teresa de Lauretis) así como de «la historia tomando conciencia de sí» en un repliegue reflexivo de lucidez privilegiada. El abandono de estos «mitos gemelos» se doblaría de un horizonte utópico poblado por el imaginario de la ciencia-ficción: las «poluciones limítrofes» de un mundo monstruoso sin géneros, ¡la transgresión de fronteras reales y simbólicas más audaz que podamos representarnos! Los monstruos han sido siempre las figuraciones de la transgresión de límites ¡terrible «desorden simbólico»! Los centauros y las amazonas son figuraciones de la desestabilización de los límites de la polis: se combinan en ellas la mujer y el guerrero, el hombre y el animal… Como se desprende del escrito de Haraway «Las promesas de los monstruos», son éstos, como hibridaciones que desestabilizan fronteras, las figuras clave en el imaginario de la globalización.

3.6. Apuntes ontológicos para una teoría de las alianzas políticas

Se ha señalado muchas veces recientemente (lo ha hecho, entre otras, Sophie Bessis), el carácter a menudo paradójico de las alianzas entre los movimientos antiglobalización. Como la globalización se dice y se interpreta de muchas maneras (símbolo de convergencia para los neoliberales, chivo expiatorio para el fracaso político de muchos líderes nacionales, para otros; eufemismo, para algunos, de la hegemonía de los EEUU en el nuevo orden mundial, etc.), las reacciones y oposiciones contra ella se producen asimismo de muy diferentes maneras. La globalización es un monstruo, en efecto, un fenómeno proteico, una cabeza de Medusa: el capitalismo de la era global no genera ya de sus entrañas, si es que lo hizo antaño, ningún sujeto opositor cuya lucha tendría un sentido unívoco y paradigmático al que pudiera representar cualquier nueva versión de los partidos de vanguardia. Significativamente, el manifiesto del II Foro Social de Porto Alegre, titulado «Resistencia contra el neoliberalismo, el militarismo y la guerra: por la paz y la justicia social», afirma: «La diversidad es nuestra fuerza y su expresión es la base de nuestra unidad. Somos un movimiento de democracia global, unido en nuestra determinación para luchar contra la concentración de la riqueza, la proliferación de la pobreza y la destrucción de nuestro planeta. Estamos construyendo una amplia alianza a partir de nuestras luchas y las resistencias contra el sistema basado en el patriarcado, el racismo y la violencia, que privilegia los intereses del capital sobre las necesidades y aspiraciones de los pueblos». Pues bien, la autora del «Manifiesto para cyborgs» parece haber anticipado las bases de un nuevo planteamiento teórico para abordar la nueva realidad del movimiento llamado «antiglobalización» (algunos, como J. Vidal Beneyto, prefieren referirse a este «movimiento de movimientos» bajo la rúbrica de «movimientos mundo-alternativos»). Así pues, las alianzas en las que las feministas vamos a tener que encontrar lugar, dado que las mujeres en su conjunto pertenecen a los mayores perdedores en este proceso, son enormemente complejas y están plagadas de malentendidos. Pues bien, en este punto, Haraway parece seguir la lógica marxista según la cual «la humanidad solamente se plantea aquellos problemas que puede resolver» o, dicho de otro modo, la concepción de acuerdo con la cual allí donde está la herida es donde debemos buscar los elementos para elaborar la venda. De este modo, el funcionamiento mismo de los cyborgs nos puede dar algunas sugerencias en este sentido: en primer lugar, las mujeres deberán «construir unidades, no naturalizarlas». En los nuevos sistemas del «paradigma informacionalista», cualquier componente puede ser conectado con cualquier otro siempre que puedan ser construidos la pauta y el código correctos para el procesamiento de señales en un lenguaje común. De aquí se derivaría la propuesta de una coalición basada en la afinidad, en lugar de tomar la identidad como base. Nos situamos así más allá de las políticas de la identidad de los 80. Justamente, para construir las identidades necesitamos «nuevas estrategias reflexivas» en orden a dar respuesta a la necesidad urgente de unidad política para afrontar con eficacia las dominaciones de raza, género, sexualidad y clase. «En la nueva cadena de montaje global, todo —el hogar, el lugar de trabajo, el propio cuerpo— puede ser dispersado y reconectado de manera polimorfa, con consecuencias para las mujeres y muchos otros; ello dará lugar [afirma Haraway en 1985] a movimientos internacionales de oposición difíciles de imaginar…» Habrá, para ello, que establecer redes, lo cual ha sido *avant la lettre* una práctica feminista[20] así como es ahora una estrategia de multinacional corporativa. Tendremos que entrenarnos en la lectura de las «nuevas redes de poder y vida social» para aprender «nuevos acoplamientos y nuevas conexiones». Los cyborgs «desconfían del holismo, pero necesitan conectar».

Como lo hemos podido ver en anteriores capítulos, R. Gordon[21] ha llamado «economía del trabajo casero fuera del hogar» a la configuración de los nuevos puestos de trabajo de acuerdo con las características del trabajo doméstico femenino: elasticidad, interinidad, carencia de horarios y derechos laborales, perfil del trabajador como «servidor», etc. Al instituirse en estructura organizativa capitalista mundial, es de esperar que esta peculiar economía promoverá «nuevas alianzas intergenéricas e interraciales». Se deriva de todo ello, como lo hemos expuesto en anteriores capítulos, la pertinencia de la recuperación y la reconstrucción del feminismo socialista, la necesidad de dirigirse a las pocas mujeres que ocupan posiciones laborales privilegiadas en la tecnología y la producción científica así como a los que suscriben ciertas políticas

---

20. Cfr. Recordemos el debate en torno a «la tiranía de la falta de estructuras» de Jo Freeman, en: *Mujeres, feminismo y poder*, Forum de Política Feminista, 1989.
21. Cfr. citado en Haraway, D.: «Manifiesto para cyborgs», en: *Ciencia, cyborgs y mujeres*, Cátedra, Feminismos, Madrid, 1995.

progresistas entre la clase media profesional. El problema de las alianzas del movimiento feminista es bastante más complejo que como lo presentan quienes, simplemente, lo incluyen en lo que en otra parte[22] he llamado «las tres Marías»: ecologismo, pacifismo y feminismo. En las nuevas «prácticas de articulación», como la del movimiento indigenista de Brasil, habrá que conectar diversos saberes científicos, diferentes formas de militancia, etc.

3.7. Espacio interior. «El cyborg es nuestra ontología: debe ser nuestra política»

Nuestra teórica recurre a «la coalición SIDA para desencadenar el poder» («Act up») como a un caso paradigmático para ilustrar lo que entiende por prácticas de articulación entre producciones de conocimiento que se inspiran en nuevos modelos científico-tecnológicos y agentes sociales emergentes. Analiza de este modo las figuraciones del sistema inmunológico estructuradas por una abrupta contraposición entre un «yo» que se quiere blindado sin fisuras y unos invasores que lo amenazan desde el exterior. El imaginario de lo extraterrestre es introyectado así en la representación de nuestro espacio interior. Para Haraway, esta concepción del yo es propia de la paranoia, a la que define como capacidad de armar una total densidad de conexión, frente a la cual emerge un yo solitario y cercado que sólo se puede defender autísticamente de la muerte. Es esta misma densidad de conexión sin fisuras lo que vuelve al yo paranoico incapaz para establecer articulación. Pues la articulación se caracteriza por su problematicidad y su contingencia, y en esa medida requiere para producirse un yo dotado de unos mecanismos de relación con el exterior más flexibles. Esta concepción paranoica del yo, defendido *a priori* y sin fisuras de la amenaza externa, nos sugiere su vinculación con el imaginario de la lucha antiterrorista

---

22. Cfr. Amorós, C. (ed.): «Introducción», en: *Filosofía y feminismo*, Síntesis, Madrid, 2000.

que se estructura en torno a su definición de «el eje del mal». No es de extrañar, en estas condiciones, que las representaciones convencionales del sistema inmunológico hayan influido en los diseños estratégicos militares, a la vez que estos han proporcionado el esbozo interpretativo de este complejo sistema. Se trata de salvar ora un «yo», ora un territorio cuyas fronteras son infranqueables. Se establece así, como lo ha señalado Donna Haraway, un mecanismo de *feedback*, una especie de juego de espejos y de refuerzo mutuo entre las estrategias militares y los diseños, así como las metáforas con las que se representa este entramado biológico. Es significativo en este sentido el discurso de un oficial norteamericano que concibe así lo que debería ser una fuerza de élite especial: «El ejemplo más apropiado para explicar cómo funcionaría este sistema es el modelo biológico más complejo que conocemos: el sistema inmunológico corporal. En el cuerpo existe un complejo importante de guardianes internos. En términos absolutos no son muchos, sólo alrededor de un 1% de las células del cuerpo. A pesar de ello, hay especialistas de reconocimiento, asesinos, especialistas de reconstrucción y comunicadores que pueden localizar a los invasores, hacer sonar la alarma, reproducirse rápidamente y ser multitud en el ataque para repeler al enemigo»[23].

Es, sin embargo, mucho más adecuada y evolucionada la representación de nuestro sistema inmunológico como un «cuerpo en red». Realiza la conexión entre elementos y partes del organismo «en una dinámica interna de lecturas y reconocimientos que no espera al enemigo exterior». Con esta actitud conceptual más idónea, pueden encontrarse científicos de laboratorio con proyectos de investigación alternativos inspirados en «personificaciones relacionales no militaristas» y cuyas estrategias cognoscitivas pueden ser articuladas con grupos de enfermos de SIDA que vindican su función como «actores sociales que viven con el SIDA» y no se limitan a desempeñar un papel de puras víctimas. Es la suya una disposición epistemológicamente productiva, generadora, en otro nivel, de conocimientos

---

23. Haraway, D.: *op. cit.*, p. 147.

alternativos basados en la elaboración de sus propias experiencias. Estos investigadores y estos enfermos se encuentran, a su vez, en un contexto complejo que incluye desde redes de acción internacionales hasta mundos de *gays* y lesbianas, pasando por compañías farmacéuticas… Para Haraway, no todos los actores que intervienen en este proceso tienen un estatuto de igualdad. Reserva el protagonismo como «centro dinamizador» a los enfermos de SIDA. Son ellos «los actores con los que los otros deben articularse».

La autora de «Manifiesto para cyborgs» afirma sentenciosamente que «el cyborg es nuestra ontología, debe ser nuestra política». Si aplicamos esta consigna a la lucha de los enfermos de SIDA, nos encontramos con una ontología compleja: la que corresponde al «heterogéneo cuerpo artefactual —recordemos que también incorpora «máquinas biomédicas»— que es nuestra «naturaleza social». Visualizar este cuerpo es una cuestión de entrenamiento y aprendizaje de la que deberá derivarse «esta estructura de acción», que tiene como eje principal el concepto de «articulación». Lo expondremos con más detalle en el próximo capítulo. Aquí nos limitaremos a señalar el isomorfismo entre la concepción autista del yo intacto que quiere salvarse y la —mala— política de salvación de la naturaleza en los parques naturales, que se ofrecen como un Edén orgánico virginal a costa de la destrucción o el desplazamiento de poblaciones animales y humanas indígenas… Nos encontramos así con «la naturaleza en una vitrina…»

De esta relación entre ontología y política, se desprenden para nuestra teórica relevantes implicaciones metodológicas que formula así: «¿Cuál es el status del conocimiento producido mediante nuevas combinaciones de toma de decisiones en el diseño experimental que están desafiando las convenciones investigadoras previas?». Y, por último, la pregunta criptohumanista de nuestra peculiar postmoderna[24], «¿cuáles (serán) las consecuencias de los desafíos

---

24. En «Las promesas de los monstruos» se volverá crítica de la postmodernidad y coqueteará con el amodernismo de Bruno Latour tomando a su vez sus propias distancias.

simultáneos al monopolio de los investigadores expertos y la insistencia […] en la distribución masiva equitativa de sus frutos? ¿Quién vivirá y quién morirá como resultado de estas mismas prácticas no inocentes?».

3.8. Articulaciones *versus* vanguardias

Si insistimos aquí especialmente en el tema de las alianzas políticas del movimiento feminista es porque éste lleva a sus espaldas una experiencia recurrente de alianzas ruinosas que nos debe hacer reflexionar. En la Revolución Francesa, los «enragés» dejaron en la estacada a las *Femmes Républicaines Révolutionaires* cuando los jacobinos, en 1783, decretaron el cierre de los clubes de mujeres[25]; como lo expone Alicia Miyares[26], los varones de color sacrificaron los intereses de las abnegadas sufragistas, que tanto se implicaron en la lucha abolicionista, para no arriesgar ni un ápice sus conquistas propias; nos hemos referido detalladamente en el primer capítulo a los avatares de la «unión desdichada» entre marxismo y feminismo, y no puede decirse que haya sido más feliz hasta ahora, en líneas generales, la *liaison* entre el feminismo y el psicoanálisis. Los ecologistas nos mandan a «remendar la capa de ozono» sin considerar que deben estar a la recíproca —Alicia Puleo se ha referido en este sentido a la posibilidad de «negociaciones preventivas»—, ya que nos estaría destinada por naturaleza la salvación de la misma… y así podríamos continuar con un largo etcétera, *vgr.*, la «difícil» alianza entre feminismo y postmodernidad. Si tenemos en cuenta el balance desdichado que arrojan nuestras relaciones históricas con estos diferentes *partenaires* teóricos y/o políticos, no es de extrañar que estemos atentas a las formas en que actualmente puede

---

25. Cfr. Duhet, P. M.: *Las mujeres y la revolución*, Península, Barcelona, 1974. Traducción castellana de J. Liaras y J. Muls de Liaras.

26. Cfr. Miyares, A.: «El Sufragismo», en Amorós, C. y A. de Miguel (eds.): *Teoría feminista: de la Ilustración a la globalización* (volumen I.: De la Ilustración al Segundo Sexo), Minerva, Madrid, 2005. Capítulo 5, pp. 245-294.

plantearse la inserción de importantes contingentes del movimiento feminista, sobre todo de aquél que opera del lado de «los perdedores» en el proceso de globalización neoliberal, en las nuevas coaliciones de sujetos emergentes que plantean resistencias y/o alternativas a este proceso. Donna Haraway —de ahí nuestro interés por su trabajo teórico, sus posiciones políticas[27]— presenta una concepción de las alianzas entre estos movimientos —en parte *avant la lettre*— que estimo sugerente y podría dar rendimientos interesantes. Sin duda, requeriría mayor elaboración en esta línea, y las derivas actuales de nuestra autora parecen tomar otros derroteros[28].

Pues bien, en este sentido nos hemos referido ya a su propuesta de construir las conexiones de los actores sociales en base a la afinidad y no a la identidad, descartando así todo esencialismo en cuanto a la naturaleza de las conexiones. En «Las promesas de los monstruos»[29], da un paso más en este sentido al exponer de forma más explícita y detallada lo que constituye su categoría clave: la articulación. Si algo cumple una función que sería equivalente a la de un concepto transcendental en el pensamiento de nuestra autora, ese *pendant* es la idea de articulación. La naturaleza está articulada y la articulación, como la vida misma, tiene un carácter precario y contingente. Lejos de los «animales esféricos» de la fantasía de Platón —fantasía que no deja de ser significativa—, lo que tenemos es un cosmos artefactual de monstruos. En tanto que hibridaciones, los monstruos son producto por excelencia de articulaciones, articulaciones excéntricas, si se quiere, en un sentido paradójico, pues estamos en un mundo donde propiamente ya no parece haber centros en el sentido convencional.

En este contexto, como ya tuvimos ocasión de exponerlo, el discurso es sólo uno de los procesos de articulación. Un proceso, sin

---

27. A pesar de las reservas que nos suscita su falta de clarificación en cuestiones normativas fundamentales.
28. Cfr. Haraway, D.: *The Companion Species Manifesto*, Prickly Press Paradigm, Chicago, 2003. Véase la reseña de Cristina Justo en *Revista Española de Sociología*, N° 4, 2004.
29. Cfr. *loc.cit.*

duda, especialmente complejo y elaborado, pero no privilegiado. Nuestra autora se distancia así del estructuralismo y del postestructuralismo, en la medida en que se pueden caracterizar desde este punto de vista como pandiscursivismos, *sit venia verbo*. El lenguaje se resitúa de este modo en un universo que en cierto modo lo transciende, entre los productos de otras formas de agencia diferentes que interactúan con él. Desde este punto de vista, la idea de articulación da juego para concebir coaliciones entre diversos sujetos políticos de forma flexible, funcional en relación con las necesidades de las luchas. Ninguno de estos sujetos tiene *a priori* título especial alguno para instituirse en algo así como grupo de vanguardia en base a presuntas características esenciales. Pero, de nuevo, ello no implica que todos los actores sean iguales. El «centro dinamizador» parte de aquel grupo directamente concernido por el problema del que arranca la lucha en cuestión: los indígenas del Amazonas, los enfermos del SIDA. Los demás actores, expertos, militantes, etc., deberán engancharse para brindar ayuda aportando prácticas cognoscitivas-políticas que puedan converger con las prácticas mismas de aquellos que construyen o pretenden construir el mundo alternativo. Como es obvio, el éxito de la convergencia nunca puede ser establecido *a priori*[30]. Lo que se encontrará será una contrastación permanente cuya piedra de toque está en la capacidad para cambiar el mundo en un sentido en el que se hermanen las exigencias de la ecología con los imperativos de la justicia, etc. Lo que nos remite de nuevo a la necesidad de mayores clarificaciones normativas. Pues, de otro modo, habrá que recurrir a

---

30. Estimamos que los coqueteos de Donna Haraway —coqueteos críticos, todo hay que decirlo— con las teorías de la «amodernidad» de Bruno Latour se deben a la necesidad política de homologar los productos de la etnociencia de los indígenas o el conocimiento basado en categorías de la experiencia de los actores de las luchas por un mundo alternativo con los de los ecologistas occidentales u otros militantes o simpatizantes expertos. Pero podrían establecerse criterios de convalidación de estas formas de etnociencia sin necesidad de recurrir a concepciones tan discutibles como las del autor de *Nunca hemos sido modernos*. Nos limitamos aquí a este apunte sin entrar en un debate complejo que nos apartaría del eje central de nuestros intereses.

algo así como el postulado de una armonía preestablecida entre las prácticas de la construcción del mundo y las de su conocimiento, postulación sin duda problemática para Haraway, consciente del carácter siempre contingente, precario y reversible de las articulaciones así como de los resultados de las mismas.

¿Cómo se articularía el movimiento feminista, que es transversal a y en estas luchas, con los otros movimientos que las protagonizan? ¿Nos dará suficiente juego la idea —tan sugerente de entrada— de «articulación»? ¿No será que encuentra su *pendant* en una naturaleza que, para Haraway, de forma no explícita —y de ahí su criptonormativismo— funciona como paradigma legitimador, como lo hacía para los ilustrados, aun a título de «naturaleza social artefactual»? Tras haber despojado —de forma muy pertinente— a las mujeres de privilegios epistemológicos en tanto que naturaleza oprimida, ¿qué hacer para que no nos toque de nuevo el papel de pariente pobre en las nuevas tramas articuladas de las luchas por un mundo alternativo? ¿Saldremos mejor paradas con una epistemología de la difracción y una cartografía de la interferencia que nos haga visibles de otro modo que como meras réplicas del deseo-discurso masculino? Es sumamente importante la política de redes entre las mujeres en orden a conseguir mayores cuotas de *empowerment*. Pero las redes así constituidas deben insertarse a su vez en otras redes. Articularse. Aquí tiene el feminismo contemporáneo todo un programa de acción para cuyo éxito deberá, más que nunca, volver los ojos al pasado para no repetir errores e ingenuidades con las nuevas alianzas.

3.9. Virtualidades pedagógicas del movimiento feminista para la izquierda

Como lo afirma la teórica política italiana Lidia Cirillo[31], «la ignorancia por parte de las mujeres de los recorridos políticos a través

---

31. Cirillo, L.: *Mejor huérfanas. Por una crítica feminista al pensamiento de la diferencia*, Anthropos, Barcelona, 2002. Prólogo de Luisa Posada Kubissa.

de los cuales han conquistado sus parcelas de libertad lleva consigo el riesgo de la regresión». Nuestra feminista militante de *Rifondazione comunista* es más sensible y está más atenta a la historia que nuestra investigadora californiana. Las dos se mueven en parámetros muy diferentes, pero comparten muchos tramos en sus concepciones acerca de cómo deben plantearse las alianzas políticas entre los diversos sujetos políticos de los movimientos que se oponen a la globalización neoliberal. Cirillo hace referencia a una idea difundida en algunos sectores del «movimiento de movimientos» según la cual los varones del movimiento «se habrían inspirado en las prácticas y las formas organizativas del feminismo: lógica del pequeño grupo, horizontalidad, abolición de la dictadura de la mayoría, sustituida por la práctica de los acuerdos variables; capacidad de recuperar en la iniciativa sucesiva a quienes no habían participado en la precedente; contemporaneidad de la adhesión a agrupaciones diversas, la rapidez del hacerse y deshacerse de las formas de relación»[32], entre otras. Se construye así el «mito» idealista de que los varones habrían «saqueado la experiencia feminista» como plagiarios, ocultando la fuente original. De acuerdo con esta teoría, tendrían que haber practicado en el seno de, o en la relación estrecha con, grupos feministas un verdadero «espionaje intelectual» durante cierto tiempo. Nuestra autora manifiesta un total escepticismo en relación con el interés de los varones por apropiarse de nuestras prácticas y experiencias. Sugiere que más bien lo que ocurre es que los varones contrarios a la globalización neoliberal han caído, por su marginalidad, en una «posición femenina» y han feminizado en consecuencia sus comportamientos. La feminización es de este modo un «signo inquietante»: es significativo que la aristocracia francesa se feminizara en sus usos y modales tras la derrota de la Fronda.

Con todo, el feminismo tiene mucho que aportar al «Movimiento», nada menos que «las teorías, las prácticas y las estrategias de supervivencia propias de un sujeto que ha empezado su recorrido político en condiciones de extrema debilidad, pero al mismo

---

32. *Revista de Filosofía Política.*

tiempo se ha revelado capaz de transformar profundamente la civilización del "*homo hierarchycus*". Por ello, el *empowerment* del movimiento feminista se basa en la comprensión de su propia historia.

La ventaja novedosa que tendría el movimiento feminista antiglobalización neoliberal estaría relacionada con el hecho de que «su situación tentativa [...] es paralela y análoga a la del movimiento en su conjunto.» La fuerza de los movimientos feministas a lo largo de su historia ha estado, de acuerdo con Cirillo, en su capacidad de producir sinergias. Es fundamental por ello que generen una autocomprensión tal que los vuelva capaces de analizar y explicar por medio de «qué alianzas, qué ocupación de espacio», mediante «qué tácticas, combinaciones, mecanismos, etc., ha acontecido en la historia contemporánea la producción de sinergias». Es aquí donde están las virtualidades pedagógicas del feminismo y no, añadiría por mi parte, en transmitir lo que en su día Jo Freeman bautizó como «tiranía de la falta de estructuras»[33]. Es así como llamaba nuestra autora a los efectos perversos que conlleva el funcionamiento informal y permanentemente asambleario de los grupos: falta de mecanismos de normalización del consenso que generaban «estrellas» más bien que líderes, consolidación de posiciones de poder social de hecho de algunas no legitimadas por su funcionalidad para una dinámica democrática del grupo, fobia a cualquier modo de institucionalización de los cargos por considerarlos prácticas patriarcales… y otros muchos etcéteras. Ciertamente, las nuevas tecnologías posibilitan funcionamientos democráticos capaces de interrumpir o neutralizar algunos de estos efectos perversos, pero no por ello se vuelve deseable la herencia de los modos informales de funcionamiento a modo de panacea. El feminismo será tanto más pedagógico cuanto en mayor medida sea autocrítico. A su vez, podrá así transmitir su monto o bagaje reflexivo, capaz de dar cuenta de aquello «por lo que ha cambiado para mejor el mundo y ha ayudado a comprenderlo». Este *compte rendu* deberá precisar «el dónde, el cuándo, el cómo y el por qué.»

---

33. Freeman, J.: «La tiranía de la falta de estructuras», *loc. cit.*

Nuestra teórica detecta que en los inicios del siglo XXI, y, desde su perspectiva, sobre todo en Europa occidental, se plantea la exigencia de pensar de nuevo acerca de «los sujetos protagonistas de liberación del siglo XX, su ascenso y sus fracasos.» Como lo hemos podido ver, Donna Haraway hace lo propio con los nuevos sujetos emergentes, pero con una atención mucho menor a la historia tanto del movimiento obrero como del feminismo. En particular, respecto de este último adopta una actitud bastante más rupturista: en su «Manifiesto para cyborgs», despacha de manera un tanto abrupta y sumaria la tradición del feminismo socialista así como la del radical *more postmoderno*. Sin embargo, la teórica europea converge con la californiana en la necesidad de adoptar, para formar coaliciones por afinidad, una actitud por supuesto no oportunista, pero sí pragmática y depurada de dogmatismos ideológicos en orden a converger para los programas de acción. Su divisa es buscar lo que une y no lo que divide «sin que aquello que divide pierda valor en sí mismo.» Hay que llevar a cabo un esfuerzo permanente de inclusión que no descarta la exclusión, a la que estima a veces como inevitable, pero sin considerar nada como definitivo.

En este sentido, es significativo un cierto cambio en la actitud de Cirillo hacia «las prácticas», que las «pensadoras de la diferencia sexual» italianas como Muraro y las de la Librería de Mujeres de Milán proponen y ejercen en tanto que «política de lo simbólico», como alternativa absoluta a la política *tour court* o convencional. En su libro *Mejor huérfanas*[34], crítica implacable de *El orden simbólico de la madre*[35] de Luisa Muraro, desestimaba microprácticas como la del *affidamento* que venían a suplantar cualesquiera planteamientos y dinámicas reivindicativas en la lucha de las mujeres. En el artículo que comentamos, adopta una actitud más matizada, proponiendo algo así como una separación de la ganga ideológica que inspira cierto tipo de prácticas y la mena, lo políticamente instructivo

---

34. Cirillo, L.: *Mejor huérfanas: por una crítica feminista al Pensamiento de la diferencia*, Anthropos, Barcelona, 2002. Prólogo de Luisa Posada Kubissa.

35. Muraro, L.: *El orden simbólico de la madre*, Horas y horas, Madrid, 1994. Traducción Beatriz Albertini.

que se desprende de su ejercicio en cuanto tal. Estima de este modo que las actitudes no dogmáticas y flexibles «no lo son en virtud de la "diferencia femenina", sino las reacciones racionales de las mujeres y de los hombres conscientes de los límites de las propias fuerzas y de la exigencia de superarlos». Así, Cirillo expresa con rotundidad que «No son las expresiones de una feminidad hostil al poder, sino la conciencia de lo que es preciso ser para alcanzar el poder». Nuestra autora tiene *in mente* sobre todo los *modus operandi* internos de los grupos de mujeres, mientras que las prácticas a que Haraway se refiere son «prácticas de articulación» entre actores totalmente heterogéneos. Cirillo, por su parte, entiende que la lógica de las prácticas, adecuadamente depurada de «los elementos ilusorios que encierra, como todas las tentativas de concebir las alternativas como lugares separados en los que valdrían reglas diferentes de las que rigen en el resto del mundo» contiene elementos válidos para su demanda de una «refundación de la política». La cuestión de las prácticas, que resulta «banalizada» cuando —como lo hacen las de la Librería de mujeres de Milán—se autocomprende y se propone «como sucedáneo de la política», puede tener virtualidades políticas: nos pueden entregar formas reales de actuación de los grupos. No debemos olvidar, añadiría por mi parte, la atención que Jean-Paul Sartre dedicó a elaborar una «teoría de los conjuntos prácticos»[36]. El autor de la *Crítica de la razón dialéctica* entiende por tales las modalidades de interacción entre los individuos que se generan en las luchas emancipatorias para emerger del ámbito de la mera serialidad, de la dispersión atomizada de las prácticas que hipoteca cualquier posible resultado en las batallas por la libertad. La política sólo puede instituirse en el nivel en que emerge el grupo de la tónica inercial de las series. También para Cirillo «las prácticas son el modo de actuar propio de un grupo, el tipo de relación entre las mujeres que forman parte del mismo, la labor para hacer emerger los movimientos reales de la convivencia y para prefigurar internamente las relaciones

---

36. Sartre, J. P.: *Critique de la Raison Dialectique, op. cit.*

que se desearía extender a la sociedad entera». Así, microprácticas democráticas —cuyo sentido nada tiene que ver con el *affidamento*, que es una relación constitutivamente asimétrica entre mujeres[37]— «son el modo de actuar propio de un grupo, el tipo de relaciones entre las mujeres que forman parte del mismo, la labor para hacer emerger los movimientos reales de la convivencia y para prefigurar internamente las relaciones que se desearía extender a la sociedad entera». En suma, la práctica política feminista no sólo tendría así virtualidades pedagógicas para la izquierda sino también virtualidades utópicas en la lucha por ese otro mundo que, si luchamos, debería ser posible.

Lidia Cirillo tiene en esta misma línea una interpretación del encuentro internacional de Mujeres en Nairobi en 1995, en que participaron tanto redes como grupos y mujeres independientes, como un presentimiento y una anticipación de Porto Alegre. En Nairobi, a su vez, se generaron las condiciones que permitieron en el 2000 la organización de la Marcha mundial de las mujeres, que luego se vinculó a los movimientos contra la globalización neoliberal. Estima que este proceso, con sus interacciones y sus efectos de retroalimentación, ha puesto las premisas para que el feminismo europeo pueda dar «un giro» significativo. «Ha vuelto a poner en el orden del día la acción política y el uso de los instrumentos propios de la política», afirma nuestra militante feminista de izquierda, saturada de «psicoanalismo» y de los «órdenes simbólicos» emergentes de la muerte del patriarcado decretado por las inefables «pensadoras de la diferencia sexual», bloqueadas para pensar cualquier cosa que no sea la interpretación de su propio ombligo («partir de sí»). Así, «se habla de nuevo de reivindicaciones, de luchas, de plataformas, de masas, de trabajadoras, de necesidades… (Se) ha dinamizado un contexto estancado». Si la marcha representa una «novedad», ello es así porque «emerge de partes vivas de un cuerpo en el que la política apenas ha comenzado a penetrar».

---

37. Cfr. Amorós, C.: *La gran diferencia y sus pequeñas consecuencias… para las luchas de las mujeres, op. cit.*

Por mi parte, comparto en buena medida análisis y propuestas como los de Donna Haraway o Lidia Cirillo, pero entiendo que el logro de sinergias eficaces pasa también por determinadas instancias institucionales, europeas e internacionales, en las que se han decantado muchos de los resultados de las luchas de los movimientos de base, así como por alianzas estratégicas —por afinidad— con feministas socialdemócratas menos escépticas o contrarias que nosotras con respecto al proteico proceso de la globalización neoliberal. Sin la permanente presión de los movimientos, las instituciones se esclerotizarían. Pero sin instituciones que mantengan el rescoldo de lo que, como enseña el principio de entropía, no puede mantenerse como fogata permanente, los movimientos correrían el riesgo de dispersarse o de no poder plasmar de forma efectiva los objetivos que se pergeñan al calor de la lucha militante. Debemos así mantenernos equidistantes tanto de la fobia como la beatería institucionalista.

4.

Filosofía y feminismo en la era de la globalización

¿Cuál puede ser la significación del feminismo en el plano de la metafilosofía, es decir, de la reflexión de la filosofía sobre ella misma y el sentido de sus tareas? Entendemos que, tras la emergencia de una «masa crítica» surgida al hilo de todo un programa de denuncia de los sesgos patriarcales del discurso filosófico, quizás sea ahora el momento de pasar a una reflexión de segundo grado, de *reflexionar sobre el propio efecto reflexivo que la práctica y la teoría del movimiento feminista han tenido sobre la filosofía*. Aquí cobra sentido la pregunta ¿es pertinente hablar de una filosofía feminista o, más bien, nos debemos referir a un feminismo filosófico? Para encontrar algunos elementos de respuesta a esta pregunta será preciso dar algún rodeo.

4.1. El feminismo como teoría crítica o de cómo conceptualizar es politizar

Comencemos, pues, por el movimiento feminista y su relación con la teoría. Los movimientos sociales son considerados por Laraña como «laboratorios culturales» en los que se lleva a cabo una «resignificación de la realidad social» así como una puesta en cuestión de aspectos de la misma que hasta entonces habían sido considerados como normativos.[1] Así, el movimiento pacifista ante la Guerra de Irak, como lo hemos podido ver, ha tenido una permeabilidad social mucho mayor de la que cabía esperar y, desde el nuevo registro de sensibilidad que ha generado, se denuncia el uso de eufemismos tales como «daños colaterales»; se «visibiliza», se suma y se conceptualiza como crímenes de guerra lo que antes apenas se visibilizaba, no se sumaba y, por tanto, no se politizaba. El movimiento feminista ha resignificado el lenguaje del terrorismo al llamar a la eufemísticamente denominada «violencia doméstica», —que parece sugerir que sus víctimas, como lo afirma Carmen Caballero, son «víctimas de andar por casa»— «violencia sexista», «patriarcal» son mis expresiones preferidas o, al menos, «violencia de género». Ha enseñado así a sumar lo que hasta hace poco no se sumaba, por tanto, no se conceptualizaba y, por lo mismo, no se politizaba. Las víctimas de la violencia sexista no se sumaban porque no se tenía el concepto que permitiría homologar lo que había sido ora un «crimen pasional», ora un «habérsele ido a uno la mano», etc., etc., es decir, una mera retahíla de anécdotas que no había por qué elevar a categoría. Por la misma razón, no trascendía al debate *público*. Decimos por ello que conceptualizar es politizar. La teoría feminista, de este modo[2], hace honor al sentido etimológico de la palabra teoría, hacer «ver» en griego, visibilizando lo que antes era «privado», privado, entre otras cosas, de ser visto, de luz pública. Y es teoría crítica porque su «hacer ver» es inseparable de un irracionalizar, de un «inmoralizar», o sea, interpelar algo por inmoral en tanto que se lo percibe como inscrito en un *continuum* de dominación, en el conjunto de manifestaciones y expresiones de un sistema que reproduce la hegemonía de los varones sobre las mujeres de forma ilegítima, es decir, sin título alguno convalidado[3]. Así, podríamos decir, irracionalizar,

---

1. Cfr. de Miguel, A. en: Funes, M. A. y R. Adell (eds.): *Movimientos sociales: cambio social y participación*, UNED, Madrid, 2003. Capítulo V.

2. Cfr. mi Introducción a la *Teoría feminista: de la Ilustración a la globalización*, tomo I, Minerva ediciones, Madrid, 2005, pp. 14-89.

3. En el límite, el poder patriarcal se muestra con toda su crudeza como poder *tout court, poder sobre la vida y la muerte*, en los asesinatos de mujeres.

inmoralizar y deslegitimar el sistema de dominación masculina es politizar.

La lucha feminista, de esta forma, se vuelve a la vez teoría —teoría crítica— y política. Nadie ha articulado mejor que Nancy Fraser la relación existente en la teoría feminista entre crítica y política. Nuestra teórica toma como punto de partida la definición de «teoría crítica» que le diera Marx a Ruge en su carta de 1848: «La autoclarificación de las luchas y anhelos de su época». «Lo que tan atractivo resulta en esta definición, enfatiza Fraser, es su carácter francamente político». De este modo:

> «Una teoría crítica de la sociedad articula su programa de investigación y su entramado conceptual con la vista puesta en las intenciones y actividades de aquellos movimientos sociales (de la oposición) con los que mantiene una relación partidaria aunque no acrítica. Las preguntas que se haga y los modelos que designe estarán informados por esa identificación y ese interés. Así, por ejemplo, si las luchas contra la subordinación de las mujeres figuran entre las más significativas de una época dada, entonces una teoría crítica de la sociedad de ese período también tendería [...] a arrojar luz sobre el carácter y las bases de esa subordinación. Emplearía categorías y modelos explicativos que revelaran en lugar de ocultar las relaciones de dominación masculina y subordinación femenina. Y desvelaría el carácter ideológico de los enfoques rivales que ofuscaran o racionalizaran esas relaciones [...]; por tanto, uno de los criterios de valoración de una teoría crítica sería: ¿con qué idoneidad teoriza la situación y las perspectivas del movimiento feminista? ¿En qué medida sirve para la autoclarificación de las luchas y anhelos de las mujeres contemporáneas?»[4]

---

4. Fraser, N.: «¿Qué tiene de crítica la teoría crítica», en: Benhabib, S. y D. Cornell (eds.): *Teoría feminista y teoría crítica*, Edicions Alfons el Magnànim, Valencia, 1990. Traducción Ana Sánchez.

La autora de *Iustitia interrupta*[5] hace aquí metateoría de la teoría crítica tomando el feminismo como criterio, como *test* de su coherencia crítica. La larga cita anterior es la síntesis de una respuesta a la pregunta que ella plantea en estos términos: «¿Qué tiene de crítica la teoría crítica?». Su *test*, que Fraser formula más bien en función de una criba de modelos de investigación social, podría ser aplicado a cualquier filosofía si lo replanteamos en estos términos: ¿qué tiene de filosofía una determinada filosofía? Pero, entonces, nuestro segundo rodeo habrá de darse en torno a la idea misma de la filosofía.

4.2. La filosofía como polémica

4.2.1. «Quiero que me entiendan hasta las mujeres»

El feminismo filosófico, es decir, la tematización en clave filosófica del «problema», digamos, de las mujeres se plantea en la historia de la filosofía justamente en el momento en que la filosofía misma se asume como conscientemente universalista. Justo cuando Descartes afirma en el *Discurso del Método*: «Quiero que me entiendan hasta las mujeres». ¿Interpretaremos esta frase en clave de galantería o en clave misógina? Ni una cosa ni la otra. Lo que Descartes está diciendo es que el destinatario de su discurso acerca del método, o del método mismo en tanto que habla por su boca, es el «público». El público cartesiano es la universalidad virtualmente emergente cuando la compartimentalización estamental de la sociedad es deslegitimada a efectos epistemológicos. Como lo puso de manifiesto Habermas en su trabajo sobre la génesis de la opinión pública[6], el nuevo sujeto, irracionalizador de la lógica feudal del ajuste caso por caso, es aquel que instituye «le raissonement generalisateur». Ese mismo sujeto es el que hace la experiencia de la funcionalidad de este razonamiento para

5. Fraser, N.: *Iustitia Interrupta*, Siglo del Hombre, Santafé de Bogotá, 1997. Traducción Magdalena Holguín e Isabel Jaramillo.

6. Cfr. Habermas, J.: *Historia y crítica de la opinión pública*, Gustavo Gili, Barcelona, 1981. Traducción de Antoni Doménech y Rafael Grasa.

el tráfico de mercancías de la burguesía comercial. Pues bien, Descartes, en su *Discurso*, le da a este razonamiento su repliegue reflexivo —es decir, su fundamentación filosófica— al estilizarlo de acuerdo con las exigencias de la crítica del saber recibido. Este saber, compartimentalizado y *qua* compartimentalizado[7], es un amasijo caótico que «le raissonement generalisateur», que ha codificado sistemáticamente su propio procedimiento, no puede ni debe asumir. Habrá que someterlo, pues, a una criba de acuerdo con los *standards* de esta forma de *raissonement* que, en su movimiento crítico-reflexivo de rechazo del saber heredado y de toda normativa compartimentalizada y jerarquizada *qua tale*, instituye a su sujeto en el sujeto del *bon sens*, de la capacidad autónoma de juzgar. La crítica de la —presunta— inconmensurabilidad de los parámetros jerárquicos de la lógica estamental y la crítica a la compartimentalización del saber escolástico y renacentista recibido convergen en la promoción del *bon sens*. La capacidad autónoma de juzgar, el *bon sens*, se convierte así en la instancia epistemológica común de un «público» que virtualmente se solapa con la comunidad misma de los seres racionales.[8]

Se sigue de ahí que la capacidad para entender el *Discours de la Mèthode* no tiene nada que ver con el dominio previo de un bagaje cultural. Justamente, en la medida en que este bagaje, el saber tradicional heredado, es irracionalizado, esta capacidad es inversamente proporcional al grado en que los sujetos están imbuidos de él. Por ello, los sabios de la Sorbona, con sus retahílas de latinajos ininteligibles, están negados para el *bon sens*, mientras que las mujeres, justamente porque no se les ha enseñado nada de latín, entre otras cosas, tienen todos los boletos para sintonizar con la nueva propuesta metódica y el nuevo programa filosófico que de ella se deriva. Se feminiza de este modo la crítica al saber heredado: las mujeres pueden entender el *Discurso* de Descartes en cuanto que su *esprit*, ligero de bagajes farragosos, está dotado de *bon sens*. El discípulo de Descartes François

---

7. Cfr. Turró, S.: *Descartes. Del hermetismo a la nueva ciencia*, Anthropos, Barcelona, 1985

8. Cfr. Amorós, C.: *Tiempo de feminismo*, Cátedra, Colección Feminismos, Madrid, 1997. Capítulo II.

Poullain de la Barre, autor *De l´égalité des deux sexes. Discours physique et moral où l´on voit l´importance de se défaire des préjugés* (1673)[9], radicalizará y pragmatizará este aspecto del discurso cartesiano para volverlo discurso feminista. Las mujeres pasamos así de expresar nuestras quejas en «memoriales de agravios» a articularlas en vindicaciones, tematizadas primero en clave epistemológica —las mujeres podemos ser sujetos de saber— y, más tarde, en la Revolución Francesa, en clave política: «nosotras también somos ciudadanas».

4.2.2. «Quiero que me entiendan hasta los hombres»

Hemos pasado, así, de la galantería epistemológica de Descartes —«quiero que me entiendan hasta las mujeres»[10]— a la de Poullain de la Barre: «las mujeres sois las que mejor me entendéis». Significativamente, él era buen amigo de las Preciosas, denostadas y caricaturizadas por Molière. Pues bien, las mujeres que nos dedicamos a la filosofía querríamos corresponder con un —también galante— «quiero que me entiendan hasta los hombres». Devolvemos así el cumplido cartesiano. Estoy, pues, plenamente de acuerdo con Michèle Le Doeuff cuando afirma que «fundamentalmente, la filosofía no tiene vocación (al menos en principio) de dirigirse a un público limitado por cualquier criterio extra-intelectual». En cuanto al «feminismo que filosofa, es el que intenta dirigirse a hombres y mujeres conjuntamente, como en otro tiempo al "público" y al legislador a la vez»… Con este planteamiento nos situamos en una tradición racionalista que escribiría la palabra razón con minúscula, como lo propone Javier Muguerza, y asumiría ese mínimo en que la hace consistir Michèle Le Doeuff: «Buscar un sentido bajo el control del Otro». ¿Es una nueva manera de decir que la filosofía es diálogo? Sí y no. La filosofía es un discurso que «necesita virtualmente a todos los otros para sostenerse, que los supone en el propio discurso como formando parte de su

---

9. Poullain de la Barre, F.: *De l´égalité des deux sexes*, Fayard, Paris, 1984.
10. Él mismo se dirigió a Cristina De Suecia, a la Princesa Isabel del Palatinado...

estructura…». Porque la filosofía —y aquí el proyecto filosófico y el proyecto feminista se encuentran— es un contra-decir, decir en contra de las opiniones acríticamente asentadas, de los prejuicios, entendiendo por tales, con Le Doeuff, «las ideas anteriores al esfuerzo intelectual», la mera traducción en —presunto— pensamiento de las propias necesidades o intereses. Se supone entonces un «tú» o un «vosotros» cuyo decir está «enraizado en un juego de intereses o de cegueras» y se polemiza con él —o con ellos— para visibilizar esos intereses e iluminar esos puntos ciegos. El «pensar el propio tiempo en conceptos», como quería Hegel, el objetivar y analizar los pensamientos de la época sometiéndolos a la contrastación crítico-reflexiva pasa de este modo por poner el mundo, *«afrontar una situación o una realidad como si fuera la doctrina o la tesis de alguien»*[11]. En eso, podríamos decir, se distingue la filosofía de la religión: el mundo, para el creyente, es puesto como obra de alguien que lo ha hecho en función de un designio —si se cree en un Dios personal— o que se ha explanado y plasmado en él —si se es panteísta—. La religión sirve por ello, de una u otra manera, para aceptar el mundo. Pero la filosofía sirve, debe servir, para pensarlo, y sólo pensamos filosóficamente cuando hacemos pasar el mundo por el pensamiento del otro que piensa mal —en sentido epistemológico y ético— y contra el que, por tanto, debemos pensar para pensar bien.

Por otro lado, para pensar bien, no nos basta con decir que él piensa mal y pensar contra él: necesitamos convencerle de que piensa mal para que, con nosotros, empiece a pensar también contra sí mismo. Por su parte, Le Doeuf entiende que sólo una concepción de la filosofía como la suya explicaría «el apego que podamos sentir por ella: hay realidades y situaciones a las cuales puedo enfrentarme». Tiene razón: el filósofo/a sólo se enfada y se enfrenta con el mundo por mediación humana. Filosofar, pues, es pensar el mundo contra ti y contigo, pues no renuncio nunca a atraerte a mi causa. Lo conseguiré o no —ese es otro asunto—, pero es por lograrlo por lo que

---

11. Cfr. Le Doeuff, M.: *El estudio y la rueca*, Cátedra, Colección Feminismos, Madrid, 1993, pp. 53-54. Traducción de Oliva Blanco.

razono. Le Doeuff, de este modo, relaciona la filosofía con una intersubjetividad «intranquila». Desde luego, bastante distinta de la intersubjetividad trascendental kantiana. Pues es cierto que, si no hay polémica apasionada, si no hay bronca con ese obstinadamente errado pensamiento del mundo —el del otro—, no hay filosofía. Pero tampoco la hay si no pongo reglas a la bronca, aunque estas reglas puedan ser objeto de bronca a su vez. Pues las reglas, aquí, no se pueden poner *a priori* ni ser establecidas de una vez por todas. Poniéndole reglas a la bronca sobre la marcha la limito para el otro y para mí, la encauzo para mí y para la otra hasta que en algún momento, en algún tramo, resulta que nos encontramos razonando. Del destino de la filosofía depende de este modo, como lo señala Le Doeuff, que las generaciones futuras tengan un mundo en el que toda oposición no sea ahogada. Pues si la filosofía es un modo de enfrentarse a algo como si fuera la teoría de alguien, entonces hace falta un trabajo crítico que identifique esa teoría existente como tal o, en su defecto, que la reconstruya. Encontramos esta última operación, según la interpretación de Le Doeuff, en *Utopía* de Tomás Moro: para abrir el debate sobre la propiedad privada y sus corolarios, el autor pone en escena unos personajes que hacen la apología de la misma y un viajero que polemiza testarudamente contra ellos. Entonces, hay que detectar en el discurso del adversario «todos los vicios lógicos posibles», así como demostrar que remite a «una realidad ella misma incoherente»[12]. Pues bien, para seguir con las afinidades entre el proyecto filosófico y el proyecto feminista, la autora de *L´imaginaire philosophique*[13] afirma que poner el mundo como tesis del otro es precisamente lo que hizo Mary Wollstonecraft cuando escribió su *Vindicación de los derechos de la mujer* en 1792. En efecto, nuestra filósofa

---

12. Por nuestra parte, podemos recordar aquí que, incluso en una filosofía tan impregnada de religión como la medieval, San Anselmo articula su argumento ontológico para demostrar la existencia de Dios «*contra* el insensato». El propio Marx —permítaseme este salto de siglos— escribió *El Capital* no sólo contra el capitalismo existente en su mundo como sistema depredador, sino contra Adam Smith y la economía política clásica. Significativamente, la monumental obra clásica de Marx lleva como subtítulo «Crítica de la economía política.»

13. M. Le Doeuff, *L´imaginaire philosophique*, Paris, Payot, 1980

británica «busca (y encuentra sin dificultad) textos que traducen en palabras las actitudes y las prácticas sociales que pretende criticar». Podemos añadir aquí que el libro V de *El Emilio* de Rousseau, «La educación de Sofía», es paradigmático en este sentido. Escrito contra Poullain de la Barre, su referente polémico silenciado, no refleja sin más su época. Cuando afirma que «la subordinación de las mujeres no se basa en prejuicios sino en la razón» está contradiciendo, diciendo-en-contra de aquél que afirmaba en *De L´égalité:* «La desigualdad de los sexos no está basada en la razón, sino en el prejuicio».

De modo general, en la medida en que «refleja» su época un filósofo no es filósofo, y mal nos podemos enfadar con él como tal. El reflejar su época es, justamente, el límite de un filósofo, en modo alguno su filosofía. Pero, por alguna extraña razón, cuando el discurso tematiza la cuestión de las mujeres, el referente polémico se silencia, el mundo aparece como siendo el mundo sin más y entonces…, entonces el discurso filosófico se aproxima al del autismo o la demencia. Porque la pelea directa con el mundo es el discurso del demente en tanto que, justamente, habla solo. Rousseau, por su parte, hace aquí como si ése fuera el caso, como si no discutiera con nadie, siendo así que la *querelle des femmes* seguía estando en su época «en común» y «en el centro»: con estos términos se referían los ciudadanos griegos a las cuestiones de interés público que se debatían en la *polis.* Por eso, precisamente, el autor de *El Emilio* hace huelga de filosofía cuando trata esta cuestión. Los filósofos, cuando hablan de las mujeres, hacen huelga de filosofía porque en esta cuestión se da por sentado el consenso por complicidad: como lo decía Poullain de la Barre, el vulgo —los varones del vulgo— se apoya en sus opiniones sobre las mujeres en la opinión de los sabios, sin darse cuenta de que, a su vez, los sabios en este punto no tienen sino al vulgo como regla de los suyos. Vamos, que los varones de base tienen aquí en los filósofos a sus «intelectuales orgánicos» en el sentido de Gramsci. Así se establece «el círculo Poullain», el reforzamiento de «las ideas previas al esfuerzo intelectual» propias del vulgo por las ideas, asimismo previas al esfuerzo intelectual en lo concerniente a esta cuestión, de los sabios —lo que es *más grave*—. De ahí no puede salir sino el bloqueo epistemológico… Así, cuando de las mujeres se trata, la filosofía —que no el lenguaje, en el sentido de Wittgenstein— se toma vacaciones. Si algún varón, como Poullain de la Barre, discute la subordinación social real de las mujeres transustanciándola en los argumentos de autoridad de la tradición filosófica, se trivializa totalmente la interlocución remitiéndola al género galante: Rousseau dice de este modo «argumentar» contra «los galantes partidarios del bello sexo» que «se pierden en declamaciones vagas». Podríamos decir así que feminizan al contrincante. Pues bien, Mary Wollstonecraft, en la estela de nuestro cartesiano feminista, comenta simultáneamente el texto de Rousseau y «la efectividad social de su sentido». Así, tanto el autor de *El Emilio,* como Milton y, a veces, Hume, se convierten en «portavoces de la vida social que ella critica». La filosofía se las entiende con el mundo así metabolizado. Marx quiso en algún momento una filosofía hecha mundo y ahí no estuvo precisamente su fuerte. No es que prefiramos un mundo «hecho filosofía»: el mundo no se reduce, obviamente, a lo que piensan de él los filósofos. Pero sí en el que la filosofía quepa. Porque, a ambos lados de ella, sólo están la demencia o la religión: o el mundo impuesto «tal como es», cínicamente indigerible, o fanáticamente aceptado o destruido. O las dos cosas a la vez. Creemos, pues, con Le Doeuff y tantas otras y otros, un mundo para las generaciones futuras en que quepa la filosofía. Pues sólo si cabe ella, cabremos todas y todos.

4.3. La filosofía como propuesta

4.3.1. De las promesas ilustradas a «Las promesas de los monstruos»

La primera parte de este trabajo ha consistido en reflexiones acerca de la filosofía y el feminismo. Como conclusión de la misma podríamos aceptar la plena convalidación filosófica del feminismo, por una parte: hay, de hecho, un feminismo filosófico, una *tematización en clave filosófica* de los problemas que el feminismo plantea con toda legitimidad, por tanto, de derecho debe haberlo. Por otra, nos resistimos a adjetivar una filosofía como feminista: sería inadecuado o, en el mejor de los casos, redundante. La filosofía que se hace desde el compromiso feminista es filosofía *tout court*. Hemos presentado hasta aquí nuestro compromiso filosófico como crítica y como polémica. Pero, una vez más cito a Michèle Le Doeuff, el compromiso filosófico consiste, también y sobre todo, «en pensar algo».

Pues bien, pensar nuestro tiempo en conceptos —o, a lo mejor, aproximarnos a él con metáforas— significa enfrentarse a los retos de la globalización. La filosofía que se hace desde el compromiso feminista, y no es preciso que se haga por parte de filósofas de profesión, tiene cosas pertinentes e importantes que decir acerca de este fenómeno. Aporta nuevas formas de pensar la subjetividad política en consonancia con el imaginario de la globalización y, en este movimiento teórico, algunas promesas ilustradas se transmutan en alguna medida… en «Las promesas de los monstruos». Presentaremos así algunos aspectos del pensamiento de Donna Haraway, bióloga de profesión y que ha trabajado como historiadora de la biología y la primatología. Conoce de primera mano el entramado económico, social y cultural en el que se insertan las prácticas de la biotecnología en la era de «la naturaleza empresarializada» característica del «Nuevo Orden Mundial, S.A.». Por todo ello, y desde su compromiso político socialista, feminista y antirracista se encuentra en una posición privilegiada para elaborar una ontología del presente que desplaza en algunos de sus aspectos la de Michel Foucault. Su «ontología sucia», como ella misma la llama, tal como se le presenta «en el vientre del monstruo», responde a las hibridaciones y las transgresiones de límites que hasta hace poco parecían infranqueables. Tiene por ello importantes implicaciones en la autocomprensión misma de los humanos, quizás comparables a los golpes que sufrió el narcisismo de nuestra especie cuando se descubrió que la tierra no era el centro del universo. Pero, una vez más, a mayor trastorno y desestabilización del panorama ontológico, como ocurre en la ontología cyborg, mayor responsabilidad recae sobre esa clase particular de cyborgs que somos nosotros. Es así como interpretamos la afirmación de Haraway de que «el cyborg es nuestra ontología, debe ser nuestra política». Por ello, nuestro compromiso con los sujetos emergentes de la era de la globalización, entre quienes las mujeres nos contamos con fuerte peso específico —en la medida en que las consecuencias negativas de la globalización neoliberal recaen sobre nosotras de forma significativamente diferencial— debe plasmarse ante todo en la habilitación de un nuevo prisma epistemológico. Pues, para que estos sujetos puedan ser visibilizados, para investir, por así decirlo, su —todavía tímida— emergencia política de hecho con un protagonismo legítimo, de derecho, es necesaria la construcción de dispositivos cognoscitivos que puedan reconocerlos. Hay que arbitrar, en suma, una política epistemológica que se ajuste a las demandas de estas nuevas subjetividades políticas. Pues bien, la nueva política epistemológica deberá ser diseñada, en la línea de Haraway, desde los estándares marcados por el nuevo «paradigma informacionista», como lo denomina Manuel Castells[14], que se ha constituido, como tuvimos ocasión de verlo en el primer capítulo, mediante la unificación epistemológica entre la informática y la biotecnología, especialmente la ingeniería genética.

Así pues, los apartados que vienen a continuación responden a nuestra interpretación del pensamiento, complejo y en ebullición, de la autora de *Feminismo y Tecnociencia*[15].

4.3.2. ¿Una nueva ontología del presente?

Michel Foucault, en su última etapa, asumía su trayectoria de investigación sobre el sujeto y el poder como el programa de una «ontología del presente», ontología de nosotros mismos y de los

---

14. Castells, M.: *La era de la información. Economia, sociedad y cultura*, Alianza, Madrid, 1997-1998. Véase también Castells, M.: «Epílogo» a Himanen, P.: *La ética del hacker y el espíritu de la era de la información*, Destino, Barcelona, 2002.
15. En aras a la brevedad, citaremos así el libro de Donna Haraway cuyo título completo es *Testigo Modest@ del Segundo_ Milenio. HombreHembra©_Conoce Oncoratón®. Feminismo y Tecnociencia*, UOC, Barcelona, 2004. Traducción de Helena Torres.

límites que nos constituyen. ¿Era acaso esta ontología la adecuada al imaginario de la globalización? Podríamos caracterizar este imaginario no tanto por la figuración de los límites constitutivos de nosotros mismos como por la fluidificación de estos mismos límites, la transgresión de las fronteras o, como Deleuze lo diría, por la «desterritorialización» y «descodificación de todos los flujos». Es cierto que Foucault caracterizó también su proyecto ontológico como diseñando un lugar limítrofe para ver a la vez más acá y más allá de nosotros mismos, a la vez dentro y fuera, en una indagación paciente impulsada por la impaciencia de la libertad. Como lo afirmara Jorge Álvarez, la tarea foucaultiana de elaborar una «ontología del presente, ontología de nosotros mismos» se ha llevado a cabo desde la mirada distante, «de etnólogo», que la caracteriza. Foucault era perfectamente consciente de la dificultad de «pensar aquello que nos piensa», de objetivar y tematizar los presupuestos mismos desde los que se piensa sin que sean, a su vez, pensados. «Si, no obstante —observa con agudeza Jorge Álvarez—, tal tarea podía emprenderse era acaso porque ese pensamiento que nos sustenta había empezado a dejar de hacerlo, porque nuestra *episteme* amenazaba resquebrajarse y nuestras formas de experiencia empezaban a ser otras»[16]. Pues bien, la pensadora feminista Donna Haraway intenta ser quien dará cumplimiento, más allá de Foucault, a un programa ontológico de difuminación de aquellos límites y aquellas fronteras que la reflexión filosófica ha canonizado tradicionalmente. Puede hacerlo así en la medida en que nuevos *inputs* científicos (la primatología, tal como ha sido revisada por el feminismo, la microelectrónica, la biología y la ingeniería genética), por un lado, y nuevas instancias utópicas, como las diseñadas desde la ciencia ficción, por otro, han sido articulados de tal forma que han hecho saltar los marcos desde los que se operaba la conceptualización de la realidad. Vamos a ilustrar aquí sumariamente en qué sentido Donna Haraway va más allá de Foucault en su adecuación al imaginario de la globalización,

---

16. Cfr. Álvarez, J.: *Michel Foucault: Verdad, Poder, Subjetividad*, ediciones pedagógicas, Madrid, 1995, pp. 191-192.

trayendo a colación su comentario a uno de los anuncios que aparecen en las revistas de tecnociencia: «Realiza el potencial de tu línea celular», propone *Bioresponse*. La autora de «Las promesas de los monstruos» ve aquí la biotecnología propuesta como narrativa de salvación. Podemos observar, por nuestra parte, cómo, a diferencia de los análisis de Foucault, la verdad se desplaza del sexo: nuestra verdadera naturaleza es nuestra línea celular.

La autora de *Feminismo y tecnociencia* sitúa sus figuras *cyborg* en «un régimen espacio-temporal transformado al que [llama] tecno-biopoder». La incorporación de la realidad y el imaginario de la tecnociencia redefinen y transcienden en aspectos significativos los regímenes de biopoder foucaultianos. La ontología del presente harawayana se elabora, por una parte, desde el imaginario de la globalización como fluidificación de todas las fronteras y, por otra, desde los parámetros de la tecnociencia, que determinan aquello que será considerado como real. «La implosión de lo técnico, lo orgánico, lo político, lo económico, lo onírico y lo textual que es evidente en las entidades y prácticas semiótico-materiales de la tecnociencia de finales del siglo XX configura una práctica de figuración», afirma[17]. Así, en la «naturaleza empresarializada» de finales del Segundo Milenio, donde los proyectos de la biotecnología son financiados por corporaciones transnacionales que mueven flujos de capital antes inimaginables, «las especies se transforman en la marca».

4.3.2.1. Para una «antropología cyborg»

Donna Haraway asume en sus análisis de la tecnociencia en el «Nuevo Orden Mundial, S.A.»[18] la mirada etnológica foucaultiana, el proyecto de hacer etnología de nosotros mismos. Su «antropología cyborg» se propone como investigadora de parentescos entre

---

17. Cfr. Haraway, D.: *Feminismo y Tecnociencia, op. cit.*, p. 29.
18. Es así como denomina en *Feminismo y Tecnociencia* lo que caracteriza nuestra contemporaneidad. En el «Manifiesto para cyborgs» era «la informática de la dominación».

humanos, otros organismos y máquinas específicos. Entiende que la reconstrucción de estas peculiares relaciones proporciona «un excelente terreno para la investigación etnográfica», pero, a diferencia de Foucault, explicita, desde «el vientre del monstruo», su compromiso militante con la construcción de «mundos vivibles», y considera una investigación tal como una eficaz herramienta de «empoderamiento colectivo». No pretende ser original en sus descripciones de la permeabilidad de las fronteras entre las diversas entidades con las que trabaja: en un mundo de flujos financieros, flujos migratorios, flujos de mano de obra, donde impera el «todo fluye» heraclíteo en unas dimensiones insólitas, no es de extrañar que los «entrecruzamientos, las mezclas y las transgresiones de fronteras» se hayan convertido en un tópico para los comentadores estadounidenses a finales del segundo milenio. Podemos afirmar que nos encontramos aquí con el rasgo dominante de nuestro imaginario.[19] La ontología de Haraway es deudora de ese imaginario, pero, en la medida en que desde el mismo configura una ontología, es porque no sólo piensa *en* él en el sentido de encontrarse sumergida en su interior, sino en el de que intenta pensarlo. Y si lo puede hacer objeto de su pensamiento es en la medida en que su ubicación en el nuevo paradigma científico configurado por la informática y la biología, sobre todo la biotecnología y muy especialmente la ingeniería genética, le da los instrumentos y la perspectiva necesarios para volverse consciente de las metáforas y de las «tecnologías» —asume aquí hasta el límite este concepto foucaultiano— desde las que se construye «aquello que se ha considerado como realidad». Una bióloga molecular conocedora de los organismos vivos como estrategias de «acumulación flexible» y de «la acumulación flexible» como característica

---

19. Cfr. Harvey, D.: *The condition of Postmodernity: An Enquiry into the Origins of Cultural Change*, Basil Blackwell, Oxford, 1989, pp. 147 a 197. Citado por D. Haraway en *Feminismo y tecnociencia*, p. 105. Cfr. también Martin, E.: *Flexible Bodies: Tracking Immunity in American Culture from the Days of Polio to the age of AIDS*, Beacon Press, Boston, 1994. Para la descripción y conceptualización de los imaginarios políticos, Cfr. Quesada, F.: «Hacia un nuevo imaginario político», en: *Cambio de paradigma en la filosofía política*, Cuaderno No. 7, Fundación Juan March, 2001.

del desarrollo del modelo capitalista en la era global está en el punto crítico y privilegiado de mira para pensar las convergencias y las afinidades electivas entre los constituyentes formales del «Nuevo Orden Mundial, S.A.». Podríamos aquí preguntarnos ¿cuál es el ámbito que le presta al otro sus metáforas?

Con todo, la deuda de nuestra analista feminista de la ciencia con Foucault es notoria y confesada. Por poner sólo un ejemplo, relaciona «la apoteosis del feto» como hipóstasis de «la vida misma» y las tecnologías reproductivas, como relevantes para un diagnóstico de los tiempos, con los análisis foucaultianos del «cuidado de sí» como eductor de subjetividad. ¿De qué manera, se pregunta, es hoy el cuidado del feto, promovido por las nuevas tecnologías de visualización, análogo al «cuidado de sí» en la Antigüedad clásica: un conjunto elitista de prácticas para producir cierto tipo de sujetos»?

Por su parte, Jorge Arditi, en su Prólogo de la edición castellana de *Ciencia, cyborgs y mujeres*, asume «la imaginería del cyborg» de nuestra bióloga como un lenguaje idóneo para hablar de una «nueva forma» en nuestro saber. Esta forma es anunciada por el propio Foucault como la que vendrá a sustituir a aquel «pliegue en nuestro saber» que ha hecho posible la emergencia del hombre como «un desgarrón en el orden de las cosas»[20]. Las configuraciones históricas de conocimiento-poder se han venido constituyendo en función de los sistemas de límites que ponían en juego para dicotomizar la realidad: por ejemplo, la demarcación entre razón y sinrazón tal como se produce en *Historia de la locura en la época clásica*. Las tecnologías del cuerpo, estudiadas ya por Marcel Mauss en las sociedades etnológicas, desplegadas en las prácticas de la medicina y la psiquiatría modernas, de las instituciones legales y otros mecanismos disciplinarios reproducían el sistema específico de los límites que vinieron a constituir al individuo moderno y racional: «El Hombre». Pues bien, de los análisis de Haraway se desprende, de acuerdo con Arditi, que

---

20. Cfr. Arditi, J.: «Prólogo» a la edición castellana de *Ciencia, cyborgs y mujeres*, Cátedra, Madrid, 1995, p. 10. Traducción de Manuel Talens. Su cita de Foucault corresponde a *Las palabras y las cosas*, Planeta De Agostini, Barcelona, 1984, pp. 8-9.

«las tecnologías del cuerpo que producen el sujeto moderno se están haciendo cada vez más débiles y se están sustituyendo gradualmente por tecnologías de un orden completamente diferente, los límites que proveen la infraestructura de las configuraciones modernas de poder y conocimiento y hacen posible imaginar una demarcación entre el yo y el otro se están desdibujando y disolviendo. En su lugar, están emergiendo nuevos tipos de límites fluidos e imprecisos (si aún podemos llamarlos límites) que rompen con dualismos modernos entre el yo y lo otro...»[21]. Se trata de los límites que las tecnologías cibernéticas han hecho posibles en todos los ámbitos, generando nuevas formas de subjetividad y organismos de nuevo tipo: justamente, las entidades cyborg.

La ontología de Donna Haraway es alérgica a los «cordones sanitarios» entre sujetos y objetos y a las «higiénicas» separaciones de categorías. Asume así la ontología cyborg como una «ontología sucia». La ilustra presentándonos en sociedad como sus entidades paradigmáticas a Oncoratón® marca registrada y a Hombre-Hembra©, que tiene el *copy right* de sí misma/o, protagonista de la novela de ciencia ficción de Russ[22]. La ratona diseñada para investigar el cáncer de mama, primer animal patentado del mundo, contiene un bit de ADN, llamado «oncogen», que causa esta enfermedad, derivado del genoma de otra criatura e implantado por medio de técnicas de ingeniería genética. Producto de la implosión entre naturaleza y cultura, Oncorratón®, definido por un genoma empalmado, con su patente y marca registrada ilustra por excelencia lo que es «la naturaleza empresarializada». Estas figuras cyborg son mercancías a la vez que «obscenidades naturales». No es de extrañar que espanten a los ontólogos clásicos de la historia de la filosofía. Emblemáticas de la transgresión de fronteras, pertenecen al imaginario *queer*. «Su constructividad, sus siempre inacabadas articulaciones no son opuestas a su realidad», sino condición de la misma. Son, así, entidades abiertas. Pensando desde ellas se puede diagnosticar la ansiedad con respecto

---

21. Ibídem, p. 11.
22. Russ, J.: *The Female Man*, Bantan Books, Nueva York, 1975.

a «la contaminación de linajes» como lo que está en la base del imaginario racista de las élites estadounidenses, así como «la angustia sexual» ante la confusión de los géneros. Los diferentes discursos de la transgresión aparecen mezclados en estas entidades bastardas, que seguramente no serían legitimadas por el nombre del padre lacaniano.

Russ transcribe el «cogito» de una de las heroínas de su *The Female Man* en las siguientes palabras: «¿Quién soy? Sé quien soy, pero ¿cuál es mi nombre de marca?». En su genealogía de la marca registrada[23], Haraway se remonta al concepto de propiedad de Locke, según el cual esta institución estaría basada en «actos de apropiación del estado general de la naturaleza». Es una forma de cercar «terrenos comunales» que se prolonga en la autoría como elisión de todas las «agencias» que concurren en la producción de un original. El concepto de autoría radicaliza a su vez su lógica de exclusión en la patente y la marca registrada, donde «el creador crea al ser». Sujeto, verbo y objeto: este tipo de escritura imita la creación. Su autenticidad está garantizada por su marca © «Ser». Los tipos taxonómicos de las especies se transforman así en su marca, hasta el de nuestra propia especie, que llega a encontrar la garantía de su autenticidad en la base de datos del genoma humano. Una mutación semejante tiene lugar cuando «el tipo o la clase que da autoridad» viene a transformarse en la reificación de sus propios poderes creativos.

En suma, en la ontología cyborg, elaborada y postulada desde su imaginario de hibridaciones, resulta ser contaminado «el linaje de la propia naturaleza», que se metamorfosea en su tradicional opuesto, la cultura.[24] En el cruce transgénico, «la línea entre los actos, agentes y productos de la creación divina y de la ingeniería humana ha cedido dentro de las zonas fronterizas[25] sacro-seculares de la genética molecular y la biotecnología».

---

23. Haraway lleva a cabo su genealogía de la mano de Rose, H. en: *Authors and Owners: The invention of Copyright*, Harvard University Press, Cambridge, 1993.
24. La cultura está «roída por ratones»… (!).
25. De este modo, de acuerdo con Haraway la tecnociencia reciente ha desestabilizado los «acuerdos constitucionales» propios de la modernidad que establecían

La autora de «Las promesas de los monstruos» discrepa del diagnóstico del presente del postmodernismo según el cual este período se caracterizaría por la crisis de los grandes relatos y el fin de las metanarrativas. La tecnociencia de la era global se presenta a sí misma como cargada de virtualidades soteriológicas en tanto que radical secularización de la narrativa cristiana: «la promesa de la tecnociencia es su principal peso social». Pasamos de las proclamaciones de tremendos desastres a las de fantásticos remedios. Nuestra ratona cyborg, que aparece coronada de espinas en uno de los cuadros de Lynn Randolph, es así la heroína de una historia de salvación: redime a las humanas al asumir su dolor, pues también la figura de Cristo tiene aquí su versión cyborg. El gen, asimismo, puede ser asumido como «alfa y omega del drama secular de salvación de la vida misma». Y su pariente, el feto que aparece en la pantalla del ordenador, «hecho carne por la alta tecnología de visualización», se convierte, con su pregnante efecto de realidad, en la promesa encarnada, en la hipóstasis de «la vida misma».[26]

4.3.2.2. De racismos y misoginias: mestizajes y vampiros

Sobre el horizonte de la sucia ontología cyborg planea el imaginario del mestizaje, íntimamente vinculado al imaginario racista estadounidense (y, por supuesto, no sólo estadounidense). Haraway

---

los límites entre naturaleza y cultura. No se identifica, sin embargo, con la denominación de este diágnostico epocal como postmodernidad —como lo hacía en el «Manifiesto para cyborgs»— ni como amodernidad, en la línea de Bruno Latour, —como parecía asumirlo en «Las promesas de los monstruos»—. Cfr. «Las promesas de los monstruos: una política regeneradora para otros inapropiados/bles», en: *Política y sociedad*, N°. 30, Madrid, 1999.

26. Haraway compara las técnicas de visualización que emplea la biociencia contemporánea con las que empleó el Renacimiento para la construcción de la perspectiva. «El realismo anatómico post-renacentista y el realismo corporal generado por el ordenador a finales del siglo XX aún comparten muchas asunciones epistemológicas y convenciones sobre la mirada, aunque no todas». En España las representaciones del feto de las organizaciones pro-vida recurren preferentemente a la imaginería barroca más *kitch*: un niño atravesado por una espada.

analiza con penetración los subtextos del anuncio de una mutua para médicos que aparece en una revista científica. Presenta la imagen de una boda entre un médico blanco impecablemente vestido de ídem con sus manos enlazadas con las de su novia, vestida de blanco también, que oculta bajo las galas nupciales un rostro de gorila negra. No cabe una forma más pregnante de alertar a los médicos contra los peligros de tener que atender a una indeseable clientela negra femenina y enfangada en la animalidad. Haraway nos advierte de que la novia con traje de gorila es «el tipo del no tipo». Justamente el tipo del no-tipo es lo que Gilles Deleuze llamó «el simulacro» en contraposición a «las imágenes». Las imágenes son generadas, *more platónico*, por mímesis de un tipo que funcionará como *analogans analogante*. Por el contrario, los simulacros no se forman a semejanza de un tipo sino por una apariencia de semejanza. Así, cuanto más parece que se asemeja al tipo más lejos está de él. Nos hallamos entre los monstruos taxonómicamente inclasificables. Así, una *liaison* tal, que representa las consecuencias imprevistas de pertenecer a mutuas ingenuas, es una «alianza impía». «Mestizaje es todavía un sinónimo nacional racista [y misógino] de infección, de una falsa descendencia para llevar el nombre del padre...» En el corazón de este imaginario se encuentra significativamente la figura del vampiro. El médico no avisado corre el riesgo de ser su víctima, de que le chupen la sangre. Démosle la palabra a Donna Haraway: «La figura [del] vampiro [es] la que contamina linajes en la noche de bodas; la que afecta las transformaciones de categorías a través de pasajes ilegítimos de sustancia, la que bebe y hace infusiones de sangre en un acto paradigmático que consiste en infectar todo lo que se presenta como puro; la que evita el oficio del sol, haciendo un trabajo por la noche; la que es animada, no natural[27], y perversamente incorruptible.» Tiene un lugar preeminente entre «los vectores de infección» que contaminan los tipos puros. El imaginario racista del mestizaje se

---

27. Como la Pandora de Hesíodo. Cfr. Cubero, I.: *Poder sexual o control de la reproducción en la Teogonía de Hesíodo*. Tesis inédita, Universidad Complutense, 1987. Cfr. Capítulo VII.

solapa aquí con el de la misoginia romántica decimonónica[28] en la medida en que aparece como un «cóctel tóxico de organicismo, antisemitismo, anticapitalismo y antiintelectualismo». Por nuestra parte, asumimos la figura del vampiro como emparentada con el mito del judío errante, cuya tumba está vacía, que no puede morir porque no vive y no puede vivir porque no muere. Y su «perturbadora movilidad» rítmica, así como su condición lingüística de hablar varios idiomas sin recordar su lengua nativa, lo vinculan con las figuras nomádicas de Rossi Braidotti, los rizomáticos deleuzianos sin raíces, desestabilizadores de los hogares estables.[29]

Ahora bien, en «la cultura vampírica» en su versión decimonónica, el imaginario racista va íntimamente unido a la representación de la sangre, a los lazos de sangre. Amante de establecer correlaciones y oposiciones *more* estructuralista, Haraway nos ofrece el contrapunto de la detestable novia gorila negra en la amable imagen, generada por ordenador, de la futura novia de la América multicultural, resultado del cruce entre las diversas razas en sus correspondientes porcentajes que pueblan su espacio geográfico. De la ontología turbia elaborada a partir del imaginario del mestizaje pasamos así a «la ontología, limpia y aséptica podríamos decir, de la base de datos».

La sangre, emblemática de un racismo ya trasnochado y que debe ser reciclado en un ataque de amnesia, se convierte meramente en un tejido para obtener muestras de ADN: es desplazada por el genoma «tanto simbólica como técnicamente». La criatura virtual, hija del «matrimonio de genética e informática»[30], es presentada como el amor imposible de los estadounidenses, en una curiosa reedición

---

28. Sobre la misoginia romántica, cfr. mi *Sören Kierkegaard o la subjetividad del caballero*, Anthropos, Barcelona, 1985 y *Tiempo de feminismo, Sobre feminismo, proyecto ilustrado y posmodernidad*, Cátedra, Madrid, 1997, Capítulo V. Cfr. Valcárcel, A.: *La política de las mujeres*, Cátedra, Madrid, 1997.

29. Cfr. Braidotti, R.: *Sujetos nómades*, Paidós, Buenos Aires, 2000. Traducción de Alcira Bixio.

30. Haraway compara el parto del ordenador con el de Pigmalión, que da luz a Galatea, o el de Palas Atenea que sale intacta de la cabeza de Júpiter. El imaginario patriarcal, una vez más, es poco novedoso en la era del Nuevo Orden Mundial S.A.

de la tópica del amor cortés. Pero, para la hermenéutica de la sospecha que aplica sistemáticamente la autora de *Feminismo y Tecnociencia,* este lugar geométrico, proyección en el límite de las ansiedades raciales del país multicultural, es más bien un imposible amor. Por nuestra parte, en clave lévi-straussiana, lo interpretaríamos como el objeto transaccional en negativo de un pacto entre los varones de las diferentes razas que jamás llega a estabilizarse. Se convierte así en la antítesis de una mascota, ya real, ya virtual. Funciona en cierto modo como un mito del matriarcado[31], en la medida en que estos mitos expresan un conjuro: «Mirad a dónde vamos a llegar si seguimos por este camino…» Se opera el paso al límite para mejor mostrar la imposible imposibilidad. Podemos ver aquí, además, cómo se lleva a cabo el paso del racismo al, aparentemente inofensivo, registro estético. Ejemplos de este cambio de código —quizás para asegurar mejor la continuidad del mensaje— serían Michael Jackson y *United Colors of Benetton.* Esta multinacional —Haraway asume aquí el comentario de Celia Lury—, «al evitar la distinción entre ropa y piel, trata al color de la piel como una gama de colores de moda». Jackson, que esculpe en su propio cuerpo la neutralización de las diferencias raciales, genéricas, de edad, de sexualidad y tantas otras, se convierte, como alguien dijo, en un «representante» de ciencia ficción de la Humanidad. Podemos así cerrar el círculo de las entidades y las figuras de esta ontología del presente situándolo junto a su pariente/a *Female-Man©.* Pero no sin señalar que las transposiciones al registro estético de determinaciones «socialmente significativas» no son inocentes. Una prenda de ropa, como lo afirma Amelia Valcárcel, no se puede llevar de forma estética hasta que su carga ético política esté desactivada. Y no parece ser éste el caso de la ropa que anuncia la *United Colors of Benetton.*

---

31. En estos mitos, las mujeres tuvieron el poder en el origen y se demostró que no lo merecían. *Ergo...*

4.3.3. Los parámetros de una nueva conciencia
de la especie

La filosofía, en su sentido fuerte, ha tratado de modo recurrente de dar forma a la conciencia de sí misma que ha podido tener la especie humana en diversos contextos históricos. Sin embargo, esta curiosa especie, como lo decía Sartre, ha sido siempre «ese club tan restringido». De modo recurrente, también, una parte de la misma se ha hecho pasar por el todo metonímicamente y se ha autoinstituído en la representante de ese todo metafóricamente. La historia de la filosofía puede asumirse así también como la historia de las exclusiones de la especie, en el orden de las metáforas y de los conceptos, de la mitad de la especie humana: las mujeres; y, entre los varones, de razas enteras o de clases sociales a los que se sumergía ideológicamente en la animalidad. A su vez, la animalidad era pensada de forma tal que la especie humana pudiera emerger de ella en una discontinuidad ontológica radical, imprimiendo así a la conciencia que en esta operación se configuraba un sesgo un tanto chauvinista. Pues bien, quizás después de un período de duras críticas y deconstrucciones de las formas de conciencia de la especie así configuradas, convendría intentar algunos pinitos reconstructivos. Pero para ello es necesario atender a las nuevas condiciones que tanto la ciencia de nuestro tiempo —el que Hegel quería que los filósofos pensaran en conceptos— como sus transformaciones sociales imponen como una plataforma que no se puede obviar, un *desde* que se instituye en la única localización idónea a partir de la cual podamos preguntar quiénes somos. Quiénes somos como especie entre otras especies. Cuál es nuestra identidad en tanto que seres humanos. Y hacerlo con la obsesión cuidadosa de no excluir a nadie y de que si, a pesar de todo, las exclusiones se producen, estaremos dispuestas a hacernos la necesaria autocrítica. Pues, en un mundo en proceso de globalización como el nuestro, ya no puede haber ninguna excusa para que no estemos todas y todos. Somos plenamente conscientes de que el proceso de globalización neoliberal es, en su propia dinámica, excluyente, como tan bien lo ha analizado

Manuel Castells.[32] Pero, justamente por eso, *pensar de forma cabal este proceso, como la filosofía lo exige, implica adoptar, con las necesarias mediaciones, el punto de vista de los excluidas/os.*

4.3.3.1. Una especie transespecífica

En su análisis de la química y la biología a finales del Segundo Milenio, Haraway parte de la siguiente ecuación: los elementos transuránicos fueron a la guerra fría lo que los organismos transgénicos son al nuevo orden mundial. Con todo, en los principios del tercer milenio, donde nos situamos, los elementos transuránicos siguen teniendo plena pertinencia a la hora de caracterizar nuestra contemporaneidad: sin ir más lejos, el forcejeo de USA y Europa con Corea del Norte e Irán por la presunta amenaza que representa la tenencia de armas nucleares por parte de ambos países planea ensombreciendo el horizonte para nuestros deseos de paz. Es evidente que la producción de estos elementos nos marca irreversiblemente como una especie inquietantemente *prometeica.* El uranio aparece en la tabla periódica de los elementos con el número atómico más elevado. Como lo afirma la autora de «Las promesas de los monstruos», «es el lugar donde se detiene la evolución de los elementos que componen el sistema solar». Representa así un tipo de «límite natural para la familia de elementos terrestres». Pero, como lo testificó la bomba que cayó sobre Nagasaki en 1945, existen ahora sobre la tierra elementos con números atómicos que exceden el del uranio (como es sabido, se puede fabricar uranio enriquecido). El «estatus de extraterrestres» de estos elementos, es más, de extrasolares, «ha cambiado quienes somos de una manera fundamental y permanente». Jean-Paul Sartre afirmaba que la humanidad es «una totalidad destotalizada».[33] En efecto: no podemos partir de un «nosotros»

---

32. Cfr. Castells, M.: «El nuevo modelo mundial de desarrollo capitalista y el proyecto socialista», Seminario de Javea, 2 de septiembre, 1986.
33. Cfr. mi libro *Diáspora y Apocalipsis. Estudios sobre el nominalismo de Jean-Paul Sartre,* Institució Alfons el Magnànim, Valencia, 2000. Capítulo III-5.

como de una intersubjetividad trascendental. Todo «nosotros» es la interiorización de un «vosotros», de una designación proveniente de alguien que está fuera. Pero, en el caso de la humanidad, ¿quién, desde fuera, podría designarla como un todo? Para el autor de la *Crítica de la Razón Dialéctica,* esta designación podía provenir de lo que él llamaba (supongo que con gran cabreo por parte de Donna Harraway[34]) lo «práctico-inerte», la materia trabajada por la *praxis* humana. En tanto que inscribe y absorbe en su materialidad la diversidad de las prácticas de los humanos, tanto de las concertadas como de las desconcertadas (o, como preferiría decirlo Sartre, «serializadas»), lo «práctico-inerte» implica a los colectivos humanos al modo de una «praxis invertida». Ahora bien, Sartre no consideró un tipo de realidad «práctico-inerte» que podría llevar a cabo una designación unificadora de la especie humana como un todo. Este sería el caso del agujero de ozono y, por excelencia, el de los elementos transuránicos.[35] Ellos pueden designar —¿vicariamente?— a nuestra especie como una totalidad totalizada en la destrucción y en la muerte. «Los elementos transuránicos, afirma la autora de *Feminismo y Tecnociencia,* han forzado a la humanidad a reconocer el problemático parentesco que sus miembros tienen entre sí como frágiles habitantes de la tierra, a un nivel de vulnerabilidad y mortalidad apenas sospechado…» Pues «el plutonio, combustible nuclear mundialmente diseminado y una de las sustancias tóxicas más mortíferas jamás encontradas, ha hecho más por la construcción de la existencia de la especie para los homínidos que todos los filósofos humanistas y antropólogos físicos juntos»[36].

---

34. Haraway es crítica de la concesión a los seres humanos del monopolio de la «agencia», como se desprende de su ontología cyborg.
35. Estos elementos están, de acuerdo con Donna Haraway, «entre los instrumentos fundamentales que han reconstruido el tercer planeta del sol como un sistema global, siendo inherentes al aparato semiótico, técnico, político, económico y social que los produce y sostiene en la tierra».
36. Haraway, D.: *op. cit.,* p. 74.

4.3.3.2. *Un globo aplastado (y pinchado)*

La globalización implica hasta literalmente, como su condición *sine qua non,* la percepción del mundo como un globo controlable y manipulable. En esta dimensión del proceso, nuestra autora nos remite al Renacimiento, con sus técnicas cartográficas, como antecedente identificable del «mapa del genoma humano» y sus implicaciones para la conciencia de sí de nuestra especie. «La genómica "globaliza" a partir de unos modos muy específicos», afirma. «La existencia de la *especie* es producida semiótica y materialmente en las prácticas de cartografiado del gen de la misma manera que *tipos particulares de espacio y humanidad* fueron el fruto de anteriores delimitaciones [...]. Harvey señala que la introducción en Florencia del mapa de Ptolomeo procedente de Alejandría en el 1400 dio a los europeos los medios indispensables para ver el mundo como una unidad global.» Cita así a Harvey: «Los principios matemáticos podrían ser aplicados, como en el caso de la óptica, a todo el problema de representar el globo sobre una superficie plana. Como resultado, parecería que el espacio, a pesar de ser infinito, era conquistable y abarcable para propósitos de ocupación y acción humanas»[37]. La representación y el despliegue como uno, posibilitada por las técnicas de proyección y perspectiva, del hogar mundial del hombre es la necesaria mediación para la representación de la unidad de la especie. Pero esta representación resultó ser el correlato de un proyecto imperialista: lo «global» se transformó en «una realidad europea móvil».[38] Y la unidad de la especie no pudo ser sino una impostura: una parte de la misma —*avant la lettre*— se autoinstituyó en «la descubridora» de la otra. Y, como si se tratara de una mina —adheridos a las minas quedaron tantos y tantos de «los descubiertos»—, quien la descubre..., la explota.

<hr>

37. Harvey, D.: *The condition of Postmodernity: An Enquiry into the Origins of Cultural Change,* Basil Blackwell, Oxford, 1989. Citadp por D. Haraway en *op. cit.,* p. 191.
38. Así, las virtualidades universalizadoras de la cartografía se ven frustradas por el designio de marcar «los límites fronterizos de la tierra que puede ser poseída y administrada jurídicamente a través de las instituciones de la propiedad, el título y el contrato».

El proyecto del Genoma Humano, con tonos épicos un tanto mistificadores, ha sido comparado con la llegada del hombre a la luna. En este proyecto parece culminar y concentrarse de manera privilegiada la tarea de la biología. Pues «la tarea epistemológica y técnica [de esta ciencia]—afirma Haraway— ha consistido en producir un tipo históricamente específico de unidad humana: a saber, la afiliación a una especie única, la raza humana, el *homo sapiens*. La biología establece y performa de forma discursiva lo que será considerado como humano en los poderosos dominios de la técnica y el conocimiento»[39].

Nuestra autora lleva a cabo en *Feminismo y tecnociencia* una periodización de la historia de la biología, reconstruyendo todos sus contextos y, de forma especial, el imaginario que los envuelve. Distingue así lo que podríamos llamar tres paradigmas: el de la raza (1900-39), el de la población (1940-1979) y el del genoma (1975-1999). Le interesa fundamentalmente identificar lo que en cada uno de estos paradigmas va a ser asumido como lo específicamente humano, fundamentalmente para los estadounidenses del siglo XX. Pues bien, en el paradigma de la raza aparece una particular obsesión por las taxonomías. «El tipo puro, que animó sueños, ciencias y terrores, continuaba escabulléndose entre las taxonomías tipológicas, multiplicándose infinitamente. La actividad clasificatoria racional enmascaraba una historia tergiversada y negada. De la misma manera que las ansiedades raciales corrían desenfrenadas a través de la soberbia prosa de la biociencia categórica, las taxonomías no podían contener ni identificar con precisión su terrible producto discursivo»[40]. El contrapunto del hombre blanco civilizado urbano será el mono de la jungla tal como lo podemos encontrar en pregnantes representaciones pictóricas.[41] Parecería como si el imaginario racista, para mejor naturalizar a determinados grupos humanos,

---

39. Haraway, D., *op. cit.*, p. 249.

40. Ibídem, p. 266.

41. Como la del Museo Americano de Historia Natural de New York, en la que aparece una familia de gorilas (Gorilla Group in African Hall) en su presunto Edén original, cfr., Haraway, D., *op. cit.*, p. 256.

tuviera que elaborar el *analogans analogante* de la animalidad más próxima a lo humano como sumergido en la pura naturaleza. Sin embargo, para reconstruir esa naturaleza ha habido que poner en juego «un elaborado mundo de práctica. Los aparatos sociales y técnicos del safari científico colonial africano, y los sistemas de trabajo estratificados por género, clase y raza, de la construcción de los museos urbanos, organizaron a cientos de personas de tres continentes durante dos décadas para hacer posible esta escena natural. Para emerger intacta, la naturaleza reconstruida requiere de los recursos que ofrecen las armas avanzadas, las cámaras patentadas, los viajes transoceánicos, la conservación de alimentos, las redes ferroviarias, la autoridad burocrática colonial, las grandes acumulaciones de capital, las instituciones filantrópicas, y mucho más. La producción tecnológica de una naturaleza culturalmente específica no podría ser más literal»[42]. Más tarde, la doctrina conservacionista desplazó la cacería con arma de fuego por la cámara, «para probar que el violento drama de la humanidad confrontada con las especies podía dar lugar a un cuento más dulce». La zona donde fue abatido el gorila del cuadro, llamado «el Gigante de Karisimbi», en 1921, se convirtió en un parque nacional belga. En él se preservaba «la naturaleza», incluyendo a los pueblos «primitivos» como fauna de un escenario atemporal. Y, significativamente, en 1924, la Ley de Orígenes Nacionales de los Estados Unidos restringió la inmigración basándose en «una lógica que enlazaba raza y nación».

4.3.3.3 *La escena primordial de los homínidos*

El paradigma de la raza fue luego sustituido por el de «población» como el objeto científico pertinente. Se considera una población «un grupo relativamente permeable dentro de una especie [que] difiere de los otros grupos por uno o más genes». Ya no se trataba de ordenar jerárquicamente los tipos, sino que la investigación se focalizaba

---

42. Haraway, D.: *op. cit.*, p. 268.

en los «complejos de adaptación» relativos a las diferentes funciones biológicas. Estudiosos relevantes de la población desde distintas perspectivas disciplinares dieron lugar así a lo que se llamó la «síntesis moderna de la teoría evolucionista neodarwiniana.»

Al hilo de estos replanteamientos, en la biología emerge un humanismo científico y antirracista, que va a converger con los designios de los organizadores de las declaraciones sobre la raza de la UNESCO de 1950 y 1951. El objetivo básico de estas declaraciones era «romper el enlace biocientífico de raza, sangre y cultura» subyacente a las prácticas del nazismo. En este contexto, la plasticidad se presentaba como el rasgo definitorio de la especie *Homo sapiens*. Se había establecido que el grado de talento mental es idéntico en todos los grupos humanos; sin embargo, prevaleció la formulación negativa de que la ciencia no avala la tesis de la herencia de la desigualdad racial en lo que concierne a la inteligencia. Y la declaración de 1951, firmada por noventa y seis expertos científicos prominentes a escala internacional, continuaba, de acuerdo con Donna Haraway, «sin comprometerse con las ideas clave de plasticidad, posibilidad educacional, invalidez del enlace raza-cultura e importancia de la biología evolucionista de la población».

Por otra parte, la nueva antropología física, profundamente deudora de la síntesis moderna, se transformó, a partir de los años cincuenta, «en actor principal en la identificación de aquellos complejos de adaptación que "nos" hacen humanos, y en instalarlos en la práctica pedagógica y de investigación». Pues bien, en este contexto, el complejo de adaptación más importante, identificado como «el estilo de vida compartido que define a la especie», fue el llamado «paradigma del cazador». En esta consideración de la caza como la estrategia de subsistencia adecuada para protohumanos bípedos, los machos aparecían como «el motor activo de la evolución humana». La familia nuclear heterosexual es implantada así en este momento fundacional de la humanidad, y muchos derivaron de ahí su valor normativo.

Este paradigma antropológico antirracista era, sin embargo, tópicamente sexista. Haraway identifica su expresión quintaesenciada en el cuadro del ilustrador anatómico Matternes, *Los creadores de huellas fósiles de Laetoli,* así como en la exposición fotográfica de Edward Steichen en el Museo de Arte Moderno de Nueva York que lleva por título *La familia del hombre.* En la «imaginación adánica» de nuestro fotógrafo, «la hembra que lleva al bebé camina detrás, mirando a un lado, mientras el macho lidera, mirando al futuro. El germen de la socialidad humana era la pareja y su descendencia, no un grupo merodeador mezclado, ni un grupo de hembras emparentadas con su prole, o dos machos, llevando uno de ellos un bebé», ni cualquier otra de las posibilidades combinatorias entre individuos humanos en este momento fundacional de la humanidad.

Para Haraway, la versión feminista de este conspecto en los setenta, que puso en primer plano a la Mujer Recolectora, no representó un cambio fundamental, aunque incorporó los orgasmos femeninos y la elección de la pareja, que volvió a los machos útiles para la prole. Pues, «los cabestrillos para llevar bebés», considerados como una herramienta humana fundamental, así como «el acarrear sacos de raíces y nueces, el cotidiano chismorreo entre adultos y el hablar con los hijos e hijas difícilmente podrían competir como drama originario con los elegantes proyectiles, los viajes de aventuras, la oratoria política y la unión de los machos frente al peligro»[43]. La autora de *Feminismo y Tecnociencia* estima así que el androcentrismo y el etnocentrismo se dan la mano para hacer «sangrar al colectivo humano», o, al menos, para dejarle «hambriento de otros relatos sobre lo que significa ser miembro de una especie y de una comunidad. Lo que no

---

43. Simone de Beauvoir, en *El Segundo Sexo,* escrito en 1949, ya consideró que la división sexual del trabajo en los albores de la humanidad propició que los machos, que se reservaron para sí las expediciones guerreras donde se arriesga la vida, encarnaran los valores de la trascendencia. Las mujeres, excluidas de las mismas por sus servidumbres reproductivas, se habrían quedado en el ámbito de la inmanencia, de la repetición de la vida frente a la opción por las razones que, superándola en el combate, instituirían la vida misma en valor. La voluntarista valorización de la inmanencia en cualquiera de sus versiones no altera sustancialmente este esquema fundamental. Cfr. Amorós, C.: *La gran diferencia y sus pequeñas consecuencias... para las luchas de las mujeres,* Cátedra, Colección Feminismos, Madrid, 2005.

está recogido en un relato sobre la familia reproductiva no es considerado como humano».

La exposición de nuestra autora del paradigma del genoma arranca de un planteamiento foucaultiano: «La mejor manera de describir la naturaleza humana dentro de los actuales regímenes de saber y poder es como virtual». La encontramos «encarnada, literalmente, en una extraña cosa llamada base de datos genética» contenida en unas pocas «localizaciones internacionales como las tres grandes bases de datos públicas del mapa genético y la secuenciación de datos: el Gen Bank© de los Estados Unidos, el Laboratorio Biológico Molecular Europeo y el Banco de datos de ADN del Japón». Por una ley de las afinidades electivas, el genoma encuentra sus alianzas «con todo lo que sea de última hora». La autora de «Las promesas de los monstruos» trata de reconstruir los avatares del «estable gen mendeliano, amante de la familia», al entrar en la base de datos producto del maridaje entre la ingeniería genética y la informática. Así, «a partir de los años setenta, banca y cartografía parecen ser los nombres del juego genético, en los intentos de corporativizar la biología para hacerla encajar en el Nuevo Orden Mundial, S.A.» La ontología de este nuevo orden parece desbordar, también aquí, la ontología foucaultiana de «los límites que nos constituyen». Pues «si la síntesis moderna, ideológicamente hablando, tendía a que cada persona fuera *more* foucaultiano *vigilante* de su hermano, la síntesis biológica, en sus versiones de la selección de la especie y las estrategias inclusivas de la maximización de las capacidades avanza rápidamente para hacer de cada persona un *banquero* de su hermano»[44]. Pues son las grandes corporaciones, multinacionales farmacéuticas, gigantes agrícolas, compañías de capital de riesgo quienes auspician directamente una investigación biológica en la que «la biología y la genética moleculares casi se han transformado en sinónimos de la biotecnología en tanto disciplinas de ingeniería y rediseño». Esta biotecnología «puesta al servicio del beneficio corporativo es una fuerza revolucionaria para volver a crear a los habitantes del planeta tierra, desde virus y bacterias

---

44. Cfr. Haraway, D.: *op. cit.*, p. 277. Subrayados e interpolaciones mías.

hasta la cadena del ser desde el *Homo sapiens* en adelante». En el proceso de esta recreación, el Hombre Cazador y la Mujer Recolectora son reciclados en el mundo de la «naturaleza empresarializada» y aparecen de nuevo como Hombre™ y Mujer™: patentados, registrados para su comercialización; y, sobre todo, altamente flexibles». Como «trabajadores autoprogramables», en términos de Manuel Castells, en el caso de los *hackers* de la élite, y «como trabajadores genéricos» para quienes la versatilidad se concreta en una total adaptación a las operaciones de quita y pon, de acuerdo con la estrategia de las empresas.

4.3.3.4. De una «historia agujereada» a un proyecto sesgado

Haraway plantea en este contexto la pregunta relevante de la antropología filosófica, preñada de implicaciones éticas, «¿Quién o qué es el humano que ha de ser representado de manera exhaustiva?». En este punto es de lamentar, para nuestra autora, el «hecho disciplinar» de la falta de preparación de los genetistas moleculares en biología evolucionista y genética de la población. Pues, para «representar a la especie humana de manera exhaustiva [...] los depósitos deben contener datos físicos y electrónicos sobre la constitución molecular específica así como sobre la frecuencia genética a una escala verdaderamente global». En este punto, los genetistas de la población criticaron a los biólogos moleculares, entre otras cosas, por «su pobre comprensión estadística de la estructura, historia y variabilidad de las poblaciones humanas». Y, lo que es más relevante para la ética, «estaban preocupados ante la posible extinción de muchas poblaciones humanas alrededor del mundo, ya fuera literalmente o a través del mestizaje y la negación de su diversidad en medio de las grandes poblaciones colindantes, con la consecuente pérdida de información genética, *empobreciendo para siempre las bases de datos de la especie. La definición del ser humano tendría agujeros de información irremediables*»[45]. El precio de nuestras prácticas tanáticas, entre

---

45. Cfr. Haraway, D.: *op. cit.*, p. 280-81. Subrayados míos

muchos otros, es el condenarnos para siempre a una definición sesgada de la humanidad.

Al final del tomo póstumo de la *Crítica de la Razón Dialéctica*[46], que lleva por subtítulo «La inteligibilidad de la Historia», J. P. Sartre llega a la conclusión de que «la historia humana está agujereada». Pues en la medida en que tiene la base de su inteligibilidad en las prácticas constituyentes de los individuos, las ausencias de éstos por doquier, por matanzas, accidentes o catástrofes, determinan que nuestra historia sea «historia agujereada» irremisiblemente. También desde un proyecto de conocimiento presuntamente universalista como lo es el Proyecto por la Diversidad del Genoma Humano, parece constatarse una vez más la afirmación sartreana de que la especie humana es «un club muy restringido». Las atrocidades históricas que la ética condena tienen por consecuencia duras frustraciones para los proyectos de conocimiento que, en la medida en que lo son, tienen una vocación ineludiblemente universalista. La relación entre Verdad y Libertad que Sartre estableció en su escrito, también póstumo, *Verdad y existencia*[47], se replantea en este contexto como íntima interdependencia entre ética y epistemología. Más sencillamente: para conocer no se puede matar. Aunque sólo sea para conocer, hay que restituir y reparar, recuperar lo que se pueda rebuscando en «los fondos comunes del gen humano». Quizás Kant objetaría que el quehacer moral, en este planteamiento, estaría en función de un deseo de conocimiento que sería en sí mismo extramoral. Así, el imperativo ético, que debería ser categórico, quedaría rebajado a imperativo hipotético. Pero, por nuestra parte, no podemos entender el afán de conocimiento si no está atravesado en sí mismo por un nervio moral. Así, investigadoras como Donna Haraway confiesan que, en la base de su quehacer, se encuentra «el deseo de producir una base de datos de la especie humana que surja de un concepto de humanidad tan amplio como sea posible. Quisiera que existiera una forma

---

46. Sartre, J.-P.: *Critique de la Raison dialectique*, tomo II, Gallimard, Paris, 1985, pp. 320 y ss. Edición de Arlette Elkaïm-Sartre.
47. Sartre, J.-P.: *Verdad y existencia*, Paidós, Barcelona, 1996. Traducción de Alicia Puleo, Introducción y revisión de Celia Amorós,

de reconfigurar este deseo y el humanismo que de él se deriva». Virtualmente, pues, una razón pura y una razón práctica globalizadas, asintóticamente, convergen. Quizás podamos reconstruir entonces un camino que nos lleve de las promesas ilustradas a «Las promesas de las monstruos».[48]

4.4. De la abuela de Frankestein al nieto del rey Arturo

El pensamiento feminista nos ofrece un pregnante ejemplo histórico de tomar como referente la ciencia de su tiempo para dar forma racional a las aspiraciones de sujetos emergentes como lo eran las mujeres. Me refiero a la autora de *Vindicación de los Derechos de la Mujer*, publicado en 1792, Mary Wollstonecraft. En el arranque de sus declaraciones de principios podemos encontrar un uso significativo de metáforas newtonianas así como una reconstrucción del orden moral por el que deberían regirse los sexos que toma como su modelo el orden físico del autor de *los Principia*. Pide así que la coacción no sea [...] una institución social y que, siguiendo *la ley general de la gravedad,* los sexos caminen por las trayectorias que les corresponden»[49]. En la misma línea, cuando se propone establecer cuáles son los derechos y deberes de la Humanidad, su planteamiento es al menos tan deudor de Newton como de los principios constitucionales que instituyó la Revolución Francesa. «En el estado actual de la sociedad me parece que, para buscar las verdades más elementales, se hace necesario remontarse a *los principios* esenciales y disputar cada pulgada de terreno a los prejuicios existentes. Para clarificar las cosas, se me permitirá plantear algunas preguntas simples cuyas respuestas, sin duda, parecerán tan evidentes como *los axiomas* sobre los que apoyo mi razonamiento...»[50]. Mary Wollstonecraft

48. Haraway, D.: «Las promesas de los monstruos: Una política regeneradora para otros inapropiados/bles», en *Política y Sociedad*, Nº 30, Madrid, 1999.
49. Wollstonecraft, M.: *Vindicación de los derechos de la mujer*, Cátedra, Colección Feminismos, Madrid, 1994. Edición castellana de Isabel Burdiel.
50. Ibídem, subrayado mío.

aparece de este modo como un hito fundacional en el camino —sinuoso, pero viable— que nos lleva de las promesas ilustradas a «las promesas de los monstruos». Algún tramo de ese camino lo vamos a recorrer de la mano de la propia Donna Haraway.[51] Nuestra bióloga e historiadora de la ciencia, en su presentación de los *Testigos Modestos del Segundo Milenio*, se remonta a la institución de la figura del testigo modesto como la forma de la subjetividad clave en el «estilo de vida experimental». Este nuevo estilo vendría asociado en Inglaterra al descubrimiento de la bomba de vacío por parte de Robert Boyle en el siglo XVII. Significativamente, Boyle es contemporáneo de Hobbes y estuvo presente en los acontecimientos cruciales que tuvieron lugar en la década de 1650 a 1660, después de la guerra civil y durante la Restauración de la Monarquía. En el *Leviatán*, como lo afirma Carlos Moya, Hobbes aparece como «el inventor del específico argumento científico-racional [...] del "concepto" histórico-universal del Estado». Su obra encarna «el pensamiento racional del Estado como arquetipo histórico-universal de toda "civilizada" formación política en general en el contexto de la revolución epistemológica de la Historia Moderna»[52]. El específico argumento científico-racional es aplicado al *mito fundacional* del Estado Moderno, según el cual «el Estado aparece como negación de la guerra civil: el Estado como Soberano y Señor de la paz que reina en la sociedad civil que él mismo funda». Así, la legitimación del Estado Moderno apela a la nueva forma específica de racionalidad que se instituye con el paradigma mecanicista y la definición genética: así como ésta, en el caso de figuras geométricas como la esfera o el cilindro, hace brotar el objeto reproduciendo el movimiento legaliforme

---

51. Haraway, sin embargo, en *Feminismo y Tecnociencia* se muestra más escéptica que en «Las promesas de los monstruos» en relación con las promesas. Pues, afirma, «la imposibilidad de materialización ordinaria es intrínseca a la potencialidad de la promesa».

52. Cfr. Carlos Moya, Introducción a Thomas Hobbes, *Leviatán*, edición preparada por C. Moya y A. Escohotado, Madrid, Editora Nacional, 1989. Sobre la relación entre el *corpus* político hobbesiano, el mecanicismo y la definición genética, cfr. Amorós, C.: *La gran diferencia y sus pequeñas consecuencias para las luchas de las mujeres*, Cátedra, Madrid, 2005, pp. 180-182.

de su producción, el *Leviatán* se constituye de acuerdo con este *desiderátum* epistemológico. Pues bien, las hipótesis y los experimentos de Boyle con la bomba de vacío responderían, de acuerdo con Haraway, a la misma exigencia histórica de dar fundamento «al orden social de una forma literalmente *objetiva*». Este reclamo de objetividad era encarnado por determinados sujetos, los testigos modestos que, al ser epistemológicamente transparentes, se limitaban a constatar, a dar fe de la objetividad. En este sentido, la exigencia epistemológica que se le hacía al testigo modesto podríamos considerarla el *pendant* de la exigencia política que planteaba Rousseau para sus sujetos de «la voluntad general»: no tener una determinada identidad, pues todas las identidades, como las de los pertenecientes a los estamentos de *L´Ancien Régime,* eran facciosas. El ciudadano rousseauniano sólo se identifica con la subjetividad pura, para la que nada se interpondría entre su interés y el interés general, interés del Estado.[53] Por descontado, la identidad de las Sofías era, frente a la de los Emilios, una identidad facciosa. Las mujeres, incapaces de formular juicios en los que pudiera plasmarse el interés general, no podían acceder al espacio en que tenía lugar el juramento cívico. La subjetividad de los varones, por el contrario, sería una subjetividad sin identidad, como la que se atribuía, en el ámbito epistemológico, al testigo modesto.

El testimonio propio del testigo modesto había de ser «público y colectivo». Sin embargo, el espacio público, el «laboratorio abierto» de Boyle estaba diseñado, de acuerdo con Haraway, que se apoya para sus afirmaciones en el estudio de Shapin y Schaffer[54], para ser de acceso restringido. Por un lado, los hombres que trabajan en el laboratorio de la casa de Boyle «eran *sus* hombres, le vendían su fuerza de trabajo, no eran independientes». Por otro, las mujeres estaban excluidas «de los derechos de narración caballeresca de la verdad que caracteriza las relaciones entre ciencia y civilidad en la Inglaterra

---

53. Cfr. Amorós, C.: «Crítica de la identidad pura», en: *Debats,* Institució Alfons el Magnànim, verano de 2005.
54. Cfr. Shapin, S. y S. Schaffer: *Leviathan and the Air Pump: Hobbes, Boyle and the Experimental Life,* Princeton University Press, 1985.

del siglo XVII». Sometidas a un régimen de cobertura jurídica, «no podían tener el tipo de honor que estaba en juego». Pues si, de la mano de Haraway, hacemos una genealogía de la modestia, podemos ver que se trata de un reciclaje en el registro ético y epistémico de lo que era el prestigio de la hazaña heroica. En la medida en que la masculinidad se produce social y culturalmente al modo de un sistema de prestigio, el género masculino hereda los valores de lo que fue prestigioso en un período histórico anterior sometiéndolos a un cambio de código que deja tanto más intacto el mensaje. «Dos raíces primarias se suman a la masculinidad de la rama de la modestia de Boyle: los relatos del rey Arturo y la tradición monástica cristiana». En lo concerniente a la primera, de acuerdo con Bonni Weeler[55], «la primera referencia a la figura del rey Arturo en el siglo VI se refería a él como a un *vir modestus,* y […] el calificativo siguió a Arturo a través de sus muchas encarnaciones literarias. Esta tradición estuvo quizás culturalmente disponible para Boyle y sus colegas en su búsqueda de nuevos modelos efectivos de narración masculina». La modestia en esta tradición connotaba autocontención, generosidad, equilibrio y dotes de mando. El "vir modestus" era un hombre caracterizado por un alto estatus y por una restricción ética disciplinada». La *modestia* de Boyle encarna así «una norma alternativa de masculinidad potenciada para la cultura post-heroica»[56]. Pues, de forma complementaria, dado que masculinidad se relaciona con prestigio, los valores social y culturalmente emergentes como prestigiosos irán a encarnarse, como a su lugar natural, en el género masculino.

En mi libro *La gran diferencia y sus pequeñas consecuencias… para las luchas de las mujeres*, he caracterizado la masculinidad como un juramento. Los grupos que tienen poder o quieren alcanzarlo con ciertas posibilidades de éxito se juramentan entre sí: «si eres hombre […] dame tu palabra». Nobleza obliga, y sus pares, a

---

55. Cfr. Weeler, B.: «The Masculinity of King Artur: From Gildas to the Nuclear Age», en: *Quondam et futurus: a Journal of arthurian interrelations,* volumen 4, N° 2, p. 1-26.

56. Cfr. citado por Haraway, D., en *op. cit.,* p. 49.

su vez, le darán la suya. Intercambiarán así las palabras dadas bajo el testimonio rotatorio de cada cual con respecto a todos los otros. Por el contrario, «las mujeres podían mirar una demostración, pero no atestiguarla». No pertenecen a la fratría ni al espacio de los pares. El contrapunto para ellas del juramento de los varones es una nueva versión de los mitos del matriarcado, a los que ya nos hemos referido. Estos mitos rezan: «las mujeres tuvieron el poder en el origen, pero demostraron no ser aptas para ejercerlo». Así, mujeres contemporáneas de Boyle de la alta sociedad presenciaron una demostración de la bomba de vacío y reaccionaron con exclamaciones al ver que pájaros pequeños eran asfixiados por la evacuación del aire de la cámara en la que estaban encerrados. Las exclamaciones sentimentales eran consideradas incompatibles con el testimonio que, simplemente, sella lo que ve y lo transmite a sus pares. Ellas no eran dignas, pues, de acceder a un espacio público configurado como ámbito de los pares juramentados. Podemos ver, desde estas reconstrucciones, que el espacio público del padre de la química era algo distinto del «público», constituido por los portadores del *bon sens*, del Descartes del *Discurso del Método*, que quería ser entendido hasta por las mujeres. Podríamos trazar, así, un camino que nos llevaría desde el *Discurso del Método* al «Manifiesto para cyborgs». Pues, si el manifiesto fundacional del cartesianismo podía incluir a las mujeres, el manifiesto de la tecnociencia en la era de la globalización les pide que se impliquen activamente en las prácticas contemporáneas de producción del conocimiento, que se alineen y formen parte de las alianzas con «testigos modestos mutados» que puedan dar testimonio creíble de nuestro tiempo.

4.5. Por otros testigos modestos mutados

Ahora bien ¿quiénes son estos testigos mutantes y cuáles las prácticas de producción de conocimiento que les son propias? La respuesta a la segunda pregunta la podremos encontrar en la teoría epistemológica harawayana de «los conocimientos situados».

Un referente fundamental para esta elaboración teórica es el concepto de «objetividad fuerte» de la estudiosa feminista de la ciencia Sandra Harding. «Una noción de objetividad fuerte y adecuada requeriría de métodos para investigar sistemáticamente todos los valores que conforman un proceso de investigación determinado […]. Las creencias culturales que no son examinadas de forma crítica en el interior de los procesos científicos acaban funcionando como evidencias a favor o en contra de las hipótesis.»[57] En este sentido, Harding entiende que las cuestiones y los proyectos potenciadores de la democracia son más propensos a encontrar los criterios más fuertes para una producción fiable de conocimiento científico, con una «reflexividad crítica inherente». Por su parte, Haraway asumiría que la reflexividad, tal como ella la propuso en el «artefactualismo reflexivo» de «Las promesas de los monstruos», es una condición necesaria pero quizás no suficiente para una adecuada producción de conocimiento. La reflexividad ahora «parece incapaz de ir más allá de la autovisibilidad como cura para la auto-invisibilidad». Habría que radicalizar esta autovisibilidad en el sentido de ser capaz de identificar la propia posición, la localización precisa desde la que se quiere producir conocimiento, y arriesgarse a hacer determinadas apuestas por unos «estilos de vida» y no por otros: «para ello, se debe estar en la acción, ser finita y sucia, y no limpia y trascendente. Las tecnologías de construcción del conocimiento, incluyendo la habilitación de posiciones de sujeto y las maneras de habitar esas posiciones han de hacerse implacablemente visibles y abiertas a la intervención crítica»[58]. Así, si se quiere determinar la calidad ética y epistemológica de un conocimiento es fundamental identificar el juego de dos preposiciones: *desde* dónde tiene lugar su producción y *para* quién la tiene, a quién va destinado. Asumir que la localización es «*parcial* en el sentido de que algo se da *para* algunos mundos y no para otros» es algo que necesariamente

---

57. Cfr. Harding, S.: *The «Racial» Economy of Science: Toward a Democratic Future,* Indiana University Press, Bloomington, 1993. Citado por Haraway, D. en *op. cit.,* p. 54.
58. Cfr. Haraway, D.: *op. cit.,* p. 55.

«contamina la objetividad fuerte» de Sandra Harding. En este punto, Haraway se siente más identificada con las concepciones del «posicionamiento" de la socióloga y etnóloga Susan Leigh Star. Desde ellas se hace posible diseñar «el tipo de testigo posible desde el punto de vista de quienes sufren el trauma de no encajar en las normas»[59]. Si adoptamos «el punto de partida del monstruo [...] exiliado del ser límpido y claro ¿tendremos acaso un testigo modesto mejor?». De acuerdo con el planteamiento de Star asumido por Haraway, todos pertenecemos a diferentes comunidades de prácticas en las que rigen estándares diferentes. «Los monstruos de un escenario sientan las normas en otros», y es crucial así mantener «la visión doble». La autora del «Manifiesto para Cyborgs», por su parte, nos presenta como su testigo modesto para «el tipo de conciencia global» que habría que cultivar a «la mestiza cósmica» de un cuadro de Lynn Randolph, perteneciente a la serie «representaciones de mujeres fuera de los límites». La figura aparece «con un pie en cada uno de los lados de las fronteras redibujadas por los acuerdos de libre comercio del Nuevo Orden Mundial, S.A. y por la agresiva política anti-inmigratoria de las naciones ricas contra las personas pobres y que no son de raza blanca». Sin duda, Donna Haraway escribió esta presentación del cuadro antes de la aparición de otro mucho más desolador justo en el mismo ámbito de fronteras difuminadas entre México y USA: el ámbito de las maquilas donde han sido asesinadas y/o han desaparecido cientos de mujeres en Ciudad Juárez. Pero Ciudad Juárez es sólo «la punta del iceberg de estos «feminicidios» que se han extendido por las zonas de tránsito.[60] El término, acuñado por las antropólogas estadounidenses Diane Rusell y Gill Radford, se refiere al asesinato de una mujer por el mero hecho de serlo. Marcela Lagarde, presidenta de la Comisión Especial de la Cámara de diputados, lo entiende como «Un genocidio cometido por los hombres que considera que las mujeres son usables, prescindibles, maltratables y

---

59. En «Las promesas de los monstruos» el referente de Haraway son «los otros inapropiados/ables» de Trin-Mi-ha.
60. Diario *El País*, 7 de agosto de 2005.

desechables. Todos coinciden en su absoluta crueldad»[61]. El testigo modesto mutado tendrá que testificar y juramentarse contra este rostro siniestro de la globalización como permeabilidad de todas las fronteras… donde los crímenes misóginos quedan impunes. Ciertamente, «la globalización tecnocientíficamente mediada […] está transformando las oportunidades de vida o de muerte para todos los habitantes de la tierra». Globalización sí, pero no así. Ahora más que nunca es preciso «que la pregunta por la posibilidad de mundos vivibles permanezca bien visible en el corazón de nuestra mejor ciencia».

4.6. Un testigo «de buena fe»

Nuestra bióloga se sabe interpelada, en tanto que constituida en sujeto tecnocientífico,[62] por todos los que componen el mundo de los cyborgs. Asume que no es posible la neutralidad. «Debemos echar nuestra suerte por algunas formas de vida sobre nuestro planeta y rechazar otras». No hace aquí de este modo sino un alarde de lo que Sartre llamaba «la buena fe»: asumir los elementos de facticidad que configuran nuestra situación precisamente para, de este modo, dejar todo su espacio para las opciones de la libertad justamente donde la libertad tiene opción. Lo contrario es «la mala fe», el trucaje del plexo libertad-facticidad que nos constituye, de manera que la libertad se afecta a sí misma de facticidad a la vez que se pretende que lo que corresponde a la facticidad da juego para la libertad. Haraway repite constantemente que vivimos en el planeta tierra como planeta globalizado y habitado por cyborgs producidos por la tecnociencia. «No podemos simular que vivimos en algún otro planeta donde el cyborg nunca fue escupido del cerebro-útero de sus padres, embrutecidos por la guerra, a mediados del último siglo del Segundo Milenio

---

61. Volveremos detalladamente sobre el tema de los feminicidios en un próximo capítulo.
62. Asume aquí la concepción de L. Althusser según la cual el sujeto se constituye en tal en el acto de reconocerse o no como destinatario de un discurso.

Cristiano.»[63] Esa es nuestra facticidad, y sería una ficción de ingenuidad de mala fe pretender que ahí tenemos opción. Querríamos en tal caso tener opción donde no la tenemos para, de ese modo, no tener que ejercerla donde, justamente, la tenemos. Por ejemplo, en «la lucha por el control de los genes, fuentes y motores de la diversidad biológica en el régimen del tecnobiopoder», donde están implicados desde capitalistas arriesgados hasta tratadistas internacionales y creadores de políticas científicas nacionales, pasando por juristas y activistas políticos. Este control significa «acceder a la diversidad que acontece naturalmente y, a la vez, a la tecnología material, social y semiótica utilizada para volver a crear sus riquezas de manera artesanal, con el fin de producir seres nuevos para la tierra. *Qué tipo de seres, para quién y a partir de quién* me parecen cuestiones apremiantes enterradas en el corazón de la democracia, la justicia social»[64] y otros muchos ámbitos. Es aquí donde entramos de lleno en el terreno de la normatividad.

La concepción harawayana de los conocimientos situados pide que esas preguntas se planteen «en el momento del diseño de la investigación, así como en el momento de alistamiento y enfrentamiento de los productores del conocimiento, en lugar de en la puesta a prueba y en la comercialización de los productos». En Estados Unidos se considera que las preguntas relativas a si las formas de hacer ciencia contribuyen a la igualdad social y a la distribución democrática del bienestar son «ideológicas», mientras que las que hacen referencia a «seguridad y etiquetado» serían meramente técnicas. En lugar de la distinción frankfurtiana entre razón instrumental y razón práctica, nuestra bióloga se propone permeabilizar «la frontera entre lo técnico y lo político». En la disputa sobre las formas de vida agrícola, por ejemplo, no hay que olvidar que «las semillas sólo viajan acompañadas de sus aparatos de producción y mantenimiento. Estos incluyen manipulaciones genéticas, teorías biológicas, prácticas de experimentación del genoma de la semilla, características del crédito,

----

63. Haraway, D.: *op. cit.*, p. 69.
64. Ibídem, p. 77.

redes legales de propiedad [...]. Las semillas cobran vida a partir de estilos de vida específicos que llevan consigo donde quiera que vayan así como por tipos especiales de desposeimiento y muerte. Tales cuestiones deberían ser la segunda naturaleza de cualquier ciudadano de la república de la tecnociencia»[65]. En *Abrazar la vida*[66], la física nuclear y activista ecologista hindú Vandana Shiva narra la epopeya de las mujeres chipko que se ataron a los árboles para impedir la deforestación por obra del monocultivo de unas semillas foráneas que requerían el uso de determinados pesticidas controlados por las multinacionales. Para evitar este tipo de desafueros, Haraway considera que «las prioridades de investigación y los *sistemas de investigación* deben ser configurados *desde el inicio* por personas y prioridades de diversas áreas de la práctica social, incluyendo, auque no de manera dominante, la industria generadora de beneficios»[67]. La forma concreta de instrumentar políticamente esta propuesta tan sugerente abre múltiples interrogantes... En Dinamarca ha habido en esta línea interesantes iniciativas.

Nuestra teórica asume lo que el estudioso de la ciencia y biólogo experimental Michael Flawer[68] llama una «comunidad políticocientífica». Así, sin guión. Nuestro autor busca las formas de reconceptualizar la idea de libertad en el mundo de la tecnociencia apostando por una «libertad tecnocientífica». Una libertad tal «está en juego en el proceso de creación de la ciencia, y no en el reino de la ya establecida». Planteada así, no puede ser sino «comunal» en un contexto en el que intervienen una multiplicidad de actores[69] que habrá que articular, formando coaliciones y organizando alianzas[70]. La concibe como «poder relacional» íntimamente ligado a la solidaridad.

---

65. Haraway, D.: *op. cit.*, p. 111.

66. Cfr. Vandana Shiva: «Abrazar la vida, ecología y desarrollo», en: *Cuadernos inacabados* N° 18, Horas y Horas, Montevideo-Madrid, 1995. Traducción del Instituto del Tercer Mundo.

67. Haraway, D.: *op. cit.*, p. 115. Subrayados de Haraway.

68. Cfr. Flawer, M., citado por Haraway en *op. cit.*

69. Haraway suscribe el concepto de «actor-red» como teoría sobre la constitución social de la ciencia.

70. Cfr. Capítulo III.

Se identificaría, pues, frente al concepto liberal de libertad como «elección desguarnecida que anima al Mercado Libre del Nuevo Orden Mundial S.A.», con «la lucha interior y en torno a la política de la verdad tecnocientífica[71] de nuestro mundo». Así, la libertad en la tecnociencia se configura en «la práctica democrática fuerte y contestataria», así como «en la *creación de fines* tecnocientíficos adquiridos por la actividad ciudadana»[72]. La crítica de la razón instrumental en el sentido de los frankfurtianos debe concretarse así en iniciativas políticas. Por ello, la creación de «la comunidad politicocientífica» ha de constituirse en una prioridad de la participación pública así como en «un objetivo hacia el cual debería estar dirigida una pedagogía de la ciencia orientada hacia la libertad». La tecnociencia tendría que estar en el corazón de la educación cívica, lo que se concreta, por lo pronto, para Haraway, en una revisión y una valoración desde este punto de vista de los libros de texto que son usados en la enseñanza de la biología. Pero, muy en especial, la autora del «Manifiesto para cyborgs» insiste en su propuesta de que las feministas nos impliquemos «en los procesos de construcción de significados propios de la construcción del mundo tecnocientífico». Como lo afirma Cristina Justo[73], las mujeres deberíamos estar «enredadas» para integrarnos de ese modo «en un tejido mundial de coaliciones por una ciencia más vivible».

4.7. De difracciones y coaliciones

La concepción de las coaliciones de la autora de *Feminismo y tecnociencia* tiene que ver con sus objeciones a adoptar el «punto de vista de las mujeres», y está íntimamente relacionada con su concepción acerca de quiénes son los sujetos emergentes en la era

---

71. Sobre la relación entre libertad y verdad, Cfr. Sartre, J.-P.: *Verdad y existencia, op. cit.*
72. Flawer, M.: citado por Haraway en *op. cit.*, p. 137. El subrayado es mío.
73. Cfr. Justo, C.: «Mujeres enredadas a las nuevas tecnologías: prácticas de género y propuestas teóricas desde el feminismo», Premio Elisa Pérez Vera, Universidad Nacional de Educación a Distancia, Madrid, 2004, pendiente de publicación.

de la globalización, tal como lo hemos podido ver en el capítulo anterior. Por ejemplo, la libertad reproductiva y sus problemas no son algo que afecte por igual a las mujeres consideradas como un todo. Si nos proveemos de «otro espéculo» que es el conocimiento estadístico, se hará patente que «la libertad reproductiva» no tiene un significado unívoco: «la era de los fetos de diseño en pantalla es también la era de intensas disparidades en salud reproductiva, y, por tanto, de intensas disparidades en la libertad tecnocientífica». La libertad tiene, así, sus condiciones de posibilidad diferenciales, y estas diferencias, que no se pueden captar desde una epistemología «del reflejo», se hacen profundamente significativas, por el contrario, para una epistemología de «la difracción». Nuestra bióloga concibe esta última como «una metáfora para otro tipo de conciencia crítica», comentando el óleo de Lynn Randolph, «Una difracción». Esta metáfora óptica, que sugiere más bien que define, es —encontramos aquí resonancias nietzcheanas— oblicua «a la narrativa cristiana y la óptica platónica». Así, no sabe de ningún *analogans analogante,* sino que trata sobre «la historia heterogénea», «la historia de la interacción, la interferencia, el refuerzo, la diferencia»; vendría así a ser un filtro para que «las mujeres contemporáneas pudieran emerger…»[74] Pues bien: esta noción de «difracción» nos sirve para caracterizar a los sujetos emergentes: son, justamente, aquellos que han estado y pueden seguir sumergidos y, por tanto, ser invisibles desde otras perspectivas de conocimiento no posicionadas desde este compromiso; así, llevar a cabo «un análisis de la libertad reproductiva desde el punto de vista de los *grupos marcados* —grupos que no encajan en lo blanco, la clase media u otros estándares »no marcados»— es la única manera de producir algo parecido a un argumento general que nos una como colectivo»[75]. A diferencia del reflejo y la reflexión, que acaban cerrándose sobre sí mismos en juegos especulares, la difracción, por ser abierta, llama a la alianza, a la coalición, a la articulación. Pues «no hay manera

---

74. Cfr. Haraway, D.: *op. cit.,* p. 309.
75. Ibídem, p. 228.

de crear un argumento *general* fuera del trabajo inacabable de *articular los mundos parciales* de conocimientos situados». Contra el feminismo cultural, la autora del «Manifiesto para cyborgs» sostiene que «el feminismo no se define por la capacidad de los cuerpos de las mujeres para crear bebés; ahora bien, trabajar desde esta capacidad, en todas sus formas culturalmente políglotas y diferenciadas por el poder, es *uno* de los enlaces fundamentales en las articulaciones necesarias para forjar proyectos de libertad y conocimiento dentro de la tecnociencia»[76].

La teoría epistemológica de los conocimientos situados lleva a la posición política según la cual son tan necesarias como deseables las alianzas, que Haraway piensa de acuerdo con la categoría biológica de «articulación»[77]. Articulación connota tanto soldadura como juego flexible. En *Feminismo y Tecnociencia* la define como «la acción de *crear fronteras* y conectar dominios en el mundo»[78]. Si el movimiento de la globalización es el de los flujos descontrolados que difuminan y permeabilizan todas las fronteras, la articulación pone ciertos diques que habrían de ser eficaces para contrarrestar movimientos ciegos que distribuyen al buen tuntún injusticias, desigualdad, pobreza. Si las tesis de «el punto de vista feminista» vendrían a llevar en última instancia a posiciones un tanto eticistas, como la de «situarse en el lugar de las oprimidas», las de los conocimientos situados desembocan en el imperativo político de formar coaliciones. «Un punto de vista no es una llamada empirista a, o de, las oprimidas», sino una herramienta cognitiva, psicológica y política para un conocimiento más adecuado, juzgado por los estándares no esencialistas, históricamente contingentes y situados de la objetividad fuerte».[79] Partiendo de que la identidad por sí misma, incluso la autoidentidad como unidad de sujeto y objeto *more* lukácsiano, no produce ciencia, Haraway afirma que «el conocimiento feminista está enraizado en una conexión imaginaria (con la experiencia de

---

76. Ibídem.
77. Cfr. Capítulo III.
78. Ibídem, p. 93.
79. Haraway, D.: *op. cit., p. 229.*

aquellos grupos a los que no tengo acceso personal) y una coalición práctica ganada duramente, que no es lo mismo que la identidad...». Demanda así una localización autocrítica y seriedad histórica. Saturada de los esencialismos y/o las paradojas a que ha podido llegar un uso poco controlado del concepto «experiencia de las mujeres», nos resulta atractivo este planteamiento según el cual «gran parte del conocimiento feminista importante debe ser técnicamente «impersonal». Es imprescindible cuestionar las interpretaciones de las estadísticas así como «proveer datos estadísticos poderosos [...] para *representaciones públicas efectivas* del significado de los proyectos de justicia y libertad feministas y progresistas»[80]. Cita a Theodor Porter[81], para quien la estadística, dada «la comunicabilidad de los números», tiene una capacidad privilegiada para constituir ámbitos de intersubjetividad: «la idea crucial en este caso es ver la objetividad como una manera de establecer lazos a través de amplias distancias». Pero su eficacia no se limita a la comunicación entre especialistas como lo cree Porter, sin otras virtualidades, sino que «la historia de las luchas por recrear y estabilizar realidades públicas, como parte del aprendizaje de unir políticas generales desde el punto de vista analítico, imaginativo y encarnado, de quienes habitan demasiadas zonas sin libertad y anhelan un mundo más justo, muestra que el conocimiento cuantitativo »impersonal» es una dimensión vital de reflexión y acción morales, políticas y personales»[82].

La autora de *Feminismo y Tecnociencia* aporta así datos estadísticos diferenciales elocuentes sobre atención a la salud reproductiva, mortalidad materna, mortalidad infantil, esterilización, según que se trate de mujeres blancas o de afroamericanas e indias americanas. Razones todas ellas para exhortar con la mayor vehemencia a «la comunidad general de mujeres» —que de acuerdo con sus planteamientos, no podría ser sino asintótica— a ser vista públicamente como agitadora y promotora dentro de la tecnociencia». Es su *leitmotif.*

---

80. Ibídem, p. 230.
81. Porter, T. M.: *Trust in Numbers: The Pursuit of Objectivity in Science and Public Lift*, Princeton University Press, Princeton, 1995.
82. Haraway, D.: *op. cit.*, p. 230-231.

La agenda del feminismo global debería ser «un feminismo circulando en redes, al menos tan diseminadas, diferenciadas y adaptables como las del capitalismo flexible del Nuevo Orden Mundial S.A. Para cumplimentar esta agenda son precisos instrumentos de visualización que puedan detectar quiénes siguen siendo "invisibles, para quién y por qué". Instrumentos de visualización post-foucaultianos, pues "para aquellas personas que están excluídas de los aparatos de visualización de los regímenes disciplinarios de las modernas redes de saber-poder, la *desviación de la mirada* puede ser tan mortal como el panóptico que todo lo ve supervisando a los sujetos del estado biopolítico»[83]. En la demografía de la era de la globalización se sobreven, podríamos decir, «fetos-*on-line*» sofisticados, «retratados como individuos» desde el momento mismo de la fertilización. Se infraven, están infra-representados, «subcontados» —se han de calcular recurriendo a los fabricantes de ataúdes, «cajones para los "ángeles"— los fetos arrojados y los bebés muertos de diarrea… «allí abajo».

4.8. Hacer emerger a los sujetos sumergidos: ¿una propuesta ilustrada?

Tal como lo expusimos en el capítulo anterior, la reflexión cobra carácter filosófico cuando aparece una mutua interacción específica entre nuevos modelos epistemológicos y nuevos sujetos emergentes. Desde este planteamiento, entendemos que las propuestas de Haraway tienen interés filosófico. Pues, por una parte, elabora epistemologías capaces de hacer visibles, emergentes, a quienes no eran sino sujetos sumergidos, invisibles para otras posiciones cognoscitivas. Así, tanto su teoría de los conocimientos situados responsables como sus metáforas de la difracción se autoesclarecen mediante la reflexión sobre las necesidades políticas de los sujetos emergentes. Estos, por su parte, han protagonizado y siguen protagonizando luchas como, por ejemplo, la de los pueblos indígenas en torno a

---

83. Ibídem, p. 233.

las prácticas de los investigadores y organizadores del Proyecto por la Diversidad del Genoma Humano. Los sujetos sumergidos-emergentes son invitados por Haraway a elaborar sus necesidades políticas tomando como su referente polémico las epistemologías que los invisibilizan y, mediante prácticas de articulación, a participar justamente en proyectos epistemológicos no excluyentes, como sería el caso de las prácticas de difracción. Pues bien, «las deudas del Tercer Mundo intensifican la recolección de la diversidad por parte del primer mundo, sin tener en cuenta la experiencia local o tratándola como un recurso local, homogeneizando mercancías estandarizadas»[84]. Así, se recogieron raíces de cabello, células de glóbulos blancos y muestras de tejido de las mejillas de más de setecientos pueblos indígenas de los seis continentes para almacenarlas en la Colección del Tipo Cultural Americano. Las personas a quienes se les extraían las muestras debían otorgar su permiso. Pero, denuncia Haraway, «no eran vistas como *socias* en la producción de conocimiento con finalidades y definiciones propias» sobre la empresa en cuestión. «Sus versiones del relato humano, articuladas de manera compleja con la ciencia genética de los visitantes», no estaban presentes en la agenda de investigación. Estas gentes eran llamadas «aislamientos de interés histórico». ¿Cómo, se pregunta nuestra bióloga, «habrían de articularse entre sí, y de forma sensible al poder, los distintos discursos en juego dentro y entre personas como los Guayni de Panamá y los genetistas de población de California? Esta es una pregunta ética», pero, considera Haraway, «es también mucho más que eso. Es una pregunta sobre qué puede ser considerado conocimiento moderno y quiénes pueden ser considerados productores de ese conocimiento»[85]. Si traducimos la pregunta de Haraway en términos kantianos, necesariamente vamos a ver cómo se vuelven permeables las fronteras entre razón pura y razón práctica. Parece haber aquí una relación intrínseca entre a quiénes estimamos nuestros colaboradores como sujetos en la producción de conocimiento y a quiénes consideramos,

---

84. Ibídem, p. 259.
85. Ibídem, p. 282.

de acuerdo con el imperativo categórico, fines en sí mismos además de puros medios.[86] Pues, además, este des-reconocimiento y esta invisibilización epistemológicas tienen consecuencias políticas no inocentes: la «biopiratería» de ciertos investigadores pidió una patente para un virus único, procedente de una mujer indígena, que era de interés para el estudio de la leucemia. Los Guayni de Panamá denunciaron un despojo tal de su material genético ante diversas instancias internacionales. Cuestionan el patentamiento de genes humanos y se organizan para la repatriación de su material genético de la Colección de Tipos Culturales Americanos y otros bancos de datos genómico-informáticos del primer mundo.[87]

Escribo sobre los sujetos emergentes en diálogo con Haraway justamente en los días en que se produce la tragedia del anegamiento de Nueva Orleáns bajo el impacto del huracán Katrina. Aquí, sujetos emergentes fueron, en sentido literal, los blancos ricos con medios para ser evacuados. Los demás, los pobres, con hiperrepresentación de los negros, fueron sujetos sumergidos en sentido literal, carentes de dispositivos tanto epistemológicos como políticos para ser visibilizados. Marginados de la familia humana por un imaginario racista recurrentemente emergente. Mucho antes de esta tragedia, Haraway formuló en su *Postcriptum*® su deseo de «modelos de solidaridad y de unidad y diversidad humanas enraizados en la amistad, el trabajo, los propósitos parcialmente compartidos, el incurable dolor colectivo, la inevitable muerte y la esperanza inagotable». Como Deleuze y Guattari en *El Antiedipo*[88] (si bien no los cita) quiere, más allá de

---

86. De acuerdo con la reformulación sartreana del imperativo categórico, yo no reconozco al otro sustancialmente en tanto que fin en sí sino mediante el reconocimiento de y, si procede, la colaboración en sus fines propios. Los indígenas no habrían de reconocer de este modo los nuestros al colaborar y brindarnos su ayuda sin que nosotros estuviéramos a la recíproca (Cfr. Amorós, C.: *Diáspora y Apocalipsis. Estudios sobre el nominalismo de Jean Paul Sartre*, Alfons el Magnànim, Valencia, 2000. Capítulo III).
87. Es ésta una forma muy interesante de entender lo que Seyla Benhabib ha llamado «universalismo interactivo».
88. Deleuze, G. y F. Guattari: *El Antiedipo, Capitalismo y esquizofrenia*, Barral Editores, Barcelona, 1972. Traducción de F. Monge.

Freud, un «inconsciente huérfano». «Es momento —afirma— de teorizar un inconsciente "no familiar" [...] en donde no todo provenga de los dramas de la identidad y la reproducción. Los lazos de sangre, incluyendo la sangre refundida en la moneda de genes e información», la sangre de la era global, «ya han sido suficientemente sanguinarios. Creo que no habrá paz racial o sexual, ni naturaleza vivible hasta que aprendamos a producir la humanidad a través de algo diferente al parentesco»[89]. Habrá que recurrir al parentesco cyborg de sujetos emergentes tales como *Female-Man y Onco-ratón*.

Los sujetos emergentes, en suma, son quienes se instituyen en los testigos modestos mutados de Haraway. Ella apuesta así por «prácticas de testificación colectivas, reticuladas y situadas. Testificar es ver, atestiguar, posicionarse frente a las propias visiones y representaciones como públicamente responsable y físicamente vulnerable. Testificar es una práctica limitada y colectiva, que depende de la credibilidad construida e infinita de quienes la practican, todos ellos mortales, falibles y cargados con las consecuencias de deseos y miedos inconscientes y repudiados»[90]. En esta declaración de principios, Haraway reafirma su vínculo con la Ilustración: «como hija de la Real Sociedad de la Restauración Inglesa de Robert Boyle sigo adherida a la figura del testigo modesto. *Todavía habito los relatos de la Revolución Científica* en tanto estremecedoras mutaciones en los aparatos de producción de lo que sería considerado conocimiento». Por otro lado, no parece menos fuerte el que la adscribe a la hermenéutica de la sospecha: «Como hija de los movimientos de la ciencia antirracistas, feministas, multiculturales y radicales quiero un testigo modesto mutado para vivir en los mundos de la tecnociencia...»[91].

Por nuestra parte, en la medida en que consideramos la hermenéutica feminista de la sospecha como una de las hijas de la Ilustración, nos podemos identificar con muchos de sus planteamientos. Pues, significativamente, encontramos en nuestra teórica

---

89. Haraway, D.: *op. cit.*, p. 299.
90. Ibídem, p. 302.
91. Ibídem. Subrayado mío.

oscilaciones y, en ocasiones, contradicciones cuando, por ejemplo, califica, de la mano de Latour, de «deseo moderno» el deseo de la justicia y de un bienestar creado y vivido democráticamente. Para afirmar a continuación: «Es importante recordar que estos eran también los sueños de quienes jugaban (?) en la primera Revolución científica, esa primera máquina de la modernidad, mientras intentaban prevenir los terrores de la guerra civil, la religión absolutista y los monarcas arbitrarios».[92]

Asumimos, así, su búsqueda de un testigo modesto mutado como una radicalización de la exigencia, propia de la buena ciencia, de intersubjetividad y universalidad. Sería, en este sentido, un reciclaje de acuerdo con las nuevas exigencias de nuestro mundo en la era de la globalización más que una impugnación del proyecto ilustrado. En definitiva, ¿qué hacemos sino construir universalidad cuando, para hacerlos visibles, «coloreamos» a nuestros sujetos emergentes a través de filtros rojos, verdes o violeta, como lo proponía la autora de «Las promesas de los monstruos»?

---

92. Ibídem, p. 303.

5.

Espacios, tiempos, agentes y alianzas en la era de la globalización

5.1. Subtextos de género del tiempo y el espacio

En su obra *Las formas de la exterioridad*, el filósofo español José Luis Pardo lleva a cabo una reconstrucción de los rangos respectivos que asumen el espacio y el tiempo a lo largo de la filosofía occidental. Su tesis es que el tiempo ha gozado de forma recurrente de un privilegio sobre el espacio, de manera tal que se ha constituido entre ambos una gradación jerárquica donde el espacio viene a funcionar como el término subordinado[1]. Por nuestra parte, vamos a destacar el subtexto de género de esta contraposición, poniendo de manifiesto la significativa recurrencia a través de la historia de la filosofía del tiempo con la simbólica de lo masculino y el espacio con las representaciones de lo femenino. Pues bien: ya en la *Teogonía* de Hesíodo[2],

---

1. Nuestro autor relaciona el privilegio del tiempo con la forma en que se ha constituido el sujeto en el pensamiento occidental. Pero nos llevaría aquí demasiado lejos de nuestros intereses la operación deconstructiva a la que, como la otra cara de su reconstrucción, procede Pardo valorizando la función del espacio. Cfr. Pardo, J. L.: *Las formas de la exterioridad*, Pre-textos, Valencia, 1992.

2. Cfr. Cubero, I.: *Poder sexual o control de la reproducción entre el Mito y el Logos en la Grecia arcaica. Análisis sobre los relatos de Hesíodo*, Universidad Complutense de Madrid, 1987.

el tiempo aparece personificado en el mito dinástico que instituirá el poder de Zeus. Cronos, como es sabido, tendrá una relevante función en la consolidación de esta línea dinástica. Por el contrario, la postergación del espacio se pondrá de manifiesto de forma explícita en el *Timeo* de Platón. El discípulo de Sócrates se refiere en este diálogo a *jora* como el gran continente, del que afirma: «aquéllo en que están puestas las cosas que devienen *no debe ofrecer un aspecto propio* y una propia apariencia»[3]. Así, lo femenino es espacio y el imaginario patriarcal del espacio aparece como lo contrario a la individuación. La fuerza de este imaginario es tal que reza así: «la mujer es espacio (receptáculo, continente), luego *no* debe tener su espacio…». Este curioso e interesado razonamiento se encuentra todavía, como su referente polémico, en la reivindicación de *Una habitación propia,* de Virginia Woolf.

Pero volvamos a nuestros filósofos griegos clásicos. Platón nos dice, colocándose en la perspectiva epistemológica, que algo como *jora* sólo se aprehende por «una suerte de razonamiento *bastardo*». El sello de la legitimación se reserva así para las entidades masculinas, las verdaderamente sustantivas, generadas por el *logos*, masculino también o, mejor dicho, impostación de lo masculino como lo neutro[4]. Aristóteles, por su parte, relaciona tanto el espacio como el tiempo con el movimiento. Pero, si bien el tiempo es «encarnación benigna del movimiento», el espacio es su «encarnación desdichada». Las cosas tienden a «su lugar natural», que viene a ser algo así como la señal de identidad de las cosas, como el ámbito que la cosa deja vacante cuando, por culpa del movimiento, «se ausenta de la región de la que es oriunda». Como el espacio lleva así la marca cualitativa de su lugar de origen y las mujeres, como lo hemos podido ver, en el imaginario patriarcal somos espacio, no es de extrañar que se nos imponga la obligación de trasladar el espacio cualitativo. Así, en la era en que la globalización produce «la desterritorialización de todos los flujos», como lo diría Gilles Deleuze, y cada día en mayor medida se feminizan los flujos migratorios, se les adjudica a las

---

3. Cfr. Los subrayados son míos.
4. Cfr. Cubero, I.: *op. cit.*

mujeres la tarea de llevar consigo las marcas de su adscripción estructural al espacio privado. Han de viajar y expatriarse con sus velos puestos como marca de reterritorialización simbólica. De este modo, se les exige que sean a la vez pájaros y caracoles.

Josep Lluís Blasco, en su lúcido análisis del libro de Castells[5], destaca que «el espacio ha sido siempre un espacio de lugares», unidos por lazos de cercanía y lejanía, y el tiempo lo ha sido «de períodos que se suceden, son susceptibles de ser datados y cronometrados». Por el contrario, en la sociedad-red el espacio de lugares es un espacio de flujos («flujos desterritorializados» los llamaría Deleuze) donde las relaciones de «cercanía» o «lejanía» pierden toda significación. El espacio se convierte en una red estructural de flujos circulantes (flujos de información, de conocimiento, de capital, de decisiones, de producción, etc.) con nodos que sustituyen a los lugares, los cuales a su vez no son tales sino «núcleos de conexión de los flujos». La teórica y bióloga feminista Donna Haraway, en la misma línea, viene a caracterizar el espacio y el tiempo de la globalización por «la descontextualización radical» —*versus* un espacio de lugares—, que afecta «desde la recolocación de las potencias y competencias de las conejas de laboratorio[6] hasta las prácticas de las multinacionales». Esta descontextualización radical es para nuestra autora «la forma histórica de la naturaleza en el capitalismo tardío».

De este modo, «el espacio de los flujos es la organización material de las prácticas sociales en tiempo compartido a través de los flujos». A su vez «los flujos son secuencias de intercambio e interacción» que los actores sociales mantienen en las estructuras económicas, políticas y simbólicas de la sociedad. Nos encontramos, así, ante un espacio de geometría muy flexible: los nodos y sus interconexiones son funcionales y variables, de tal manera que «el concepto de lugar y su complementario concepto de distancia no tienen cabida». Como

---

5. Castells, M.: *La era de la información. Economía, sociedad y cultura*, Alianza Editorial, Madrid, 1997-1998.

6. El «lugar natural», como lo diría un aristotélico, de estas conejas es «completamente artefactual: el laboratorio, como tecnología de inscripción, es su nicho y su habitat».

sistema material, la red conecta lugares y tiene ubicaciones, «los flujos no carecen de lugar, aunque su lógica estructural sí», afirma Castells.

Estas nodificaciones en el espacio tendrán sus repercusiones en el tiempo. Pues, si las prácticas sociales en el espacio de los flujos acontecen «en tiempo compartido», el tiempo se vuelve el mero instante, ergo es «atemporal». Manuel Castells recuerda cómo, a diferencia del «paradigma informacionalista», en la sociedad industrial se impuso «la cultura del reloj» o «tiempo cronométrico». Observaremos por nuestra parte que el subtexto de género de este tiempo era masculino hasta el punto de que Kant afirmara, refiriéndose a las mujeres, que el saber en ellas venía a cumplir la misma función que su reloj: lo llevan parado al modo de una mera joya decorativa. Podemos ver de este modo cómo se reproduce, en un contexto separado del de Platón por siglos de distancia, la asociación del imaginario patriarcal del tiempo, forma *a priori* del sentido interno, con el varón: su tiempo es importante, y del espacio, forma *a priori* del sentido externo, con lo femenino.

Pues bien, como el tiempo del varón es importante, se vuelve importante y necesaria la inversión social de tiempo para producir un varón. Así, Maurice Godelier, en *La producción de los Grandes Hombres*, llama en este sentido la atención sobre la disimetría entre las iniciaciones masculinas y las femeninas entre los Baruya, disimetrías análogas a las que se pueden constatar en otras muchas sociedades etnológicas: «es chocante, afirma nuestro antropólogo, el comprobar la diferencia de energía que la sociedad consume en la fabricación de un hombre o una mujer aptos para el matrimonio. Hacen falta diez años de segregación sexual, cuatro grandes ceremonias separadas por intervalos de muchos años [...] para separar a un muchacho de su madre, para arrancarlo del mundo femenino y prepararlo para afrontar de nuevo a las mujeres en su matrimonio. Por el contrario, bastan menos de quince días para hacer de una adolescente una muchacha lista para casarse y tener hijos»[7]. Tampoco las

---

7. Godelier, M.: *La producción de Grandes Hombres. Poder y dominación masculina entre los Baruya de Nueva Guinea*, Akal, Madrid, 1986, pp. 64-65. Traducción de José Carlos Bermejo.

mujeres generan espacios propios más allá de las chozas a las que debían retirarse en los períodos de su menstruación.

La inversión diferencial de tiempo que hace la sociedad para producir un varón se reproduce en contextos históricamente tan diferentes como el de los Baruya de Nueva Guinea y el de la Europa moderna. Shulamith Firestone[8], tomando como base la obra de Philippe Ariès *La familia y el niño en la Edad Media*, reconstruye las fases de la vestimenta infantil según los géneros en el Occidente europeo que se configuró tras el ocaso del Medioevo. El concepto de niñez fue una construcción histórica propia de la burguesía incipiente dentro de la cual, a su vez, los niños eran segregados a modo de estamento. La vestimenta específica del niño es sintomática de esa segregación, dentro de la cuela viene a connotar diferentes rangos. Al varoncito, se le vestirá primero de pañales, luego como a una niña, después llevará el pantalón marinero (que era un atuendo proletario) y cuando se haga mayorcito y vaya hacia la identificación con el varón adulto, lucirá galas militares[9]. El concepto de infancia, por el contrario, no se la aplicaba en rigor a la niña, *et pour cause*. Al ser una «eterna menor», entre la niña y la adulta había una continuidad apenas marcada. La niña pasaba así, directamente, de los pañales a vestirse de señora (con cintas como distintivo durante una etapa). Era siempre mayor, si se quiere, porque era siempre menor. De este modo, no tenía ningún sentido marcar simbólicamente mediante la vestimenta las etapas de la iniciación, porque no había nada a lo que iniciarla, ninguna esfera de mundo público ni de poder a la que fuera destinada. Todo lo demás, la «puesta de largo» o presentación en sociedad en las clases superiores, simbolizaba su disponibilidad para el matrimonio. Su tiempo, así, era plano. Por razones

---

8. Cfr. Firestone, S.: *Dialéctica del sexo*, Kairós, Barcelona, 1997. Traducción de Ramón Ribé Queralt.

9. Por mi parte, recuerdo todavía la secuencia vestimentaria de mis hermanos y primos: llevaban primero pantalón corto, luego, en los comienzos de la adolescencia y como etapa de transición, se les ponía pantalón bombacho un tiempo, transcurrido el cual llegaban a la juventud y tenían acceso al pantalón largo.

análogas en parte, la indumentaria de los niños de la clase trabajadora no estaba marcada[10].

5.2. Tiempos elásticos y espacios dislocados: la «economía del trabajo doméstico fuera del hogar». De la metáfora a la metonimia

Pues bien, el tiempo cronométrico característico de la sociedad industrial «se está haciendo pedazos en la sociedad-red [...]. El tiempo ya no es un parámetro de la distancia ni de la velocidad de la acción social: se repliega sobre sí y se reduce a presente compartido, al instante atemporal...». Tenemos así «la guerra instantánea», la instantaneidad de las interrelaciones en las bolsas, hecha posible porque el dinero viaja a la velocidad de la información por encima de las diferencias de lugares y relojes en el «casino global» donde están «los jugadores globales»... El nuevo «paradigma informacionalista» produce así «una perturbación sistémica en el orden secuencial de los fenómenos» de la que se deriva como su resultado «el tiempo atemporal».

¿Quiénes son los que habitan este casino global? A Josep Lluís Blasco le preocupaba especialmente «la dualidad entre las prácticas sociales que habitan o se ejercen» en un espacio sin lugares y aquellas que habitan en los lugares. Pues esta dualidad tiene evidentemente un subtexto social «las élites son cosmopolitas; la gente, local. El espacio del poder y de la riqueza se proyecta por el mundo, mientras que la vida y la experiencia de la gente se arraiga en lugares, en su cultura y en su historia»[11]. Todo ello genera una fuente de tensión, analizada por Castells[12], en la que los excluidos de las nuevas redes generan a su

---

10. Cfr. Amorós, C.: «La dialéctica del sexo de Shulamith Firestone«, en: Amorós, C. y A. de Miguel (eds.): *La teoría feminista: de la Ilustración a la globalización*, Biblioteca Nueva, Madrid, 2005.

11. Blasco, J. Ll.: «¿En los albores de una nueva era?», en: *Pasajes, Revista de Pensamiento Contemporáneo*, enero-agosto, Universidad de Valencia, Valencia, 2001.

12. Según afirma Castells, «no es que desaparezca la gente, las localidades o las actividades, pero sí su significado estructural, subsumido en la lógica invisible de la meta-red donde ser produce el valor, se crean los códigos culturales y se decide el poder».

vez criterios de exclusión de quienes les excluyen, dando visiones alternativas de lo que consideran que deben ser la sociedad y la vida humanas. El fenómeno del terrorismo, que, según Castells pronosticó, iba a ser la guerra del siglo XXI, está íntimamente unido a la respuesta de los excluidos a la exclusión utilizando sus propios sistemas de redes. Nos encontramos, así, con un subtexto social de la globalización sumamente complejo, pues «no es que desaparezca la gente, las localidades o las actividades, pero sí su significado estructural, subsumido en la lógica invisible de la meta-red donde se produce el valor, se crean los códigos culturales y se decide el poder». Pero una de las claves más importantes de este subtexto social es el subtexto de género de nuestro mundo globalizado. Pues bien: no parece haber dudas acerca de la infrarrepresentación de las mujeres entre los jugadores del «casino global» ni de su hiperrepresentación en las bolsas de pobreza. El proletariado transnacional se ha feminizado en buena medida y ha aparecido un fenómeno al que R. Gordon ha caracterizado como «economía del trabajo doméstico fuera del hogar»[13], como tuvimos ocasión de exponerlo en el capítulo primero. Con esta caracterización, se refiere al hecho de que, ya sea que lo realicen varones o mujeres, el trabajo remunerado extradoméstico adquiere las características que tradicionalmente han tenido las labores de las mujeres en el hogar: «jornada interminable», sin horarios fijos, como la ha llamado Mari-Angeles Durán, tiempos infinitamente elásticos, flexibilidad y versatilidad (en el peor de los sentidos de ausencia de especialización reconocida y cambio constante de tareas), falta de derechos laborales, carácter informal de la contratación, consideración del trabajador como un servidor, adaptación incondicional a los cambios rápidos y a las dislocaciones espaciales, situación de permanente interinidad (fácil despido) y precariedad, ausencia de sindicación, etc. En suma, responden a lo que Castells llama «trabajadores genéricos», en contraposición con los «autoprogramables», que tienen una elevada especialización y

---

13. Haraway, D.: «Manifiesto para cyborgs», en: *Ciencia, cyborgs y mujeres*, Cátedra, Madrid, 1995.

responden a lo que se ha llamado «la cultura del hacker»[14]. En un terreno patriarcalmente modulado como el que encuentra el nuevo modelo de expansión capitalista propio de la era de la globalización, las mujeres, como sector vulnerable, tienen muchos más boletos que los varones para adecuarse al perfil de los «trabajadores genéricos».

De este modo, «la economía del trabajo doméstico fuera del hogar» tiene lo que podríamos llamar un sentido metafórico y otro metonímico. El sentido metafórico se refiere a la configuración misma de los puestos del mercado laboral a que nos hemos referido, tanto si son realizados por varones como por mujeres. Todo aquello que se devalúa se feminiza —y a la inversa— y, en la medida en que proliferan las situaciones laborales devaluadas, revisten las características del tradicional trabajo doméstico transpuesto a los espacios y los tiempos del capitalismo de la era de la globalización. Pero, por otra parte, es evidente que un trabajo feminizado metafóricamente va a reclutar de forma significativamente desproporcionada con respecto a los varones a mujeres empíricas[15], con lo cual «la economía del trabajo doméstico fuera del hogar» pasa del registro metafórico al metonímico de la relación causa-efecto. Dicho de otro modo, la «economía del trabajo doméstico fuera del hogar» asume su sentido literal al reclutar masivamente mujeres. Mujeres jóvenes, en los circuitos transfronterizos de las maquilas donde van a parar ciertas partes de una cadena de montaje global en su proceso de dislocación espacial. Proliferan en estos ámbitos trabajadores/as subcontratados por pequeñas empresas semi-informales que se encargarán de partes descentralizadas de los sectores dominantes. Nos encontramos, como lo afirmaba Donna Haraway, en la descontextualización radical como práctica de las multinacionales en el capitalismo tardío. Pero esta descontextualización se dobla de una re-contextualización

---

14. Castells, M.: «Prólogo» a Himanen, P.: *La ética del hacker y el espíritu de la era de la información*, Destino, Madrid, 2001.

15. Téngase en cuenta, por otra parte, que los varones empleados en la economía del trabajo doméstico fuera del hogar son a su vez varones devaluados, feminizados si se quiere, en función de sus características sociales, de edad, eventualmente de sexualidad, etc.

muy característica: las mismas mujeres que trabajaron cuando eran jóvenes en las maquilas, cuando llegan a otra etapa de su ciclo vital y, por su edad o por sus cargas familiares, ya no rinden allí del mismo modo, son contratadas para realizar trabajo informal a domicilio para las empresas. La «economía del trabajo doméstico fuera del hogar» se transforma para las mismas agentes en la otra cara —la cara más patriarcal del capitalismo, si se quiere— de la economía del trabajo remunerado —y en ese sentido extra-doméstico— dentro del hogar. Volvemos así del «espacio de los flujos» al «espacio de los lugares» manipulado, como en un teatro de marionetas, por los hilos del «espacio de los flujos». Llamaremos a esos hilos que conectan el espacio de los flujos con el espacio de los lugares, como lo hemos hecho en el primer capítulo, los «hilos rosas» de la globalización. A su vez, el tiempo instantáneo, «atemporal», el tiempo de los dueños del tiempo, que ahora son los jugadores del «casino global», subsume y redefine los *tempus* cíclicos y repetitivos del trabajo doméstico como el tiempo rutinario de Penélope era indirectamente manipulado por el *tempus* épico de las peripecias de Odiseo. La «economía del trabajo doméstico fuera del hogar» así como «la economía del trabajo remunerado fuera del hogar» funcionan así como hibridaciones complementarias de los tiempos y los espacios.

5.3. Espacios transfronterizos, espacios de «las idénticas»

A través de la historia de la filosofía y del pensamiento, el imaginario patriarcal ha concebido a las mujeres como seres fronterizos: entre lo humano y lo animal, la naturaleza y la cultura[16], lo celeste y lo terrestre…, por otra parte, autoras como Donna Haraway caracterizan el imaginario de la globalización como el de la fluidificación y desestabilización de todas las fronteras. Justamente, el desdibujarse

---

16. Cfr. La Antígona de Sófocles según la interpretación de Hegel en la *Fenomenología del espíritu* en Amorós, C.: *Hacia una crítica de la razón patriarcal*, Anthropos, Barcelona, 1991, 3ª edición.

de las fronteras es lo que diseña correlativamente el mundo de los monstruos: los centauros, las sirenas, las Amazonas… El mundo de la globalización es el mundo de los monstruos: protagonistas de la ciencia ficción como *Female-Man*[17] transcienden las codificaciones ancestrales de los géneros, así como las especies naturales mutan en productos de laboratorio patentados y con marca registrada — *Oncomouse*—. Los espacios de-limitados, configurados por límites y definidos por ellos sufren un proceso de implosión y en buena medida irán a poblar ese imaginario de seres ancestral y tradicionalmente conceptualizados como fronterizos: los primates, las máquinas inteligentes y… las mujeres. Pero, como ocurría con «la economía del trabajo doméstico fuera del hogar», la monstruosidad metafórica se desliza al ámbito de lo metonímica y literalmente transfonterizo[18]. Así, las zonas de mayor anomia, literal y simbólica, que la sistemática desregulación de los flujos de la dinámica globalizadora ha hecho emerger, vienen a ser el bache geológico al que van a parar esos seres deficitariamente humanos que son las mujeres. La economista Saskia Sassen se ha referido así a «la feminización de los circuitos transfronterizos…», esos circuitos pueden ser ilegales (tráfico para la industria del sexo) o legales (las remesas remitidas por los/las emigrantes de los países empobrecidos). Pero en ambas modalidades «son componentes de la economía globalizada […] La llamada economía "sumergida" o "informal", e incluso la legal, no son una desviación o anomalía del sistema, sino elementos estructurales del mismo»[19]. No parece haber dudas de que «el empleo de fuerza de trabajo femenina y extranjera en los sectores emergentes ha sido una estrategia para debilitar a la "aristocracia obrera" existente, abriendo

---

17. Cfr. Haraway, D.: *Modest_Witness@Second_Millenium. Femaleman©_Meets_Oncomouse™: Feminism and technoscience*, London-New York, Routledge, 1997.
18. Obviamente, no ignoramos las razones económicas y sociales que empujan a las mujeres a trabajar en las maquilas (Cfr. P. de Villota), pero en este contexto nos parece más pertinente insistir en los elementos simbólicos propios tanto del imaginario patriarcal como del imaginario de la globalización, con sus tensiones y sus solapamientos.
19. Cfr. Sassen, S.: *Contrageografías de la globalización. Género y ciudadanía en los circuitos transfronterizos*, Traficantes de sueños, Barcelona, 2003.

interrogantes…»[20]. Sea como fuere, la distinción que establece Manuel Castells entre «trabajadores autoprogramables» y «trabajadores genéricos» parece ser decisiva para el sistema de la economía globalizada o en vías de globalización. Sassen, por su parte, nos ha hecho visibles a las mujeres en los circuitos transfronterizos a título de «trabajadoras genéricas» por antonomasia. En el pensamiento patriarcal tradicional, las mujeres no entramos en los espacios en que se producen efectos de individuación[21]. Justamente esos espacios, en que se juega poder, determinan que se vuelva importante en ellos saber el quién es quién: se trata, de este modo, de espacios en los que aparecen *ubis* más o menos claramente asignados y diferenciados. Les llamo por ello «espacios de los pares o de los iguales». Por el contrario, las mujeres están en general separadas en espacios privados; privados, entre otras cosas, de reconocimiento social, y así, en ellos, como no hay nada que *tribuere*, tampoco hay nada que *distribuere*. No se encontrarán *ubis* acotados en un ámbito que se caracteriza por la indiscernibilidad: no hay individualidades sustantivas que destaquen sobre el fondo del genérico. Se nos prodigan nombres genéricos, desde «las Pléyades» hasta «las Marujas», según que nos movamos del registro culto al popular, en una forma y medida que no encuentra simetría en las formas de autodesignarse de los varones[22]. No es de extrañar, pues, que en este colectivo amorfo, ámbito social por excelencia de la intercambiabilidad, la interinidad (la indiscernibilidad, en suma), la economía emergente que demanda la máxima desregulación posible o, por así decirlo, trabajadores/as de quita y pon, tenga claras preferencias por la mando de obra femenina. A ser posible, la más inculta de los países en vías de desarrollo o en subdesarrollo. Si ese ámbito donde todas las gatas son pardas se superpone a un espacio geográfico desidentificado y descontrolado, de tráfico fluido y desregulado, no nos debería extrañar que sea

---

20. Sassen, S.: *op. cit.*
21. Cfr. Amorós, C.: *La gran diferencia y sus pequeñas consecuencias… para la lucha de las mujeres*, Cátedra, Colección Feminismos, Madrid, 2005.
22. *Et pour cause*: ellos se autodesignan mientras que a nosotras nos heterodesignan.

precisamente allí, en esas zonas transfronterizas, donde se produzcan fenómenos tan siniestros como la desaparición de mujeres trabajadoras en las maquilas. Mujeres desidentificadas en muchos casos, cuyo destino no ha interesado investigar a las autoridades ni clarificar si han ido a nutrir el tráfico sexual de mujeres controlado por poderosas mafias: ellas son, a todos los efectos, intercambiables. Los trabajadores genéricos, heteroprogramables los podríamos llamar, se reclutan sobre todo entre quienes tienen funciones genéricas en la vida social, entre las que he llamado, en otra parte, «las idénticas». Pasto de desaparición y/o de muerte. Porque nada nos vuelve, en última instancia, tan genéricos como la muerte. Las desaparecidas de Ciudad Juárez han venido así a poner de manifiesto la situación de trágica precariedad de «las genéricas».

5.4. ¿Espacios alternativos en la era de los monstruos?

Donna Haraway ha esquematizado su interpretación del imaginario espacial en la era de la globalización diseñando un cuadrado semiótico de correlaciones y oposiciones *muy estructuralista*[23]. Distingue de este modo cuatro espacios, con una separación relacional y diferencial, de acuerdo con su proyecto político de «exploración de ciertas luchas locales/globales por los significados y las personificaciones de la naturaleza (y del "yo") que tienen lugar dentro de ellos». Lo esquematizamos y completamos así:

A. Espacio real o tierra Codificación en femenino (-) Soteriología *versus* razón instrumental	B. Espacio exterior o extraterrestre Imaginario masculino (-)
NO B. Espacio interior o cuerpo Imaginario masculino (-)	NO A. Espacio virtual Codificación en femenino (+)

---

23. Concretamente, su referente es Greimas.

El cuadrado semiótico que nos propone[24] funciona a modo de una cartografía orientadora para llevar a cabo desplazamientos de fronteras en cada cuadrante. Tras un análisis de las estructuras de dominación hegemónicas en los tres primeros cuadrantes, nos indicará en qué direcciones esos desplazamientos nos pueden llevar a «una ciencia y una política esperanzadoras». Por nuestra parte, hemos añadido el subtexto de género que correspondería a cada uno de los cuadrantes en las representaciones hegemónicas (excepto en el cuarto, como tendremos ocasión de verlo).

• Espacio A) real o tierra:

El cuadrante A, espacio real, nos va a mostrar e interpretar la tierra y sus parques naturales. Como icono de lo que llama «la naturaleza en una vitrina», Haraway nos presenta un anuncio de la *Gulf Oil* (una de las Siete Hermanas del petróleo en los setenta) en el que aparece Jane Goodall[25] estrechando la mano de un chimpancé de Tanzania. El anuncio se autopresenta como el emblema de una reconciliación con «la naturaleza» por obra y gracia de una mujer. El «espacio natural» del chimpancé emerge aquí precisamente porque han sido elididos los elogios de Tanzania. La virginidad de «las tierras vírgenes de Tanzania» aparece un tanto «sospechosa» en cuanto la sometemos a esta forma de deconstrucción.

El incono analizado se contrapone a otro lugar tropical colonizado: Amazonia («todos los lugares colonizados, ironiza Haraway, tienen, dicho de forma eufemística, una relación especial con la naturaleza»). Procede, pues, aplicarles la hermenéutica de la sospecha, el *Pudenda origo* nietzscheano. Al hacerlo, nos encontramos de nuevo con un falso Jardín del Edén original. La autora de «Las promesas de los monstruos» propone con respecto a estos «parques naturales» una política cultural alternativa: *versus* la implantación del «Edén en una vitrina», apoyar, *no* una política de «salvación de

---

24. Cfr. Haraway, D.: «Las promesas de los monstruos», *loc. cit.*
25. Galardonada recientemente con el Premio Príncipe de Asturias por su trabajo con los primates.

la naturaleza», sino una política de «naturaleza social», de diferente organización de tierras y personas. En la medida en que la biosfera amazónica es un «artefacto histórico», habría que articular espacios integrados por los habitantes de la selva, ecologistas indígenas y no indígenas, militantes… «Toda la gente que importa cognitiva, emocional y políticamente debe articular su posición en un campo constreñido por una nueva entidad colectiva, compuesta de indígenas y otros actores humanos y no humanos»[26]. Haraway se ha referido a la naturaleza como a un «lugar común». Su propuesta para Amazonia se amplía así para la constitución de los espacios terrestres como lugares comunes, habitados por gentes diferentes en el ámbito de lo intrahumano y por seres diversos.

• B. El espacio extraterrestre.

El viaje de Jane Goodall a «las tierras vírgenes» de Tanzania destacaba sobre el fondo de un «ecosistema mítico», siendo así que los ecosistemas lo son de un tipo determinado. Este ecosistema mítico, con connotaciones de «jardín original» se contrapone a lo extraterrestre, que se presentaría en este nivel como un «anti-ecosistema» llamado espacio *tout court*. El espacio y los trópicos aparecen así como «figuras tópicas utópicas» en los imaginarios occidentales. Haraway nos recuerda aquí que los primeros viajeros en las naves espaciales fueron primates, primos hermanos de los que en Tanzania saludaban calurosamente a Jane Goodall. El primer astronauta humano, americano tripulante de una nave espacial que giró alrededor de la Tierra, hizo gala del chauvinismo de la especie humana «afirmando su creencia en la superioridad de los astronautas frente a los chimponautas». Esta competencia entre primates y homínidos fue utilizada para «la reconstrucción de la masculinidad en los lenguajes de la Guerra Fría y de la carrera espacial». Desde este punto de vista, esta saga evolutiva de héroes masculinos ilustraría de forma pregnante el solapamiento entre el androcentrismo y el antropocentrismo que han puesto de manifiesto

---

26. Haraway, D.: ibídem.

ecofeministas tan lúcidas como la australiana Val Plumwood y la argentina nacionalizada en España Alicia Puleo. La autoconciencia de la especie humana que estas figuraciones inducían se impostaba marcando agresivamente nuestra superioridad sobre los primates más próximos (homínidos) así como en el abandono y desmarque por parte de los cosmonautas del planeta Tierra, símbolo de la maternidad y la feminidad. De este modo, la carrera espacial asumió la vieja simbólica del viaje iniciático[27]. Nos encontraremos así con un imaginario iniciático en versión *cyborg* (organismo cibernético). Los chimponautas re-nacen «de la fría matriz del espacio»: el chimponauta Eros se encuentra en una «cápsula a medida que parecía una cuna con adornos electrónicos». Nos encontramos así con esas entidades híbridas que son los cyborgs, «poluciones limítrofes» entre lo orgánico, lo maquínico y lo textual. «Las naves espaciales, las tecnologías de grabación y localización, los animales y los seres humanos se articularon como cyborgs en el teatro de la guerra, la ciencia y la cultura popular». Los cyborgs tienen su particular «neonatología», habiendo surgido «del interfaz de los sueños de una autómata tecnicista y de la autonomía masculinista». En la película de Kubrick de 1968, *Odisea en el espacio*, aparece la prospección del feto humano arrojado en el espacio en 2001, así como simios armados que intervienen en el proyecto del hombre autocreado, renacido.

¿Dónde encontrar el contrapunto que pueda ofrecer una alternativa a este escenario iniciático de lo monstruoso? Desde luego, no en un ingenuo arraigo a la Tierra como el que parece profesar el ecofeminismo de cuño contracultural. La manifestación que tuvo lugar en Nevada en 1987, en el polígono de pruebas nucleares, presentaba como emblema una camiseta en la que estaba pintada la Tierra y escrito el lema: *Ama a tu Madre*. Pero este emblema alternativo

---

27. Los rituales iniciáticos de los varones, desde las sociedades etnológicas hasta las modernas teorías del contrato social, representan la ruptura de los varones con el mundo femenino. Estos acceden así al estatuto de adultos que los habilita para el ejercicio del poder en el ámbito de lo político.

estaba plagado de paradojas: la asunción acrítica por parte de las mujeres de la asignación patriarcal en exclusiva a las mujeres que las hace portadoras en exclusiva de los valores de una cultura biofílica, mientras ellos manosean sus juguetitos tantas veces mortíferos «sin ninguna disonancia semántica» no es la menor. Pero, sobre todo, para poder representar así el globo terrestre como un todo ha sido necesaria una cámara de satélite que haya tomado la imagen… Aquí se plantea toda la problemática de la resignificación de las palabras y las imágenes: no pueden funcionar si son demasiado voluntaristas, a nuestro arbitrio; dicho de otro modo, no se puede hacer violencia a las condiciones semánticas, sintácticas y pragmáticas de la significación de la que parten. Pero tampoco estos iconos pueden dar ningún juego que subvierta las reglas de la significación asignada si nos atenemos a las connotaciones socialmente arraigadas del significado en cuestión de forma demasiado determinista. Ningún significado permanece, en su circulación social en «la lucha por los significados», idéntico a sí mismo, ni siquiera los más hegemónicamente asentados. Al existir así un «abanico de lecturas en cuestión» habrá que formar coaliciones potentes a la vez que flexibles, basadas, no en la identidad sino en «la afinidad».

Por lo demás, nos encontramos aquí en una situación de «alineamiento de marcos" de los movimientos sociales»[28], en este caso concreto entre anti-nuclearismo y feminismo, mediante la construcción de rúbricas más comprensivas en lo que concierne a la producción de un «sentido común alternativo» y potenciando así su capacidad de convocatoria. En este caso, dada la circunstancia de que el polígono de pruebas nucleares se asentaba sobre un territorio que era propiedad ancestral de los indios (*Western Shoshore Natural Council*) ratificada por un Tratado todavía vigente, la coalición se pudo ampliar incorporando, de nuevo por afinidad, la lucha de los indios nativos. Esta lucha podría articularse, a su vez, con la de la defensa

---

28. Cfr. de Miguel, A. y J. M. Robles: «Dimensión simbólica y cultural de los movimientos sociales», en: Funes Rivas, M. J. y R. Adell Argilés (eds.): *Movimientos sociales: cambio social y participación*, UNED, Madrid, 2003.

del Amazonas y los colectivos diversos que esta lucha moviliza…
De este modo, el espacio alternativo al monstruoso espacio de la globalización en su dimensión extraterrestre es un espacio articulado,
con la complejidad, la fragilidad, la contingencia y la potencia que,
a su vez, esta articulación conlleva.

• NO B. Espacio interior.

Otra ejemplificación particularmente pregnante de las propuestas harawayanas de prácticas de articulación entre agentes sociales
emergentes y prácticas de conocimiento basadas en nuevos modelos científico-tecnológicos lo podemos encontrar en «la coalición
SIDA para desencadenar el poder» («Act up».) Nuestra autora lleva
a cabo un penetrante análisis de las representaciones del sistema
inmunológico que suponen una oposición clara y distinta entre el
yo, cuyas fronteras deben ser totalmente defendidas, y los invasores externos que lo amenazan. *Se introyecta de este modo en la imagen
de nuestro espacio interior el imaginario de lo extraterrestre.* Haraway
establece una aguda relación entre esta concepción del yo y la paranoia[29], como lo expusimos en el capítulo tercero. La paranoia se caracteriza por su capacidad de establecer una total densidad de conexión, tal que no deja más opción al yo solitario y cercado que
defenderse autísticamente de la muerte. Justamente, la paranoia es
por eso mismo «incapacidad de establecer articulación». La articulación es siempre contingente y problemática y supone por ello el
yo capaz de establecerla como un yo con mecanismos relacionales
más flexibles con el exterior. Podríamos, por nuestra parte, establecer una relación de esta concepción paranoica del yo, que se quiere
defendido *a priori* y sin fisuras de cualquier amenaza externa, con
el imaginario de cierta línea de la lucha antiterrorista: la que define
el «Eje del mal.» Es curioso en este sentido que los diseños estratégicos militares hayan venido sugeridos en buena medida por las

---

29. A diferencia de Deleuze o Guattari, que identifican la esquizofrenia como característica del capitalismo. Cfr. *El Antiedipo, Capitalismo y esquizofrenia*, Barral
Editores, Barcelona, 1972. Traducción de F. Monge.

representaciones convencionales del sistema inmunológico, defensor de un «*yo*» *de fronteras infranqueables*. Donna Haraway, por su parte, se ha referido al mecanismo de *feedback* de los diseños que inspiran las investigaciones de este mismo sistema y que toman como sus referentes las estrategias militares que se derivan de esa concepción. Este mecanismo queda ilustrado paradigmáticamente en el discurso de un oficial del ejército norteamericano que aboga por una fuerza de élite especial: «El ejemplo más apropiado para explicar cómo funcionaría este sistema es el modelo biológico más complejo que conocemos: el sistema inmunológico corporal. En el cuerpo existe un complejo importante de guardianes internos. En términos absolutos no son muchos, solo alrededor de un 1% de las células del cuerpo. A pesar de ello, hay especialistas de reconocimiento, asesinos, especialistas de reconstrucción y comunicadores que pueden localizar a los invasores, hacer sonar la alarma, reproducirse rápidamente y ser multitud en el ataque para repeler al enemigo»[30].

Sin embargo, investigaciones más avanzadas del sistema inmunológico lo presentan como «*cuerpo en red*», como un sistema dinámico y fluido que se encuentra a la vez en diferentes partes y elementos del organismo humano. Conecta entre sí sus partes a la vez que conecta con otros sistemas en una dinámica interna de lecturas y reconocimientos que no espera al enemigo exterior. Pues bien, Haraway ha interpretado la colaboración entre unos enfermos de SIDA que reclaman su papel como actores sociales que viven con el SIDA y no son puras víctimas —actitud que, ya de suyo, es productora de conocimientos alternativos— y científicos de laboratorio cuyos programas de investigación se basan en «personificaciones relacionales no militaristas», en la línea de su concepción de la articulación. Tanto los expertos como los enfermos se encuentran en una compleja retícula en la que aparecen asimismo implicadas máquinas biomédicas, redes de acción internacionales, burocracias gubernamentales, activistas, compañías farmacéuticas, mundos *gays* y lesbianos y otros muchos etcéteras. La autora insiste en que

---

30. Haraway, D.: *op. cit.*, p. 147.

no todos los actores que intervienen en esta compleja red son iguales. El «centro dinamizador» deben constituirlo los enfermos de SIDA, «actores con los que los otros deben articularse». Quizás, a la luz de esta ilustración, podamos entender mejor lo que quiere decir Haraway cuando afirma que «el cyborg es nuestra ontología, debe ser nuestra política». Se trata, en efecto, de ontología política, pues «esta estructura de acción es una *consecuencia* fundamental de aprender a visualizar *el heterogéneo cuerpo artefactual que es nuestra "naturaleza social"*». No se trata, pues, de salvar la naturaleza ni de salvar el yo, entendido isomórficamente con esa concepción de la naturaleza como un Edén orgánico intacto. En cuanto a las implicaciones epistemológicas, íntimamente ligadas asimismo con la política, nuestra autora se formula las siguientes preguntas: «¿Cuál es el status del conocimiento producido mediante nuevas combinaciones de toma de decisiones en el diseño experimental que están desafiando las convenciones investigadoras previas?, ¿cuáles las consecuencias de los desafíos simultáneos al monopolio de los investigadores expertos y la insistencia [...] en la distribución masiva equitativa de sus frutos?, ¿quién vivirá y morirá como resultado de estas mismas prácticas no inocentes?» Quizás encontremos aquí el lugar en que Donna Haraway expone de manera más pregnante lo que entiende por «conocimientos situados» y la forma como concibe lo que deben ser las nuevas alianzas políticas entre los sujetos emergentes de la era de la globalización.

• NO A. Espacio virtual.

Como aproximación para caracterizar este espacio, Donna Haraway toma como su referente la óptica. Pues en óptica lo virtual se forma por la aparente convergencia de rayos. Parece ser de este modo «la falsificación de lo real: tiene consecuencias por parecer, no por ser». Recordamos por nuestra parte la «ilusión transcendental» de Kant. El autor de la *Crítica de la razón pura* afirmaba que las Ideas de la Razón, el alma, el mundo y Dios se formaban por el espejismo que producía la inveterada tendencia de la Razón a unificar cada vez más los objetos de su conocimiento. Así, cuando se veía desasistida en su actividad por el concurso de la experiencia que habría de proveerla de material empírico, proyectaba, más allá de toda experiencia posible, su dinámica unificadora. Por la unificación llevada a cabo de este modo, no podría proporcionar conocimiento objetivo. En lugar de ello, nos ofrecía el efecto visual de un objeto que no era sino el lugar de convergencia de la proyección de los rayos ya en el vacío. Este objeto aparente no podía ser sino ilusorio: de ahí que Kant se refiriera al efecto de este *modus operandi* de la Razón como a la «ilusión transcendental». La concepción kantiana de la «ilusión transcendental» nos proporciona de la forma más pregnante la relación entre el estatuto ontológico de lo real (objetivo) y lo virtual (aparente, ilusorio) anterior al «paradigma informacionalista». Este paradigma ha trastornado, entre otras muchas cosas, el estatuto de lo virtual —íntimamente relacionado con las transformaciones de los tiempos y los espacios—. Así, como lo afirma Haraway, «el espacio virtual parece ser la negación del espacio real. Pero justo *esta negación es la ilusión real*»[31]. «El ciberespacio [...] es la idea de la comunidad consensual virtual [...]. Una comunidad virtual es en primer lugar y ante todo una comunidad de creencia [...]» ¿Era, podemos preguntarnos, virtual la «realidad» del traje del Emperador del cuento de Andersen? En este caso, la creencia de todos y cada uno en que el otro cree produce un efecto pseudosintético... justo en la medida en que la creencia es creencia en que el otro cree y así recurrente y giratoriamente[32]... William Gibson en 1986 definió el ciberespacio como «una alucinación consensual de demasiada complejidad, demasiada articulación», comenta la autora del «Manifiesto para cyborgs», «es la realidad virtual de la paranoia [...] como creencia en la densidad monótona de la conexión». Como lo afirman Bush y Aznar, el terrorismo es una unidad monolítica, es «el mismo en todas partes [...]». La paranoia aparece así ante una amenaza virtual de nuestro *espacio*

---

31. Cfr. Haraway, D.: «Las promesas de los monstruos», *loc. cit.*
32. Jean Paul Sartre, en su *Critique de la raison dialectique*, llamó estructura serial o «serialidad» a este proceso en que la impotencia de cada cual remite a la impotencia del otro, con el resultado de la desactivación de la —contrafáctica—potencia de todos transferida así a la *virtualidad* del espejismo.

virtual, relacionada, por su parte, con las figuraciones del yo suscitadas por la representación de nuestro *espacio interior* como un espacio que habría que blindar y proteger de un enemigo externo (en tanto que externo, enemigo).

No recuerdo el nombre de quien afirmó «los pintores nos ayudan a ver el mundo». Desde el punto de vista de su subtexto de género, podríamos tomar el cuadro de David «El juramento de los Horacios» como la plasmación del imaginario moderno acerca de las mujeres en el momento fundacional de nuestras democracias: en grupo, sin contornos individualizados, al fondo… sobre el cual emergen con toda su pregnancia las figuras masculinas como sujetos del pacto que legitima[33] la nueva forma de organización política. Pues bien, Donna Haraway presenta, por su parte, un cuadro de Lynn Randolph, de 1989, como expresión del espacio alegórico de la agenda feminista global. Así, interpreta a la protagonista del cuadro desde su asunción del feminismo postcolonial: preocupada por los sujetos emergentes en la era de la globalización que no han tenido acceso a las narrativas canónicas y hegemónicas de la identidad, nos pone ante una «mujer de color», una «identidad colectiva reciente muy específica y problemática». La mujer, en el centro del cuadro, está entre el teclado de un ordenador y un felino amigablemente instalado sobre su cabeza. «Mirando directamente a quien mira, los ojos de la mujer y del felino centran toda la composición». Por nuestra parte, las interpretamos en contraposición con lo que ha sido la imagen tradicional de la mujer envuelta en pieles como objeto de la mirada masculina que codicia a la mujer-naturaleza. Nos encontramos así frente a la figuración pregnante del cyborg: estudiante china en EEUU, la mujer «representa lo humano, lo universal […]. Personifica los estatus simultáneos de mujer, persona del "Tercer Mundo", humana, organismo, (experta en) tecnología de comunicaciones, matemática, escritora, trabajadora, ingeniera, científica,

---

33. Cfr. Oliva Blanco, en Amorós, C. (coord.): *Actas del Seminario Permanente «Feminismo e Ilustración» 1988-1992*, Instituto de Investigaciones Feministas de la Universidad Complutense de Madrid y Dirección General de la CAM, Madrid.

guía espiritual, amante de la Tierra […]. Este es el tipo de "acción simbólica" que los feminismos transnacionales han hecho legible […]. Él-Ella no es utópico ni imaginario: es virtual». El subtexto de género de lo virtual es, pues, un ser del sexo femenino en vías hacia un mundo transgenérico. Donna Haraway invita así a las mujeres, en su «Manifiesto para cyborgs»[34], a estar presentes en el proceso mismo de constitución de la ciencia y a acceder a las «fuentes frescas de poder» que brinda a las mujeres el «paradigma informacionalista», en términos de Castells. Por lo pronto, se trata de articular una «política de redes». No la defraudemos.

34. Haraway, D.: *Ciencia, cyborgs y mujeres. La reinvención de la naturaleza*, Cátedra, Colección Feminismos, Madrid, 1995.

El imaginario patriarcal en la era de la globalización

Mujer, no-ser y mal: figuras de Pandora

1.1. De la épica guerrera a la ética campesina

La relación de «la Mujer» con el mal es justo lo que constituye la misoginia. Este fenómeno tiene una aparición recurrente en las sociedades patriarcales. Sin embargo, no debemos confundirla con el patriarcalismo. Por patriarcado entendemos todas aquellas formas y modalidades del dominio masculino sobre el colectivo de las mujeres que tiene efectos sistémicos. En la medida en que lo podemos encontrar en todas las sociedades etnológicas e históricas conocidas[1], opera como un *explanans* de un conjunto de fenómenos que ponen de manifiesto la subordinación de las mujeres a los varones. Ahora bien, para explicar a su vez este *explanans* en toda su generalidad deberíamos trascender el propio proceso histórico para especular sobre hipótesis poco susceptibles de contrastación que tendrían que ver con la biología o la metapsicología. Se han dado explicaciones en estos niveles tanto para justificar el patriarcado (Goldberg) como para impugnar su legitimidad. Explicaciones de este orden resultan ser

---

1. Dejemos aquí al margen el debate sobre el mito del matriarcado.

falsas o poco verosímiles, pero, sobre todo, no son de mayor utilidad para la teoría y la práctica feministas. Nos las habemos en cada sociedad y en cada período histórico con formas concretas de dominación masculina cuyos efectos sistémicos hemos de analizar y procurar neutralizar. Lo que haremos, pues, es tratar de reconstruir ciertas recurrencias susceptibles de ser identificadas en el funcionamiento de mecanismos de ese constructo práctico y teórico al que llamamos «patriarcado». Volveremos sobre la cuestión de estas recurrencias. Pero lo que nos interesa precisar de inmediato es que la misoginia, a diferencia del patriarcado, no es un *explanans* sino un *explanandum*: es más, se trata de un fenómeno que cobra su inteligibilidad a la luz de la identificación de ciertas formas concretas que puede revestir el funcionamiento de los mecanismos patriarcales. Pues, en una primera aproximación, parece evidente que las mujeres en su conjunto pueden ocupar posiciones subordinadas en la estructura social sin que por ello se las constituya en objeto de denigración y de odio, que es precisamente lo que caracteriza la misoginia. Este fenómeno no es coextensivo ni con el patriarcado como sistema ni con las «actitudes patriarcales», como las llamaba Eva Figes, en tanto que interiorización psíquica de las formas objetivas de dominación. Tiene lugar, precisamente, cuando se producen determinadas disfunciones en las formas hegemónicas de dominación patriarcal. Y es ahí, justamente, donde, si se dan determinadas condiciones, pueden encontrarse el feminismo y la misoginia en el mismo espacio histórico y social.

En otros lugares de nuestra obra[2], nos hemos referido al fenómeno que vamos a denominar «relevo de las heterodesignaciones patriarcales». No hacemos aquí sino explicitar lo que viene implicado en la tesis de Carole Pateman[3] de que el poder patriarcal en tanto que poder político, y como una dimensión de este mismo poder, se constituye en poder sexual. Esta forma de poder se toma la licencia que se

---

2. Cfr. Amorós, C.: *Tiempo de feminismo. Sobre feminismo, proyecto ilustrado y postmodernidad*, Cátedra, Colección Feminismos, Madrid, 1997.
3. Pateman, C.: *El contrato sexual*, Barcelona, Península, 1995. Traducción de María Luisa Femenías, revisada por María Xosé Agra.

otorgan a sí mismos los varones de las élites hegemónicas de heterodesignar a las mujeres, de producir discurso acerca de ellas, de lo que son y, sobre todo, de lo que deben ser. Encontraremos por ello mismo un síntoma de la puesta en cuestión de la hegemonía de estas élites cuando se venga a escuchar acerca de las mujeres un discurso alternativo y que contra-dice, dice en contra de lo que afirmaban acerca del colectivo de las féminas los varones del grupo dominante. Nos las habemos entonces con un grupo emergente de varones (estamento, clase, élite emergente o capa social) que aspira al poder político, a desplazar a las élites hegemónicas y, significativamente, comienza por articular esa aspiración como un nuevo discurso acerca de la feminidad normativa. Pues bien, en el caso de Grecia del que ahora vamos a ocuparnos, tratamos de contrastar la hipótesis de esta recurrencia comparando, de la mano de investigadoras tan solventes como Nicole Loreaux, Ana Iriarte, Mercedes Madrid, Inmaculada Cubero, la concepción de las mujeres característica de la aristocracia guerrera tal como aparece en la epopeya homérica con el discurso acerca de las mismas que podemos encontrar en la *Teogonía* de Hesíodo así como en los *Los Trabajos y los Días*, de tonos paradigmática y estridentemente misóginos.

La misoginia de Hesíodo es en la historia tan proverbial como inexplicada satisfactoriamente. Mercedes Madrid pasa revista a los distintos tipos de explicación que se han dado sobre este fenómeno. Hace referencia a la marginación de las mujeres en la polis, donde quedaron excluidas de la ciudadanía política en la medida misma en que este status estaba íntimamente asociado a la condición de guerrero desde la reforma de los hoplitas. La suerte de las mujeres está profundamente ligada a las condiciones y las prácticas del intercambio matrimonial: de acuerdo con C. Leduch[4] hay diferencias entre las ciudades según que «la ciudadanía se constituya sólo con los detentadores del suelo cívico o se abra también a quienes no lo posean».

---

4. Leduch, C.: «¿Cómo darla en matrimonio? La novia en Grecia: siglos IV-IX a.C.», en: Duby, G. & Pierrot (ed.): *Historia de las mujeres. Historia de las mujeres en Occidente*, tomo 2: *La antigüedad, rituales colectivos de mujeres*, Taurus, Buenos Aires, 1993.

En el primer caso, la posesión del suelo se trasmite también a las hijas, cuyo papel social es más relevante por su vinculación con «la tierra que trasmiten y con la que circulan». En el segundo, donde se incluirían ciudades como Atenas, «los *oîkoi* se entrecruzan sin tener en cuenta la tierra», de lo que se deriva que el suegro pone en manos del yerno la tutela sobre la novia, se reduce la dote y se «democratizan» las mujeres en la medida misma en que vienen a ser «las víctimas de la democracia». Sin embargo, estos procesos no explican la virulencia del rechazo que experimenta ante las mujeres el autor de la *Teogonía*, y menos la buena acogida que tuvo en la literatura griega de su época. Así, la autora de *La misoginia en Grecia*[5] aventura otra explicación de «la ginecofobia hesiódica» relacionada con los impactos traumáticos que debieron producirse en la psique de los griegos al hilo de las profundas trasformaciones que condujeron desde el antiguo orden social hasta la consolidación de la polis: la introducción de la escritura y sus implicaciones en las formas de la subjetividad tal como han sido analizadas por Havelock, la reestructuración del sistema religioso griego en consonancia con las nuevas formas de vida social que representa la polis, tal como lo ha señalado J. Pierre Vernant. En esta línea, Hesíodo no hace sino legitimar la soberanía de Zeus tanto en el mundo divino como en el humano, y en la estrategia hesiódica de legitimación del reinado estable de Zeus se encuentran desajustes e incoherencias: Gea, que aparece como deidad primordial en el comienzo del poema, acaba siendo la madre de monstruos como Tifón, a título de ejemplo. Para Madrid, estas «incoherencias» se podrían explicar a partir de la tensión que existe en el interior de la religión griega entre elementos «ctónicos y olímpicos». Siguiendo a Daraki[6], que a su vez se apoya en las tesis de Braudel, la religiosidad ctónica y la olímpica coexisten «como dos sistemas de creencias distintas, uno en la base sobre la que se levanta el otro». El tratamiento inclusivo de las oposiciones y la circularidad serían característicos del concepto ctónico, así como

---

5. Madrid, M.: *La misoginia en Grecia*, Cátedra, Madrid, 1999.
6. Daraki, M.: *Dionysos et la déesse Terre*, Arthaud, Paris, 1985.

la exclusión y la linealidad se relacionarían con la visión olímpica del mundo. La implantación de esta última se habría logrado al precio de un profundo desarraigo en el alma de los griegos, que les habría generado una intensa angustia. El precio del «triunfo del logos» en Grecia, que vino tanto precedido como posibilitado en buena medida por el «triunfo de Zeus», fue el abandono de sus vínculos con la Tierra, deidad derrotada a la vez que refuncionalizada en el poema de Hesíodo. Podemos recordar aquí el mito de autoctonía que se encuentra en la base imaginaria misma de la fundación de Atenas: los atenienses no nacen de mujer, sino de la tierra ática fecundada por el semen derramado por Poseidón en su deseo de Atenea. En realidad, se trata de la versión griega de la constitución de la masculinidad por renegación y despegue de sus vínculos con lo femenino, que están en la base de su vida natural, sustituyéndolos por los que se traman en la relación con los otros varones, que constituirá la forma de vida regenerada y legitimada que les habilitará para el ejercicio del poder. Este desmarque y esta sustitución no pueden llevarse a cabo sin una cierta dosis de misoginia. Pero, para nuestra autora, en el caso de los griegos, este despegue habría sido especialmente traumático y generado la necesidad de proyectar en un «chivo expiatorio» las angustiosas tensiones que los dividían[7]. Sobre todo, la nueva vivencia de la muerte en un mundo que no se representa ya como funcionando de acuerdo con secuencias cíclicas. Esta explicación de tinte psicoanalítico aplicada, no ya a los rasgos de carácter de un varón individual sino, en general, a los varones griegos no nos parece del todo convincente. La peculiaridad del ajuste hesiódico entre las potencias divinas del tiempo primordial y las emergentes en los procesos de constitución de las polis griegas queda cabalmente explicada, a nuestro parecer, por Jean Pierre Vernant, cuando distingue entre mitos del origen y mitos del comienzo. Así, la *Teogonía* de Hesíodo no se plantearía propiamente el problema de

---

7. Esta proyección cumpliría, por otra parte, la función de estrechar las filas masculinas de modo que cualquier modalidad de deserción de las mismas sería calificada como «afeminamiento».

la génesis sino que su pregunta sería «¿quién es el dios soberano?». Aquí, «la función del mito es la de establecer una distinción y una especie de distancia entre lo que es primero desde el punto de vista temporal y lo que es primero desde el punto de vista del poder». No es de extrañar que, por su estructura misma, el mito de soberanía contenga un componente misógino, pues es isomórfica a la que articula los rituales iniciáticos de los varones: lo genéticamente primero, pues los ha parido, son sus madres, las mujeres. Pero la separación de las mismas y su redefinición y refuncionalización como subordinadas vendrá a ser aquello que los instituya en varones candidatos, en tanto que tales, al ejercicio del poder. «El mito —continúa Vernant— se constituye en esa distancia [entre el origen que meramente pone ahí y el comienzo que legitima, C.A.] que es el objeto mismo de su relato, pues éste representa, a través de las series de las generaciones divinas, los avatares de la soberanía hasta el momento en que una supremacía, definitiva ya, pone término a la elaboración dramática de la *dinasteya*.»[8]

Tras esta rápida y sumaria revisión y valoración de los elementos de explicación más verosímiles de la misoginia hesiódica que se han propuesto, volvemos a nuestra hipótesis del relevo de las heterodesignaciones patriarcales. Pues bien: en primer lugar, en lo concerniente al debate acerca de la cronología respectiva de Homero y Hesíodo, seguimos la posición de Aurelio Pérez Jiménez y Alfonso Martínez Díez, que asumen la anterioridad del autor de la *Ilíada y la Odisea*. Estos mismos autores, en su reconstrucción del mundo de Hesíodo, afirman que «desde principios del siglo VIII antes de Cristo, encontramos los estados griegos gobernados por una de las principales familias aristocráticas. Hesíodo dará el nombre de *Basileis* en plural a todos los aristócratas de *Tespias* que detentan el poder y administran la justicia»[9], realzan el fenómeno

---

8. Vernant, J. P.: *Los orígenes del pensamiento griego*, Eudeba, Buenos Aires, p. 91. Traducción de Marino Ayerra.
9. Pérez Jiménez, A. y A. Martínez Díez (comp.): *Hesíodo obras y fragmentos*, Gredos, Madrid, 1978. Introducción, traducción y notas de Aurelio Pérez Jiménez y Alfonso Martínez Díez.

de la colonización[10], que habría tenido por consecuencia «la aparición de una clase media industrial mercantil que comienza a pedir derechos a la aristocracia». Este sería «uno de los fenómenos más importantes de la Grecia arcaica». En este contexto, «lo que Hesíodo representa es esa clase media burguesa que echa en cara ya sus atropellos a los injustos señores». Por boca del autor de *Los Trabajos y los Días* hablarían «el artesano, el alfarero, el carpintero, el herrero y el comerciante…». Pero para que estos grupos sociales emergentes articulen sus protestas contra los nobles será preciso un cambio de implicaciones tan importantes como lo fue la reforma de los hoplitas. Esta reforma consistió en una transformación de las tácticas militares que requería más efectivos, un menor grado de épica heroica individual y estaba más al alcance de todos los varones al no requerir del soldado la posesión de un caballo. Tuvo por consecuencia el que la aristocracia perdiera el monopolio de la guerra. El análisis de ciertos pasajes de la *Teogonía* ha llevado a nuestros investigadores a concluir que «si el campesino beocio contemporáneo de Hesíodo no se ha convertido todavía en hoplita, sin embargo está en buen camino de hacerlo y ya no deja a los *esthloi* todo el poder económico ni incluso tal vez el político».[11]

1.2. Figuras de Pandora

Claude Lévi-Strauss estableció en sus *Mitológicas*[12] que todo mito dice-en-contra de otro y no puede ser entendido sino a la luz de su referente polémico. Y estableció también, tanto en sus *Mitológicas* como en *Las estructuras elementales del parentesco*[13], desde su

---

10. Se ha identificado también en el fenómeno de la colonización una causa de la misoginia, ya que los colonizadores han de tomar por esposas a mujeres de la población que quieren dominar, las cuales tienen sus lealtades en otra parte y son objeto de desconfianza y recelo.

11. Will, E.: «Hésiode: crise agraire ou recul de l'aristocratie?», en: *Revue des Études Grecques*, Nº 78, p. 556. Citado por Pérez Jiménez y A. Martínez Díez.

12. Lévi-Strauss, C.: *Mitológicas*, Fondo de Cultura Económica, México, 1996.

13. Lévi-Strauss, C.: *Las estructuras elementales de parentesco*, Paidós, Barcelona, 1991.

patriarcalismo acrítico, que las mujeres oficiábamos como mediadoras simbólicas de los pactos entre los varones. Si ello es así, y si, como lo afirma Carole Pateman basándose en una lectura de Lévi-Strauss en clave contractualista, el derecho político se dobla hasta nuestros días de poder patriarcal, no podrá extrañarnos que el discurso hegemónico sobre las mujeres sostenido por las élites hegemónicas se vea replicado por el de los grupos emergentes desde que atisban la posibilidad de deslegitimar su poder. Nos encontramos entonces con lo que denominamos al comienzo de este trabajo «el relevo de las heterodesignaciones patriarcales», o bien, la competencia entre estas heterodesignaciones si es que se da el caso de que coexistan durante un tiempo en tensión en un mismo espacio social. Así, lo primero que le dicen los nuevos aspirantes a compartir o relevar en el poder a aquellos que lo detentan es que, en materia de mujeres, están equivocados. Que son ellos quienes «lo entienden». Y, como ocurrirá también en la crisis de *l'Ancien Régime* europeo, que las prácticas del intercambio matrimonial son inadecuadas y deben ser sustituidas.[14] Pues bien, en la sociedad homérica, como lo ha estudiado Mercedes Madrid, las mujeres son altamente valoradas «por el papel de mediadoras que […] desempeñan […] entre los varones. Según Vernant, la función social de las mujeres en la época homérica es la de establecer y garantizar las relaciones entre los distintos *oîkoi* ("casas"), aparte de asegurar la reproducción de los mismos. Por ello, las hijas son casi tan valiosas como los hijos varones y, al igual que los *agálmata* ("regalos valiosos"), circulan y establecen una red de relaciones de amistad y compromisos mutuos entre los varones»[15]. Señala asimismo que, para C. Leduch,

---

14. Nancy Armstrong, desde claves foucaultianas más bien que lévi-straussianas, en *Deseo y ficción doméstica. Una historia política de la novela*, ha interpretado la novela de Richardson, *Pamela o la virtud recompensada*, como una crítica del autor a las prácticas aristocráticas de organizar los matrimonios. Éstas, basadas en conveniencias de los linajes, eran inmoralizadas *versus* el matrimonio por amor que preconizaban las ascendentes clases medias. Armstrong, N.: *Deseo y ficción doméstica, una historia política de la novela*, Cátedra, Colección Feminismos, Madrid, 1991.
15. Madrid, M.: *op. cit.*

la novia, a quien «el novio cubre de regalos al recibirla y el padre al entregarla», representa la alianza entre dos «casas». El contraste con las recomendaciones hesiódicas a los varones para contraer matrimonio no puede ser más abrupto: «Que no te haga perder la cabeza una mujer de trasero emperifollado que susurre requiebros mientras busca tu granero: Quien se fía de una mujer, se fía de ladrones»[16]. Para curarse en salud de la posibilidad de que esto ocurra hay un conjuro hesiódico: «En primer lugar, procúrate casa, mujer y buey de labor —*la mujer comprada, no desposada*, para que también vaya detrás del buey—»[17]. Parece evidente que el referente polémico de estos consejos misóginos no son sino las instituciones del intercambio matrimonial en la aristocracia. Por otra parte, a falta de que la desposada aporte la garantía de calidad del *oîkos* del que procede, como medidas para asegurarse de que no se hace un negocio ruinoso, Hesíodo recomienda: «Cásate con una doncella, para que le enseñes buenos hábitos. Sobre todo, cásate con la que vive *cerca de ti*, fijándote muy bien en todo por ambos lados, no sea que te cases con el hazmerreír de los vecinos; pues nada mejor le depara la suerte al hombre que la buena esposa, y, por el contrario, nada más terrible que la mala, siempre pegada a la mesa y que, por muy fuerte que sea su marido, le va requemando sin antorcha y le entrega a una vejez prematura»[18]. El consejo de buscar la esposa cerca se relaciona con las necesidades de las polis emergentes de promover vínculos con los vecinos del *demos,* quebrando así el sistema tribal controlado por la nobleza. El contrato sexual es pensado simbólicamente en el eje de la metonimia, de la cercanía del lugar, desplazando de este modo el orden de la metáfora propio del contrato aristocrático, que la mujer sellaba a título de representante de su «casa». Pero es más: si las mujeres homéricas venían a ser el sello entre las casas de los nobles, Pandora es más bien la rúbrica del anti-pacto. Esta característica de la madre griega de las mujeres destaca tanto más si la

---

16. Citado por Madrid, M.: en *op. cit*.
17. Ibídem.
18. Ibídem.

comparamos con su homóloga en los mitos americanos estudiados por Lévi-Strauss que hacen referencia explícita a las mujeres. En el caso de la Pandora hesiódica, el titán Prometeo roba el fuego a los dioses, y Zeus, a título de castigo de la *hybris* prometeica, trama su venganza inventado a la mujer como un «engaño tramposo» para los hombres, cuyas valencias semánticas se despliegan en el registro del mal y, como lo veremos, del no-ser.

Los mitos americanos son mitos de los orígenes, mitos que narran la emergencia del cosmos a partir del caos, del «imposible mundo al revés»[19], a diferencia del mito hesiódico que, como hemos tenido ya ocasión de exponerlo de la mano de J. P. Vernant, es un mito dinástico donde se establece una separación entre los orígenes y el comienzo. El mito de emergencia narra cómo se constituyó el orden *versus* el desorden. El orden se identifica con el alimento cocido en el hogar doméstico al cuidado de las mujeres, y se presenta como el resultado de un triunfo frente al desorden, pues, en el origen, se produjo un rapto de las mujeres humanas por los habitantes del mundo celeste. El rapto, que es justo la inversión de la alianza, prenda del orden, genera una conflagración cósmica que es resuelta precisamente por la institución misma de la alianza. Y así, el pueblo celeste, como prenda del pacto con los humanos, les otorga el fuego que va a servir para cocinar el alimento crudo e implantar de ese modo el ámbito de lo propiamente humano, la cultura, *versus* naturaleza, representada por el mundo animal que ingiere el alimento crudo. Como las féminas han sido restituidas para ser intercambiadas de forma ordenada entre los donadores y los receptores de mujeres y el símbolo de esa alianza es el fuego, de acuerdo con la lógica del mito, deben ser ellas las cuidadoras del hogar doméstico. En este conspecto americano son los seres celestes quienes arrebatan las mujeres a los hombres, a la inversa de lo que ocurre en el mito griego, donde son los dioses quienes dan al hombre la primera mujer. Y los dioses otorgan el fuego terrestre, fuego

---

19. Amorós, C.: voz «Mito», en: Quintanilla, M. A. (dir.): *Diccionario de Filosofía contemporánea*. Sígueme, Salamanca, 1985.

celeste domesticado, a los humanos, como emblema de alianza, mientras que en el mito griego es Prometeo quien se lo arrebata. Además, existe otra Pandora americana que es el contrapunto de la templada cocinera: se trata de «la chica loca por la miel», relacionada con lo que Lévi-Strauss llama «series míticas regresivas». A diferencia de las progresivas, que dan cuenta del paso de la naturaleza a la cultura, estas series explican la recaída de la cultura en la inmediatez de la naturaleza: el orden «paraculinario». En ellas, su heroína se atiborra de miel, el alimento que la naturaleza ofrece en su inmediatez, trasgrediendo así el orden culinario. Y, junto con la trasgresión alimenticia, incumple su función mediadora entre los aliados por matrimonio, pues la miel está destinada a ser objeto de un consumo diferido en la medida en que debe ser ofrecida prioritariamente a los aliados. Otra versión de nuestra Pandora americana la presenta como una transgresora de los tabúes relacionados con la división sexual del trabajo, es decir, con «la prohibición de tareas» a las mujeres: justamente, las tareas prestigiosas. En el dominio del agua, contrapunto del fuego, las mujeres, cuidadoras del mismo, no deben dedicarse a la pesca: han de limitarse a recoger en canastos el producto de la actividad masculina. Pero nuestra heroína no se conforma con tales reglas y se atiborra de pescado sin esperar a que éste circule y sea distribuido de acuerdo con las reglas que la tribu establece. Resultado: su indigestión le produce una exudación intoxicadora que la convierte en la madre de las enfermedades.

1.3. La misoginia como teodicea

Como lo podemos ver, el relevo y/o la competencia de heterodesignaciones patriarcales es recurrente *malgré* las enormes distancias geográficas, históricas y culturales de los medios en que se produce. Para Lévi-Strauss, una constelación mítica dice sistemáticamente en-contra-de otra: para los mitos culinarios, «la mujer» es la buena cocinera y promotora de buenas relaciones entre los aliados, *versus* lo que afirman las series míticas regresivas para-culinarias[20] según las cuales «la mujer» es glotona y holgazana. Pues bien, con esos mismos epítetos, además del de lasciva, obsequia Hesíodo a su Pandora, lo que nos lleva, dado que las mujeres somos objeto transaccional de las relaciones entre los varones, a buscar el referente polémico de su discurso. Lo hemos identificado ya en lo concerniente a las prácticas matrimoniales. Y podemos ahondar más en la tarea contrastando las características que son atribuidas a las mujeres en la epopeya homérica con aquellas que Hesíodo le ad-judica a la madre «de la raza de femeninas mujeres». De acuerdo con Mercedes Madrid, las mujeres homéricas (Hécuba, Helena, Andrómaca) y, sobre todo, las esposas, son «presentadas como razón de la lucha y punto de referencia de las vicisitudes del com-bate, de tal manera que la mención al llanto de las mujeres por la pérdida de un guerrero o la alegría por su regreso del combate se convierten en instrumentos para medir los fracasos y los éxitos de la contienda»[21]. De este modo, podría decirse que se convierten en parámetros del comportamiento caballeresco. Las féminas —el paradigma sería Penélope— son «expertas en espléndidas labores de hilado y tejido». Se trata de un trabajo personalizado y valorado a título de tal, que tiene su «historia propia» y es «identificada por su artífice». Las vestiduras que elaboran las mujeres «se guardan en cofres en la parte más oculta de las casas junto con [...] otros teso-ros», «y forman parte de los regalos preciosos que se hacen a los huéspedes». Como también lo señala la autora de *La misoginia en Grecia*, en la epopeya homérica nos las habemos con una sociedad jerárquica donde las funciones sociales están claramente codifica-das en lo que podríamos denominar un sistema de prestigio: en la cima, los guerreros, que eran la minoría de los varones adultos de la nobleza y, por debajo de ellos, los no guerreros (hombres y muje-res del pueblo, niños y ancianos) que, junto con las mujeres nobles,

---

20. Se trata de la mitología de la miel y del tabaco analizada por Lévi-Strauss en el tomo II de sus *Mitológicas: Du miel aux cendres, op. cit.*
21. Madrid, M.: *op. cit.*

tenían asignadas determinadas funciones sociales y eran valorados o denostados en función del cumplimiento cabal o del incumplimiento de las mismas. Pues bien: en abrupta contraposición con las heroínas laboriosas de la epopeya, la Pandora hesiódica es tildada de holgazana, parásita y vampirizadora del esfuerzo masculino. Tomando sus metáforas del mundo animal, las mujeres resultan ser para Hesíodo «los zánganos» que explotan a las productivas «abejas», es decir, a los varones. Así, no es de extrañar que este decir-en-contra de quienes cantan las hazañas de los héroes, como Homero, a propósito de las mujeres responda, significativamente, a un decir en contra que es una enmienda a la totalidad de las representaciones y los valores en torno a los que se articula el mundo de *La Ilíada* y *La Odisea*. Como lo afirma Madrid, Hesíodo no pretende inmortalizar las hazañas de los héroes del pasado, sino «crear *un clima moral nuevo*»[22] en respuesta a la llamada de las Musas que recibió en el monte Helicón. Nos encontraríamos así con una ética *versus* épica. Frente a los valores de la aristocracia como el éxito guerrero, en el mundo hesiódico, el valor emergente es el trabajo. Podríamos preguntarnos si acaso Hesíodo no está feminizando su crítica a la nobleza de sangre cuando tilda a las mujeres de holgazanas: una descalificación directa y descarada del comportamiento de los aristócratas hubiera podido resultar una agresión excesiva o quizás peligrosa. Pero si la crítica apunta de forma directa a las mujeres en tanto que tales, el noble bien podría no darse por aludido.[23] Las virtudes aristocráticas son desempeños de funciones sociales rígidamente codificadas y jerarquizadas, y se justifican mientras las situaciones históricas son congruentes con su *pathos* heroico. Cuando cambian las condiciones sociales que sustentaban tales aureolas épicas, estas virtudes resultan ser erosionadas en su legitimidad y sustituidas por otras virtudes alternativas emergentes. En el caso del mundo hesiódico que nos ocupa, estas virtudes van a ser el trabajo y la justicia.

---

22. El subrayado es mío.
23. Para un análisis de estrategias de feminización de la crítica social, cfr. Armstrong, N.: *op. cit.*

Por su naturaleza misma, y a diferencia de las virtudes de la excelencia aristocrática, estos nuevos valores son susceptibles de ser ampliados a una base social mucho mayor cuya autocomprensión como sujeto de los mismos se solapa con lo genéricamente humano, con la condición humana en tanto que tal. Y es justamente esta condición humana el objeto de la tematización hesiódica, que va a delimitar su espacio frente al orden de los dioses instituido por Zeus, por una parte, y, por otra, frente al mundo animal. Las desjerarquizaciones —*sit venia verbo*— se doblan de una autopercepción, por parte de quienes las han promovido y en mayor o menor grado las irracionalizan, como susceptibles de generar un horizonte virtual en el que quepa lo humano y sólo lo humano. Los valores y comportamientos alternativos que emanan en esta puesta en cuestión se legitiman precisamente en base al nuevo horizonte más o menos virtual que diseñan en su misma operación crítica. Su legitimación está, por tanto, en función de su propia autodefinición *versus* las antiguas virtudes aristocráticas a la vez que, en este mismo empeño, heredan sus connotaciones épicas. De ahí, el tono solemne de todo programa de moralización, que se intensifica, a su vez, mediante la exclusión de aquel grupo que no puede ser recuperado y reciclado en las nuevas claves. Teóricamente, en abstracto, las mujeres de los héroes homéricos deberían haber sido recuperadas puesto que trabajaban. Pero su trabajo era demasiado específico y simbólicamente complementario de este mundo sobre cuyas ruinas se pretende edificar las nuevas formas de vida. La nueva ética es la épica del trabajo y, con respecto a la línea de flotación de esta nueva ética, las mujeres están o muy por encima o muy por debajo. Muy por encima las aristócratas: ¿para qué iban a querer los campesinos tan esmeradas y sofisticadas labores? (Palas Atenea dota a Pandora del arte de tejer, pero, al decir de Hesíodo, parece ser que no lo ejerce.) Muy por debajo las campesinas: su trabajo, cuando se las obliga situándolas en el mismo lote que un buey a guisa de dote matrimonial, es percibido como demasiado servil. Así, habrá un reciclaje del guerrero, como merecedor de honra y reconocimiento, en el laborioso campesino o artesano. Pero no de la mujer del antiguo guerrero: en el nuevo universo es un peso muerto, una trampa. Pues su ahora insignificante función social no puede transformarse en la virtud moral que es propia de la condición humana. Oscilará así, como lo veremos, entre la animalización y la artificialización. En suma: si lo humano para Hesíodo se define por el trabajo, la holgazanería de las mujeres, como lo afirma Mercedes Madrid, cumplirá la función de excluirlas de la condición humana. Es más, en *Los Trabajos y los Días*, como lo señala la autora de *La misoginia en Grecia*, «aparece Zeus como garante de la justicia, pero ya no sólo de la justicia cósmica, sino también de la justicia entre los seres humanos, lo que necesariamente lleva a Hesíodo a plantearse el problema de la justificación de la presencia del mal en el mundo»[24]. La concepción de Pandora se hará de este modo de acuerdo con las exigencias de la teodicea, y deberá ser presentada por tanto satisfaciendo todos los registros que en la mente griega están asociados al mal y al no-ser. Marca y representa la separación irreversible entre los dioses y los humanos: es causa de todo aquello por lo cual lo humano no es divino (los trabajos, las enfermedades, la muerte). Así, es hecha, no engendrada: «Modeló de tierra[25] el ilustre Patizambo una imagen con apariencia de casta doncella, por voluntad del Crónida». Pertenece, pues, al orden de la artificialidad, de la *tejné*, que, para los griegos, es un orden de segunda categoría si se compara con el de la φύσις, lo que tiene en sí mismo el principio de su movimiento y su reposo. No se inserta, pues, en secuencia genealógica alguna: a diferencia de las aristócratas homéricas, Pandora no tiene padre, ni madre, ni relación familiar alguna que pudiera servirle de referente legitimador. Viene a ser una incrustación en un orden —la comunidad de los varones— ya constituido previamente sin ella. En

---

24. Madrid, M.: *op. cit.*
25. Entiéndase: de tierra inerte, lugar de mera réplica, de potencialidad generadora desactivada desde la neutralización de los poderes partenogenéticos de Gea, como lo señala Inmaculada Cubero en su tesis inédita. Cfr. Cubero, I.: «Poder sexual o control de la reproducción entre el *mitos* y el *logos*: análisis de los relatos de Hesíodo», Universidad Complutense de Madrid, Facultad de Políticas y Sociología, Tesis inédita, 1987.

tanto que artificio, pues, carece de organicidad, de principio constitutivo interno: es una inanidad y una chapuza ontológica; a su vez, una chapuza ontológica no puede tener sino una existencia parasitaria: Pandora, de este modo, será una glotona que vampiriza el esfuerzo masculino a la vez que lo exprime sexualmente. No puede tener de ese modo principio de individuación: «la raza de femeninas mujeres» que de ella procede —y sólo ella— no está compuesta de entidades discernibles sino de lotes ontológicos indiferenciados[26]. Las mujeres se definen, de forma genérica y redundante, «por su propia feminidad». El Bien es orgánico y genealógico: lo semejante genera lo semejante y, tal como se narra en el mito hesiódico de *Las Edades*[27], define el orden de la legitimidad mientras todavía «los hijos se parecen a sus padres». Por el contrario, el Mal es inorgánico y agenealógico: no tiene canales por los que pueda transitar el *logos* del *genos*. Así, todo se invierte y, como ocurre en la edad del hierro, los hombres, «al nacer (presentan) blancas sienes. El Padre no se parecerá a los hijos ni los hijos al padre».[28]

1.4. Sobre chapuzas ontológicas

Pandora, pues, no es engendrada sino hecha. Y no de una sola pieza: es un ensamblaje de partes cuya soldadura es precaria. En su libro *Conceptualización de lo femenino en la filosofía de Platón*[29], Amalia González lleva a cabo un interesante análisis del *Menéxeno* en la línea que aquí nos interesa. Destaca de entrada las connotaciones femeninas que Platón adjudica a la retórica en el *Gorgias*, al asociarla con «cosmética, culinaria y sofística» como prácticas adulatorias que remiten al engaño y a la simulación *versus* gimnasia,

26. Amorós, C.: *La gran diferencia y sus pequeñas consecuencias... para las luchas de las mujeres*, Cátedra, Colección Feminismos, Madrid, 2006.
27. Hesíodo: *op. cit.*
28. Ibídem..
29. González Suárez, A.: *La conceptualización de lo femenino en Platón*, Ediciones Clásicas, Madrid, 1999.

medicina, legislación y justicia, artes viriles que se sitúan del lado de lo entitativo y lo verdadero. Pero, sobre todo, cuando trata la figura de Aspasia como maestra de retórica y, en tanto que tal, compositora de epitafios, presenta su arte como una tarea fácil: consistiría en soldar de forma mecánica piezas[30] de discursos prefabricados *ad hoc* para las pompas fúnebres de los héroes muertos en batalla, frente a la organicidad que debe tener el discurso verdadero, tal como es presentado en *El Fedro*. La mujer de Pericles aparece de este modo como una impostora que se hace pasar por sabia siendo así que, en realidad, se limita al «arreglo cosmético» de los epitafios, destinados a una multitud indiferenciada —la de los caídos en batalla en defensa de la democracia ateniense— cuya virtud anónima no puede ser individualmente realzada. Una vez más, pues, se asocia el registro del simulacro lo que carece de un principio de individuación y puede, por tanto, ser troceado y amañado. Pertenecerá, así, a la categoría de la *hylé,* la materia pasiva de Aristóteles, y no de la *morfé,* del principio configurador que da al compuesto su unidad sustancial. Viene a ser algo así como un «*collage,*» producto, como veremos, del *bricolage* de los dioses. Esta «ontología sucia», por tomar la expresión de Donna Haraway, que es la de Pandora, no es en absoluto inocente. En la medida en que es hecha tal como la hemos descrito, es susceptible de ser troceada. Hijas de «la raza de las femeninas mujeres» son las víctimas de los crímenes sexuales que actualmente se cometen en Ciudad Juárez y que dejan miembros de las mujeres desperdigados en improvisados cementerios.[31]

El imaginario masculino sobre lo masculino, podríamos decir, funciona bajo el signo del *unum*: en el fetichismo, de acuerdo con los análisis de Freud, cualquier adorno puede funcionar como sucedáneo del falo y de su organicidad. Incluso en la castración, como caso límite, el cuerpo se separaría de un falo que es la réplica de su ser uno. Como lo diría Lacan, estamos en el eje de la metáfora. Durante siglos se creyó que el semen se fabricaba en el cerebro, que no sería de

---

30. Aspasia bien podría ser una maquiladora...
31. González Rodríguez, S.: *Huesos del desierto*, Anagrama, Barcelona, 2002.

este modo sino el *pendant* de los testículos. Por el contrario, la pornografía y el crimen sexual aplicados a las mujeres deshacen (trocean, descuartizan o llevan a cabo mutilaciones sistemáticas) aquello que aparecería como una reunión de partes cuya soldadura no sería sino precaria y aparente. Es como si los varones hubieran intelectualizado su sexo para incorporarlo orgánicamente a su ser «uno» a la vez que han sexualizado hasta el cerebro de las mujeres para instituirlas en un orden continuo indiferenciado: «*Tota mulier est in utero*», decía Santo Tomás (y la afirmación de Luce Irigaray de que «la mujer tiene órganos sexuales por doquier» no anda tan lejos de la del Santo)[32]. La mujer y sus partes, para decirlo como Lacan, estarían en el eje de la metonimia.

Así, por volver a Grecia, la desnudez masculina, cultivada en el gimnasio[33], al decir de Ana Iriarte, «modela una figura que da cuenta de sus cualidades de ciudadano» *versus* la mujer artificiosamente ataviada. Pandora nos sale aquí de nuevo en su hechura compuesta. Compuesta a trozos por adornos, pues, como lo afirma Ana Iriarte, «la narración del nacimiento de Pandora es ante todo la de su acicalamiento: la minuciosa descripción de los delicados tejidos y adornos que los dioses aportan contrastan con la breve alusión a un cuerpo que no parece nombrarse sino para ser cubierto, como si los aderezos en vez de adornar *constituyeran* a la mujer»[34]. Es decir, Pandora no sólo no tiene principio constitutivo propio y es hecha a retazos, sino que los retazos mismos que la constituyen pertenecen no tanto al orden de lo real como al del simulacro: son adornos, algo adjetivo que adquiriría aquí el (pseudo) rango de sustantivo. Pues «Hefesto modela con barro y agua un ser semejante a una «virgen pura», «a las diosas inmortales». Su artificialidad y, podríamos decir, compositividad intrínseca la sitúan en el orden, no ya de la apariencia, sino del simulacro. Gilles Deleuze establece una distinción entre la imagen y el simulacro: la imagen es una semejanza

---

32. Amorós, C.: *op. cit.*
33. Platón en *Gorgias* contrapone la masculina gimnasia a la femenina cosmética.
34. Iriarte, A.: *Las redes del enigma*, Taurus, Madrid, 1990. (Subrayado mío.)

lograda por mímesis, mientras que el simulacro es la apariencia de semejanza, aquello que parece que se parece. De ahí la paradoja del simulacro: cuanto más parece que se parece tanto más falso es. Estamos, pues, ante una radical impostura ontológica, por lo que no es de extrañar que el simulacro sea la perfecta instrumentación para cumplir la función de trampa y engaño: es el regalo envenenado con el que Zeus obsequia a los mortales. El rey de los dioses expresa así su designio: «yo, a cambio del fuego, les daré un *mal* con el que todos se alegren de corazón acariciando su propia desgracia». Este regalo envenenado, la «imagen con la apariencia de una casta doncella», diseña el ámbito de lo fraudulento y de la seducción, pues está, a su vez, compuesto de regalos donados por cada uno de los dioses y diosas que vienen a ser una pantomima de los valiosos regalos con que cubrían a las novias los aristócratas homéricos.

En consonancia con su inanidad ontológica, Zeus ordena a Hermes que la dote de un «carácter voluble», el mensajero Argifonte configuró «en su pecho mentiras, palabras seductoras […] por voluntad de Zeus gravisonante». Semejante chapuza ontológica conlleva la torpeza epistemológica, y así «al quitar con sus manos la enorme tapa de una jarra […] dejó diseminarse [los males] y procuró a los hombres lamentables inquietudes». Activa el mal por su connaturalidad entitativa con él: lo representa —en el orden de la metáfora— y es su causa —en el de la metonimia—. Así procede el «maniquí hecho mujer», en afortunada expresión de Ana Iriarte. Su belleza de simulacro es el «bello mal»: el mal queda así del lado del «*Pulchrum*» *versus* lo *Unum* y lo *Verum*. Este «irresistible y espinoso engaño» es tan imposible de evitar como la guerra, el mal que sustentaba el prestigio de los aristócratas.

En último término, las Pandoras quedan sometidas a una relación de «doble vínculo». Nicole Loraux[35] señala que se le atribuye a Pandora, madre de «la raza de las femeninas mujeres», la inquietante facultad de «reproducirse en círculo cerrado». Así, se las expulsa

---

35. Loraux, N.: «Sur la race des femmes et quelques-unes des ses tribus», en: *Les enfants d'Athéna*, Le Seuil, Paris, 1990.

de lo humano a la vez que se desconfía de ellas por su separación. No podemos estar más lejos de las integradas heroínas de la epopeya homérica. Contraponiendo las virtudes del trabajo a las excelencias de la guerra, los varones emergentes recomponen la masculinidad como sistema de prestigio articulando su discurso sobre las mujeres en contra del discurso de los nobles. Y este discurso no podía ser sino un discurso misógino, que descalifica la *expertise* aristocrática acerca de las féminas, la carencia de sentido común de los nobles que eran capaces de hacer una guerra por una mujer...

1.5. **Del simulacro al no-ser: Parménides *versus* Lévi-Strauss**

El etnólogo Claude Lévi-Strauss realza el valor privilegiado del operador dicotómico como dispositivo básico en los sistemas clasificatorios del «pensamiento salvaje» para organizar el mundo como una totalidad ordenada y provista de sentido: «Si no pudiera ser captado como oposición, el ser se reduciría a la nada». Así, para que lo femenino pueda pasar del juego de las polaridades, caro a los pitagóricos, al registro del no-ser, será preciso que se produzcan en el pensamiento griego lo que Vegetti ha llamado «las neutralizaciones»[36]. Este proceso tiene una primera manifestación en el Caos como figura primordial neutra en el principio de la *Teogonía* de Hesíodo[37], al lado de Gea y otras divinidades, y se la podría asumir como el referente ancestral de *tó on* de Parménides. Pues *tó on*, el ser neutro[38], a diferencia de la Pandora mítica, no puede ser hecho y, a diferencia de las divinidades, tampoco puede ser engendrado: «Pues ¿qué génesis le buscarías? [...] De lo que no es, no te permito que lo digas ni pienses, pues no se puede decir ni pensar lo que no es.» ¿Procederá, entonces, de lo que es?: «Jamás la fuerza de la

---

36. Veggeti, M.: *Los orígenes de la racionalidad científica*, Península, Barcelona, 1981. Traducción de Concha San-Valero.
37. Ha sido minuciosamente estudiado por Inmaculada Cubero Postigo en su tesis de Doctorado inédita.
38. Para Vegetti, el Ser de Parménides no sería sino un eufemismo del dios Apolo.

creencia concederá que de lo que es se genere algo fuera de él, a causa de lo cual ni nacer ni perecer le permite *Diké*, aflojándole las cadenas, sino que lo mantiene». Así, «lo ente se reúne con lo ente», «es un todo continuo»; por tanto, lo no neutro es no-ser.

El referente polémico de Parménides parece ser aquí la tabla pitagórica de los opuestos, donde aparecen encabalgamientos dicotómicos (lo impar y lo par, la derecha y la izquierda) que podrían ser organizados bajo la contraposición de lo masculino y lo femenino como el supremo analogante de la serie. Para construir esta tabla, los mortales «según sus pareceres han impuesto nombres a dos formas, de las cuales no se puede nombrar a una» [porque no se puede nombrar lo que no es: el lenguaje no dice, como lo afirmará más tarde Antístenes el sofista, sino lo que es]. Así, contra Lévi-Strauss oficiando como intérprete del pensamiento mítico, la oposición dentro del ser es impensable, *ergo* no atraviesa el ser ni lo comparte, sino que se traslada a su diferencia radical con el no-ser, que no puede ser pensado ni nombrado. Por tanto, habrá que descalificar, como apariencia y engañosa opinión de los mortales, la génesis y la diferencia sexual.

A medida que se van configurando las categorías de lo neutro como específicas del *logos*[39], del discurso racional frente al pensamiento mítico, y en la medida en que son los varones los portadores de ese discurso, lo masculino vendrá a solaparse con lo neutro. Ya en el pensamiento mítico Pandora había quedado fuera del orden genealógico; bajo el imperio del *logos* lo femenino se verá desplazado al espacio de la a-logicidad, de lo no-pensado [...] salvo en relación con el varón como analogado supremo y por defectividad. Así, Aristóteles afirmará que la hembra es como un macho deforme, y el menstruo es semen, sólo que no puro»[40] (*De Generatione Animalium*, 737 a 27).

---

39. Cfr. Vegetti, *op. cit.*
40. *De Generatione Animalium,* 737 a 27.

1.6. Del no-ser al mal

La figura de Pandora será reeditada en otras formas históricas de la misoginia, como la misoginia romántica decimonónica. Aquí se realza sobre el fondo, no ya de otras heterodesignaciones patriarcales, sino del propio discurso feminista tal como se ha ido articulando desde la Ilustración y la Revolución Francesa. No vamos a dedicarnos ahora a su reconstrucción[41]: nos limitaremos a cerrarlo con la afirmación del misógino exasperado por el movimiento sufragista que fue Otto Weininger. Para el autor de *Sexo y carácter*,[42] las mujeres no tienen existencia ni esencia: son la nada. «Se es hombre o se es mujer según que se sea o no se sea». Establece así una relación entre lo delictivo y lo femenino: al estar «la mujer» falta de esencia, al revelarse como el no-ser, y al estar el «no-ser» emparentado con la nada, la fémina resulta ser anti-moral. De este modo, «la afirmación de la nada es antimoral: es la necesidad de transformar lo que tiene forma en informe, en materia, es la necesidad de destruir». El feminismo, así, vendría a ser nihilismo.

Desgraciadamente, la misoginia de la era global y el fenómeno emergente del feminicidio en las zonas de las maquilas invierten la afirmación de Otto Weininger: ellas, las mujeres jóvenes, resultan ser el objeto de la compulsión destructora de delincuentes y mafiosos. Ni siquiera sus cadáveres conservan una forma por la que pudieran ser identificados: son reducidas a lo informe, a lo ninguneado hasta en la muerte. La misoginia es aquí algo más que un género literario. *In Memoriam.*

---

41. Amorós, C.: *Tiempo de feminismo, proyecto ilustrado y postmodernidad*, Cátedra, Colección Feminismos, Madrid, 1997.
42. Weininger, O.: *Sexo y carácter*, Península, Barcelona, 1985. Traducción de F. Jiménez de Asúa.

2.

Violencia patriarcal en la era de la globalización: de Sade a las maquilas

A la memoria de Graciela Hierro

2.1. El patriarcado y el debate sobre los universales: cuestiones metodológicas

La postmodernidad es escéptica en relación con el uso de conceptos generales y omniabarcantes. El concepto de «patriarcado» sería uno de ellos. Se siente más cómoda manejando casos concretos y bien contextualizados de dominación masculina. Por su parte, la teoría feminista, desde Kate Millet, Heidi Hartmann y Carol Pateman reclaman este concepto como fundamental si es que la teoría feminista no quiere renunciar a una comprensión cabal de un ámbito específico de fenómenos que conciernen a la subordinación de las mujeres. Pero este problemático concepto puede entenderse de diferentes maneras, y por ello vamos a hacer un breve *excursus* a una polémica ya venerable acerca de cómo hay que interpretar el correlato extralingüístico de términos genéricos, tales como neoliberalismo capitalista, misoginia y el propio «patriarcado». En mi libro *La gran diferencia y sus pequeñas consecuencias para las luchas de las mujeres* adopto la posición que en el contexto de esta polémica se llama técnicamente «nominalismo moderado». La polémica a que nos referimos se remonta a Platón y se desarrolló durante la Edad Media en el contexto de preocupaciones teológicas. En la antigüedad clásica, el sofista Antístenes le decía a Platón: «Veo el caballo, pero no "la caballeidad"». Pues bien, Antístenes sería un nominalista: términos que connotan abstracciones como «caballeidad» son meros nombres que utilizamos como un expediente cómodo para referirnos a un conjunto de casos diversos que tienen en común una cierta similitud. Por considerar que los términos genéricos son meros nombres, se les ha dado en la historia de la filosofía la denominación técnica de «nominalistas.»

En las antípodas del nominalismo, para cuyos adeptos sólo tienen relevancia ontológica los individuos o los casos o instancias individuales que constituyen el ámbito de la denotación de los términos genéricos, se encuentra el llamado «*realismo de los universales*». Esta posición es de raigambre platónica, pues para Platón la densidad entitativa estaba del lado de lo que denotarían conceptos tan abstractos y generales como «justicia» y «belleza». Se denomina técnicamente, en el contexto de esta polémica, «realismo de los universales», por entender que el correlato extralingüístico de estos términos es lo que tiene entidad relevante, y los casos individuales la adquieren por su participación en la misma de modo, podríamos decir, derivado.

Pues bien, entre estas posiciones extremas se sitúa el llamado «nominalismo moderado» o «conceptualismo», que es la posición que yo suscribo. De acuerdo con la misma, el correlato extralingüístico de los términos universales —de ahí la denominación de la polémica— y abstractos no es una unidad ontológica, como querrían los/las «realistas». Pero tampoco lo constituyen casos aislados entre sí y discontinuos, como lo pretenden los nominalistas. Ponemos todo el énfasis en las relaciones y en ciertas continuidades susceptibles de ser detectadas entre lo que de otro modo no serían sino bloques ontológicos incomunicados. Somos nominalistas porque concedemos todo el realce ontológico pertinente a lo individual. Pero coincidimos con los realistas en que hay que otorgar algún tipo de status ontológico a lo que da su sentido al hecho de que hagamos referencia a estos conjuntos de entidades bajo una misma rúbrica.

Si, tras estas consideraciones, volvemos a nuestro concepto de patriarcado, que es de modo muy específico el patriarcado de la era de la globalización, quizás logremos algunas clarificaciones. Entendemos que no existe algo así como una unidad ontológica que estaría detrás de las diferentes modalidades de dominación patriarcal: como lo afirmaba Antístenes, vemos el caballo pero no «la caballeidad». Esta última posición sería la de los/las realistas, y seguramente podemos adjudicársela a ciertas representantes del feminismo cultural y a algunas ecofeministas: lo masculino sería esencialmente tanático *versus* la inclinación biofílica de lo femenino —que así es como el feminismo cultural lo entiende— en una contraposición concebida de forma esencialista. Los nominalistas, por el contrario, enfocarán toda su atención a cada fenómeno individual e irreductiblemente idiosincrático: la deforestación por intereses de las multinacionales, el Tratado del Libre Comercio, la mano de obra adoptada por lo que ha llamado A. Gordon «economía del trabajo doméstico fuera del hogar» no tendrían entre sí sino vínculos muy laxos. Hay que situar cada fenómeno en su contexto y reprimirse ante las generalizaciones. Por el contrario, los realistas tienden a asumir en sentido fuerte lo denotado por la idea de conspiración y sólo desde ella se les vuelve todo más inteligible. Quienes nos adscribimos al nominalismo moderado pretendemos articular una posición equidistante entre un realismo que deriva hacia teorías conspiratorias y un nominalismo que repele los vínculos entre los fenómenos individuales que podrían venir denotados por términos como «patriarcado capitalista global». Pues asumimos que aquello que, por hipótesis, pone los hechos individuales en relación no tiene, a su vez, por qué tener el estatuto de un hecho individual so pena de que su entidad se vea descalificada.

Ante la conmoción que nos produce el hecho de los feminicidios en Ciudad Juárez y otros lugares de México y Latinoamérica —particularmente, Guatemala—, cabe adoptar actitudes analíticas que corresponderían a las posiciones a que nos hemos referido en relación con la polémica de los universales. Los realistas se afanarán en nutrir de entidad las teorías conspiratorias: en última instancia, todo estaría relacionado con todo en una continuidad sin fisuras. La posición de los realistas a ultranza podría tener derivas hacia la paranoia, que se caracterizaría, de acuerdo con Donna Haraway, por la total «densidad de conexión», ante la cual no le cabría al individuo sino la opción de defenderse autísticamente de la muerte. Por su parte, los nominalistas no querrán saber nada, no ya de teorías conspiratorias, sino de enlazar —lo cual se haría, según ellos, abusivamente— unos fenómenos con otros apoyándose en cierta base empírica. Y por último, los/las nominalistas moderados —o conceptualistas, si se quiere—, vemos y tratamos de entender un complejo de fenómenos diversos pero que parecen tener afinidades electivas de acuerdo con el concepto de «articulación». Tomamos este concepto asimismo de Donna Haraway, en la medida en que nos resulta funcional para comprender realidades complejas en tanto que connota a la vez «soldadura» y «juego flexible». Presumimos que el patriarcado neoliberal es un conjunto de pactos entre grupos que no constituyen una totalidad sin fisuras: como tuve ocasión de exponerlo en otra parte[1], son metaestables, más o menos fluidos: dependiendo de diversas circunstancias, evolucionan, de modo reversible, entre la modalidad que, en clave sartreana, denomino «grupos juramentados» y las texturas seriales, las más laxas, que los grupos juramentados nunca logran del todo conjurar ni controlar.

Pues bien, proponemos como hipótesis y categoría interpretativa para esclarecer algún aspecto de la tragedia de los feminicidios «la articulación», vinculada al nominalismo moderado. El nominalismo extremo se priva siempre de comprender los efectos sistémicos de las diversas formas de dominación. Y, sin ellos, las realidades sociales que tienen que ver con el patriarcado no se entienden. Pero —y esto habría que decírselo a los realistas—, los efectos sistémicos no siempre, o al menos la mayoría de las veces, tienen por qué revestir una tramoya conspiratoria. El poder fluye, como quería Foucault, o bien se concentra o distribuye a través de pactos. Y tras los feminicidios

---

1. Cfr. Amorós, C., *La gran diferencia y sus pequeñas consecuencias... para las luchas de las mujeres*, Cátedra, 2005, Madrid. Capítulo III.

de Ciudad Juárez, encontramos los pactos más siniestros sin necesidad de recurrir al realismo conspiratorio. Nos dedicaremos, pues, a analizar las características de estos pactos desde lo que llamo el posicionamiento cognoscitivo del nominalismo moderado. Pues este «desde», esta posición compleja —adecuada para una realidad compleja— nos arroja más claves de inteligibilidad que un realismo que puede doblarse de paranoia. Y, también, de un nominalismo amante de los paisajes desérticos, como Quine lo diría, que se autorreprime epistémicamente por la consigna de «no multiplicar los entes sin necesidad» llevada al extremo. Pues aquí no resulta del todo pertinente: nos encontramos ante una realidad superpoblada, de entidades enredadas cuyo análisis y desentrañamiento es necesario para la comprensión de las tramas, de las articulaciones. Entendemos que ni una policía que fuera radicalmente nominalista desde una óptica de «casos aislados dependientes de causas diversas» ni una excesivamente realista —paranoica— podrían esclarecer los feminicidios.

Por nuestra parte, hemos reflexionado mucho acerca de cuál debe ser la posición ontológica y epistemológica adecuadas desde un compromiso político feminista.

2.2. El imaginario patriarcal

De acuerdo con nuestra concepción nominalista moderada del patriarcado, entendemos que el imaginario que activa, a la vez que es activado por ellas, determinadas prácticas no es un inconsciente colectivo en el sentido de Jung como lo querrían los realistas. Ni, como lo plantearían los nominalistas radicales, un conjunto discontinuo de ocurrencias representativas más o menos pregnantes siempre limitadas a un determinado contexto. En clave sartreana, nos referimos al imaginario patriarcal como a un conjunto de representaciones —más o menos conscientes— que funcionan a la vez como causa y como precipitado simbólico de determinadas prácticas sociales. En tanto que estas prácticas tienen un juego de posibilidades y límites, diseñan horizontes de valor que convierten en plenitud estos mismos límites. Para el ama de casa, por ejemplo, lo que se representa como el cultivo de los valores del cuidado es la constricción de sus propias prácticas, insoportables si tuviera que vivirlas a palo seco, promocionándolas a desempeño de las más nobles tareas. Otro ejemplo, histórico, del propio Sartre, en su *Crítica de la Razón Dialéctica*, es el humanismo del trabajo vivido por la élite obrera en la época de la máquina universal. Esta forma de producción requería una especialidad y una competencia por parte de cada uno de los miembros de la misma como centro de un sistema solar en torno al cual giraban los peones carentes de cualificación alguna. Lo que estará en la base de las reivindicaciones de esta élite será su identificación con la calidad de su trabajo como referente vivido en el que basar su dignidad.

El imaginario patriarcal, entendido como correlato representativo del sistema de prácticas que sustentan sus pactos, en el nivel de abstracción en que ahora nos movemos, podría ser resumido en los siguientes axiomas:

1. Es natural que se establezca una jerarquía entre varones y mujeres en la cual las mujeres aparecen como subordinadas.

2. Para mantener esta jerarquía, los varones deberán relacionarse entre sí de determinada manera en orden a que la masculinidad se constituya como un sistema de prestigio.[2]

3. Las mujeres funcionan como el objeto transaccional de los pactos que traman los varones de ese modo y que revisten modalidades muy diferentes.

4. Los varones, como lo estableció Simone de Beauvoir en *El Segundo Sexo*, heterodesignan a «la Mujer» como «la Otra» en clave de realismo de los universales.

5. En función del carácter «natural» de la jerarquía así establecida, el poder político que se adjudican los varones va de consuno con el poder patriarcal o facultad de acceso a y de control sobre las mujeres, de acuerdo con la tesis de Carol Pateman expuesta en su obra *El contrato sexual* (1988).

---

2. Cfr. Amorós, C.: *La gran diferencia y sus pequeñas consecuencias... para las luchas de las mujeres, op. cit.* Capítulo 5.

Pues bien: cuando este poder patriarcal se ejerce de forma despótica o totalitaria, el Padre (real o simbólico) acapara (asimismo real o simbólicamente) a las mujeres. Y, cuando lo tiene a bien, las presta o las distribuye. Ejemplos antropológicos e históricos del ejercicio de este poder podrían ser el privilegio de la desfloración de las mujeres por parte del soberano en la realeza sagrada, el derecho de pernada de los nobles en el feudalismo...

Un importante cambio tiene lugar en este imaginario cuando en la modernidad europea el poder político se legitima sobre la base del contrato social. Ahora, la fratría de los varones es, de acuerdo con Pateman, la que genera por pacto —pacto que es vivido como constituyente a la par que regenerador—, vida política. Es entonces cuando se instituye un nuevo orden civil.

Hemos podido ver que el poder político se asume por parte de los varones que lo detentan como poder patriarcal, capacidad de dominio sobre las mujeres. Pues bien: una cláusula fundamental del nuevo orden fraterno —el contrato social— hará referencia a su relación con las féminas, con lo que Pateman ha llamado «el desorden de las mujeres». Esta cláusula, que no es explícita, representa la cara oculta, nunca mostrada, del contrato social moderno: se nos ha narrado la génesis de la esfera pública, pero no de la privada. Vendrá a instituir una nueva modalidad en el control y el acceso a las féminas, y es denominada por nuestra autora «el contrato sexual.» En virtud de este peculiar criptocontrato, podríamos decir, se establece un acuerdo de respeto por parte de todos los miembros integrantes del contrato social a la adjudicación de cada una de las mujeres al espacio privado de cada varón. Sobre este contrato previo, que no se explicita, entre los varones, se instituye —con posterioridad no cronológica sino, podríamos decir, en el orden de la secuencia de la lógica patriarcal— el contrato de matrimonio como contrato entre un varón y una mujer.

6. Los relevos de las heterodesignaciones patriarcales.

Hemos establecido, de acuerdo con Simone de Beauvoir, que «la Mujer» es una heterodesignación. A diferencia de las mujeres empíricas, que son muy diferentes cosas, «la Mujer» como término genérico expresa la idea de los varones acerca de cómo las mujeres deben ser, de qué modo deberán encarnar lo que a ellos se les antoja como «lo femenino». La heterodesignación patriarcal manifiesta así lo que denominamos «la feminidad normativa» y tiene efectos de estereotipia. ¿El «Eterno femenino»? No precisamente: el eterno femenino es temporal, contingente e histórico. Pues a lo largo de la historia podemos constatar de forma recurrente que, cuando se producen aspiraciones de relevar al grupo hegemónico varonil por parte de otro grupo emergente (que puede ser otro estamento, otra clase, otra generación), éstas se presentan acompañadas por —cuando no las preceden— heterodesignaciones patriarcales alternativas que contradicen, dicen-en-contra de las que hasta entonces han prevalecido como las hegemónicas. En la polémica medieval en torno al *Roman de la Rose, best seller* del siglo XIII y comienzos del XIV, se puede detectar un contraste abrupto entre la primera parte, donde se expresan los valores caballerescos del amor cortés, el juramento a la Dama, y la segunda, en la que estos valores se ven criticados y denigrados por un discurso racionalista-naturalista que trata a todo el genérico femenino como prostitutas. Escrita por Jean de Meun, un profesor de la Sorbona, que irrumpe entonces como foco de gran prestigio cultural, *vehicula*, a través de su concepción antagónica de las mujeres, sus deseos de relevar en el poder a la antigua nobleza cuya posición comienza a verse erosionada. Nuestro profesor, militantemente antigalante y lujurioso, inaugura en Europa la estirpe de los libertinos, que denigran el honor de las mujeres como punto fundamental de una estrategia de desprestigio de aquellos que las honraban. Pero todavía estamos lejos del marqués de Sade, cuyo referente polémico será entonces la mujer doméstica y honesta de las emergentes clases medias. Como lo veremos con más detalle, su novela libertina *Justine o Los infortunios de la virtud* dará la réplica de una aristocracia decadente a la expresión de los valores de las emergentes clases medias representadas por la novela de Richardson, *Pamela o la virtud recompensada.*[3] Las heterodesignaciones alternativas

---

3. Cfr. Amorós, C.: *Tiempo de feminismo, op. cit.,* pp. 55-85. Capítulo 5.

podrán en algunos casos desacreditar o desplazar con prontitud las hasta entonces hegemónicas o bien coexistir en tensión con las aún vigentes. Así pues, las variantes de la heterodesignación o determinación de «la feminidad normativa» que se establezcan van a depender en buena medida de las modalidades que adopten los pactos y los litigios entre los varones.

La heterodesignación de los varones se expresa a menudo en frases en las que aparece impostada lo que se presenta como una sabiduría proverbial. Por ejemplo, «con las mujeres ya se sabe» (en el fondo son putas, y si algo les pasa por algo será). Pero se pueden doblar de otras no menos sentenciosas sin que en la contradicción entre ambas se perciba la menor disonancia: «Con las mujeres nunca se sabe: ¡A saber adónde se le habrá ocurrido ir a esa insensata!» ¿Les suena a ustedes a algo? Como tan bien lo expresa Alicia Miyares: «somos lo misterioso y lo tan bien conocido».

2.3. El imaginario libertino

Los feminicidios de Ciudad Juárez y otros lugares de Méjico nos aparecen *prima facie* como incomprensibles, además de espeluznantes y patéticos. Poco podemos hacer ante su carácter terrorífico que no sea estremecernos de dolor y solidarizarnos con las víctimas. Ante su apariencia incomprensible, sin embargo, quizás seamos capaces de hacer algo que nos aporte, a falta de otro consuelo, algún consuelo epistemológico. Quizás entender algo, por poco que sea, tener alguna clave nos ayude a salir de nuestra absoluta sensación de impotencia. «Las ideas adecuadas —afirmaba Spinoza—, incrementan nuestra potencia de obrar».

2.3.1. El marqués de Sade: la naturaleza como mal

Quizás no es del todo descabellado pensar que esos atroces y peculiares crímenes tienen alguna relación con una amenazadora deriva del imaginario patriarcal a la que denominamos «imaginario libertino». Para esclarecer algunos de sus aspectos, vamos a tratar de reconstruir su historia remontándonos a la matriz sadeana. Pues el sadismo que ponen de manifiesto no es lo menos impactante de estos horrendos delitos. ¿Es comprensible la obra y la personalidad de alguien como el marqués de Sade, padre —paradójico— de la genealogía libertina? Pues, justamente, el libertino reniega de toda genealogía. Lo que llama especialmente nuestra atención es que este padre paradójico es un hijo paradójico de la Ilustración. (El feminismo, según Amelia Valcárcel, habría sido «su hijo no querido».) Producto a la vez de la Ilustración y del Antiguo Régimen, el extraño Marqués quiere radicalizar, por una parte, ciertos conceptos ilustrados. Su *Filosofía en el tocador* comienza con la exhortación: «¡Franceses, haced aún un esfuerzo para ser republicanos!». Y lleva a cabo una insólita inflexión de los mismos a través de la simbólica del Antiguo Régimen. Sartre lo ilustra, basándose en el libro de Simone de Beauvoir *Faut-il brûler Sade?* con la interpretación del Marqués del concepto de naturaleza. Sade, afirma Sartre, «quiere mostrar que la ley de la Naturaleza es la ley del más fuerte, que las masacres y las torturas no hacen sino reproducir las destrucciones naturales [...]. Pero la idea contiene para él cierto sentido desorientador: para cualquier hombre de 1789, noble o burgués, la naturaleza es buena. [Aclaremos por nuestra parte que es el deseable orden de las cosas para los ilustrados, y funciona para ellos a modo de paradigma normativo.] De pronto, todo el sistema se va a desviar: ya que el asesinato y la tortura no hacen más que imitar a la naturaleza, los peores crímenes son buenos y las virtudes más hermosas, malas [...]. El resultado será esta ideología aberrante: la única relación de persona a persona es la que une al verdugo con la víctima»[4]. El propio Sade, en *La Nouvelle Justine*, confiesa: «Sí, aborrezco la naturaleza, y la detesto porque la conozco demasiado bien: conocedor de sus horribles secretos [...] he experimentado una especie de placer

---

4. Sartre, J.-P. : *Critique de la Raison dialectique*, Gallimard, París, 1985, tomo I, pp. 91-93. Edición de Arlette Elkaïm-Sartre. La traducción es mía.

copiando sus perfidias.» Invierte de este modo el signo valorativo del ideal ilustrado de la naturaleza identificándola como el mal. Conserva y asume así hasta la exasperación su carácter de normatividad. Pues, para su sensibilidad aristocrática, la legalidad constrictiva de una idea reguladora que proviene de la Ilustración burguesa se revela como tiránica. De ahí su compulsión sistemática hacia la transgresión.

2.3.2. Transgresión *versus* contrato

Desde los conceptos de Pateman que hemos expuesto, podemos entender aspectos relevantes del imaginario libertino. Sade, producto idiosincrático de *l'Ancien Régime* no ha matado del todo al Rey, no ha consumado el parricidio simbólico. De ahí se deriva que, para el libertino, no hay un pacto fraterno legítimo que instituya un nuevo orden legal. Por lo mismo, no hay una irreversibilidad en el proceso que ha llevado del orden estamental del *status* al mundo del contrato. De este modo, se ve obligado a establecer con el Padre Despótico los términos de una restauración imaginaria del mundo del *status*. De esta componenda —que no propiamente pacto—, va a resultar el proceso de la transgresión permanente de la ley. Pues ni puede estabilizarse el pacto de los hermanos constitutivo del contrato ni en mayor medida es posible una restauración legítima y ordenada del poder del Padre: se lo ha asesinado y no hay vuelta atrás. Así, hay que ser republicano. Sin embargo, a diferencia del ciudadano, que, parafraseando a Beauvoir, no nace sino que se hace, el Padre Despótico nace, no se hace: sigue vigente. «El rey ha muerto. ¡Viva el rey!». En estas condiciones, el libertino se ve obligado a un peculiar contrato simbólico con el Padre que se sustancia en el permanente ofrecimiento de un tributo. Pues la perpetua transgresión —que no sustitución— de sus reglas requiere un ritual propiciatorio asimismo permanente y que no va a consistir sino en el sacrificio de una víctima inocente. Sade, al no firmar el contrato social ni el contrato sexual en su modalidad fraterna —que es su corolario—, pone a las mujeres, que siguen perteneciendo al Padre no legítimamente destronado, en medio y en común, a disposición de un genérico masculino tiránico no constituido en fratría y que, por tanto, no ha dispuesto reglas de acceso a las mismas: «todas para todos». Ya lo decía Peter Weiss en su Marat-Sade: «la revolución es la cópula universal». Pero es más: nuestro Marqués ha irracionalizado, como incoherente con el principio ilustrado de la libertad, el que existan reglas tales. De este modo, al usufructuar a las mujeres, los libertinos están transitando un terreno que, como no ha dejado de ser del Padre, exige un precio a título de peaje. Y no harán nada mejor que rendirle pleitesía ofreciéndole como tributo precisamente el objeto de la usurpación de su privilegio. Es decir, la propia mujer que, en este caso, sólo puede ser restituida a su función de objeto transaccional por el sacrificio[5] (cfr., Amorós, C.: Tiempo de feminismo, *op. cit.*, p. 237).

La «voluntad general» de Rousseau debía consistir en un ejercicio permanente de la soberanía de la Asamblea, que se encontraba siempre de este modo en permanente proceso constituyente (de otro

---

5. Diana Washington en: «Ciudad Juárez y la cultura del sacrificio» (en: *Fronteras, violencia, justicia: nuevos discursos, op. cit.*) destaca la referencia de los periódicos a las víctimas como «víctima sacrificada», «niña sacrificada». Ello se enmarca en una cultura del sacrificio que podría ser reconstruida como un palimpsesto: se remontaría a los sacrificios humanos de los imperios azteca, tolteca y maya. El sacrificio de Cristo, tanto en su versión católica como en la protestante, se superpondría así a los sacrificios humanos al sol y la luna. La Virgen de Guadalupe, patrona de México, aparece como el símbolo paradigmático de la mujer abnegada, aquella cuya vida representa el sacrificio religioso. Por mi parte, añadiría que es al mismo tiempo aquella a la que se prometen determinados sacrificios a cambio de sus favores. La autora de *Cosecha de mujeres* destaca asimismo el sacrificio de las mujeres para lograr una nación mestiza: la alternativa hubiera sido el exterminio. Así, podemos ver que la idea de sacrificio es, subraya Washington, una parte íntima de la cultura mexicana. Se ha dicho asimismo que Ciudad Juárez se desarrolló «sobre las espaldas de las mujeres». Así, la práctica por los asesinos del sacrificio ritual de las víctimas está relacionada en la conciencia colectiva de la cultura mexicana con la idea de la muerte como un ritual necesario o inevitable: este fatalismo facilita la impunidad. Es recurrente la idea de la ofrenda sobre un altar real o simbólico.

Sin minimizar para nada la importancia de este contexto cultural, mantenemos que *el imaginario libertino tiene su propia lógica*. A la vez, prende en un medio que le resulta particularmente propicio.

modo, podrían reaparecer las identidades facciosas.) Es la fratría juramentada aquello que genera la vida política. Análogamente, el libertino se ve compelido a una serie sin fin de actos de transgresión permanente para no fallar en el desagravio constante que le requiere su Señor.

En suma: sólo se es coherentemente republicano para Sade si se impugna el universo de las reglas del contrato social-sexual que pretende haber venido a sustituir el poder del Padre despótico: en la medida en que es así, estas mismas reglas son despóticas. *Ergo* deben ser abolidas a favor de la práctica constrictiva, compulsiva y sistemática, del libertinaje sexual llevada a cabo en la tensión permanente: «Franceses, ¡un esfuerzo más para ser republicanos!».

2.3.3. Un «gran reserva francés»…

Luisa Posada ilustra la contraposición del imaginario del libertino y el imaginario del contrato sexual con el contraste entre «un gran reserva francés contra el vino de mesa rousseauniano»[6]. Los libertinos celebran, como lo veremos más adelante, junto con los mafiosos, las capturas de sus víctimas en orgías o «asesinatos de juerga». A estas macabras celebraciones hacen referencia Sergio González en su obra *Huesos en el desierto*[7] y Diana Washington en *Cosecha de mujeres. Safari en el desierto mexicano*[8]. De acuerdo con nuestra reportera, una de las investigaciones realizadas puso al descubierto que «varios funcionarios de la Procuraduría del estado de Chihuahua estaban implicados como promotores de orgías, después de las cuales las jóvenes declaradas desaparecidas eran encontradas sin vida»[9]. El «vino de mesa rousseauniano» es el que sirven las virtuosas Sofías domésticas, que son el cemento emocional de la familia, la «pequeña

---

6. Posada Kubissa, L.: *Sexo y esencia*, Horas y horas, Madrid, 1998. Capítulo I.
7. González Rodríguez, S.: *Huesos en el desierto*, Anagrama, Barcelona, 2002.
8. Washington Valdez, D.: *Cosecha de mujeres. Safari en el desierto mexicano*, Editorial Océano, Barcelona, 2005.
9. Ibídem, p. 209.

patria» a través de la cual, según el autor de *El Emilio*, el ciudadano varón «se une a la grande». Se observan escrupulosamente las reglas del contrato social-sexual que al libertino se le antojan reglas pacatas: para instituirlas no valía la pena haber matado a un rey. Pero el «gran reserva francés» está teñido de sangre. Con él se brinda por una feminidad normativa que toma como su referente polémico la Sofía rousseauniana del libro V de *El Emilio* y la *Pamela* de Richardson, que llegan a enamorar a los varones por modestas, recatadas y dedicadas en exclusiva al bienestar de su familia, recluidas en el espacio privado de un varón. La recompensa de su virtud es el amor característico de las emergentes clases medias, que se contrapone crítica y polémicamente a los usos matrimoniales de la aristocracia, basados en las conveniencias de los linajes. Justine, la protagonista de la novela de Sade es, por el contrario, sometida a tormento sexual por no secundar las reglas que definen la feminidad normativa de los libertinos, de signo opuesto a la que defienden los ciudadanos-maridos pacatos: castidad, domesticidad, a través de cuya práctica la mujer se vuelve la depositaria del honor del marido. Para Sade «el único objetivo de una mujer [...] ha de ser hacerse joder desde la mañana hasta la noche [...] para esa sola finalidad la ha creado la naturaleza»[10]. Y la naturaleza, como hemos tenido ocasión de exponerlo, es el paradigma de la normatividad.

2.3.4. De imperativos categóricos

De este modo, el comportamiento lujurioso es instituido en norma. ¿Cuál va a ser el criterio de que esta norma se cumple? Lacan interpreta lo que sería la formulación de la máxima sadeana: «Tomemos como máxima universal de nuestra acción el derecho a gozar de cualquier prójimo como instrumento de nuestro placer» como el *pendant* a la vez que la inversión del imperativo categórico kantiano.

---

10. Cfr. Sade: *La filosofía en el tocador*, Tusquets, Barcelona, 1995, p. 51. Traducción de Ricardo Pochtar.

Este imperativo moral ordena tratar al prójimo «como fin en sí mismo y no sólo como medio»[11]. El psicoanalista estructuralista entiende que Kant y Sade tienen en común la idea del dolor como la piedra de toque que revela si se está o no cumpliendo la norma. En el caso de Kant, la observación del imperativo se contrasta en la contrariedad que su cumplimiento exige a nuestras inclinaciones naturales. Expondremos aquí de una forma más detallada lo que podría denominarse «el imperativo categórico libertino»: el deseo debe darse su propia norma en tanto que puro deseo de deseo. Sólo así se realiza la autonomía narcisista del sujeto, sólo así deja de depender del objeto de su deseo, que contaminaría a éste de heteronomía. De ahí se deriva la necesidad de la abolición del objeto del deseo, a ser posible de forma metódica, mediante tortura. Pues, mientras el objeto siga existiendo, el deseo continuará estando en función del objeto. De este modo, sólo el crimen sexual puede realizar la soberanía del deseo. De un deseo que se instituye en tal mediante el sacrificio del objeto de este mismo deseo.

Podríamos apurar más, en la línea de las sugerencias de Lacan, el paralelismo entre Kant y Sade. Otra de las formulaciones kantianas del imperativo categórico reza así: «Obra de manera que puedas querer que la máxima que regula tu acción pueda convertirse en ley universal». El objeto del querer de la voluntad es anulado como irrelevante: a los efectos de instituir en tal la voluntad como «buena voluntad» es indiferente qué sea aquello que la voluntad querría. Lo que importa es la forma en que lo quiere, que lo quiera en tanto que ese querer pueda ser universalizable. Se hace abstracción, pues, de la materia del querer. Esta abstracción de la materia u objeto del querer, su ponerlo aparte como irrelevante a los efectos de definir a la voluntad como buena, puede considerarse un sacrificio epistemológico. Por su parte, el libertino vuelve insignificante el objeto de su deseo: como lo veremos más adelante con más detalle, elige para su operación un tipo de mujer, y repite compulsivamente la

---

11. Lacan, J.: «La ética del psicoanálisis, 1959-60», en: *El Seminario de Jacques Lacan*, libro VII, Paidós, Barcelona, México, 1988.

misma elección para anonadar, reducir a la nada la individualidad femenina.

Denis de Rougemont, autor de *El amor y el Occidente*[12], vincula con cierta pertinencia el sadismo sexual con la ideología de los cátaros medievales. Esta ideología da juego para dos variantes, como lo veremos, interrelacionadas: el espíritu solamente puede liberarse de la carne de dos maneras. Una de ellas consiste en la renuncia al objeto amoroso, en diferir sistemáticamente la satisfacción en orden a que el deseo del objeto se transforme narcisísticamente en deseo del propio deseo. Tristán, el héroe de *Tristán e Isolda*, obra que puede considerarse paradigmática del amor cortés, personificaría esta forma de liberación. La otra posibilidad consiste en entregarse desenfrenadamente a la carne como mal en una suerte de cura homeopática: es la opción de Don Juan. «Distingo en la contradicción entre Don Juan y Tristán, en la tensión insoportable que mantiene esa contradicción porque sufre la sensualidad pero desea el ideal cortés, los elementos de la obra de Sade y las razones precisas de su rebelión.[13]»

Quizás a la luz de estas consideraciones podamos entender algo más de la lógica patriarcal de la violación. Se da en ella la imposición por parte del varón a su víctima de su deseo como ley para afirmar su autonomía. Sin embargo, significativamente, las racionalizaciones patriarcales de la misma invierten esta lógica presentando el acto del violador como la ineludible consecuencia del impacto de una causa irresistible (por ejemplo, la minifalda, el «ponerse a tiro a horas intempestivas»), es decir, como efecto de la heteronomía: «¡El chico no es de piedra!». El deseo del varón aparece así como un —paradójico— efecto heterónomo soberano: él no tiene la culpa si su sexualidad es «como un torrente», y ello mismo la legitima para instituir su deseo en ley.

Existe una lógica patriarcal en el hecho de que la violación se produzca conjuntamente con torturas rituales metódicas y culmine

12. Denis de Rougemont: *El amor y el Occidente*, Kairós, Barcelona, 1978. Traducción de Antoni Vicens.
13. Cfr. Amorós, C.: *Tiempo de feminismo, op. cit.*, pp. 215-225. Capítulo V.

en el sacrificio de la mujer, como hemos tenido ocasión de exponerlo. En la misma línea, hay que comprender que no existan pactos entre los libertinos ni siquiera para defender a las propias hermanas y madres. Recordemos que, en el universo sadeano, no se ha consumado el parricidio simbólico y, por tanto, no existe un pacto de la fratría que instituiría un nuevo orden civil. Así, tampoco hay entre los hermanos —contrafácticos— acuerdo en torno a una nueva modalidad de administración del derecho patriarcal de acceso a los cuerpos de las mujeres. Pues en ausencia de contrato social o asunción por la fratría del derecho político, tampoco se lleva a cabo el contrato sexual o apropiación por parte de la misma de la vertiente patriarcal de éste como privilegio sexual. En estas condiciones, el derecho sobre las mujeres no es transpasado a los —repetimos, contrafácticos— hermanos: sigue siendo un derecho patriarcal que reviste la forma paternal de acuerdo con la conceptualización de Pateman.[14] Por la misma razón, no se lleva a cabo una distribución pactada de acuerdo con determinadas reglas por la que los hermanos legitimarían su acceso ordenado e igualitario a las mujeres: no se instituye el derecho patriarcal en su modalidad fraterna, la que corresponde al contrato sexual en tanto que pacto patriarcal fraterno. Las mujeres, pues, siguen siendo del padre, cuyo dominio continúa vigente en la medida en que no se lo ha asesinado; de este modo, el acceso a ellas no sigue otra regla que la sistemática anarquía y se acompaña necesariamente de una simbólica de la transgresión.

2.3.5. De restauraciones del mundo del status

En este punto, como tendremos ocasión de verlo con más detalle, el imaginario libertino converge con las prácticas de la mafia. El libertino nada quiere saber de parentescos políticos —no hay contratos— ni naturales, porque sus mujeres consanguíneas no le pertenecen: son propiedad del genérico masculino que representa

---

14. C. Pateman, *op. cit.*, «Capítulo 4: La polémica entre Filmer y Locke».

el Padre. Asimismo, los discípulos de Sade no quieren reproducirse, tener descendencia, lo cual requeriría un mínimo de pactos contractuales estables. Pertenecen a una aristocracia decadente real o simbólica —«del espíritu»— que pone de manifiesto su voluntad de cierre genealógico en el macabro ritual mítico que representa la sodomización de la propia madre. Esta fantasía sadeana es el contrapunto espeluznante de la honra de la madre cívica —otra cara de la mujer doméstica que infunde, se pretende, los valores cívicos públicos desde el espacio privado— por parte de los jacobinos discípulos del autor de *El contrato social.*

Por su parte, los mafiosos, para constituir una red de vínculos familiares de adopción que solapan y asfixian los pactos cívicos, reniegan de los vínculos familiares naturales: hay que sacrificarlos por mor de la lealtad a la verdadera familia constituida por pactos de sangre. Las mujeres, así, en un universo social dominado por el imaginario libertino y los pactos mafiosos, no tienen quien las proteja: están en la intemperie real y simbólica. Y mucho menos pueden contemplar horizonte alguno de emancipación. Los libertinos quieren restaurar en sus claves, como veremos, el mundo del status en medio del paroxismo del ámbito del contrato libre que campea en el universo de la globalización neoliberal. Esta restauración la instrumentan por el lado que les es más fácil: la reducción de las mujeres al infraestatus que, a título de tal, le debe incondicionalmente sus favores a quienes poseen el status por el mero hecho de ser varones. Así, el último reducto del mundo del status, donde se han abolido las jerarquías estamentales, es la diferencia sexual instituida en la distinción adscriptiva entre el status y el infraestatus. Es lo único que queda de un mundo del status que para Sade ya no existe sino en su «registro de objetos perdidos», que así denominaba Freud a la melancolía. Y lo que era una realidad sociohistórica se convierte así en un *ethos,* en una paradójica exigencia ética para regular desde el imaginario el compulsivo comportamiento del libertino. Ahora bien, Sade era también a su modo un ilustrado, y reinterpreta la consigna de la libertad en los términos de su anarquismo aristocratizante: «Un ser libre, afirma, nunca puede ser objeto de un acto de apropiación: es tan injusto poseer de forma exclusiva a una mujer como tener esclavos; todos los hombres (aquí, en sentido genérico) han nacido libres, todos son iguales de derecho: no perdamos nunca de vista estos principios; por consiguiente, según ellos, nunca cabe otorgar derecho legítimo a un sexo para que se apodere de forma exclusiva del otro [...]. Tampoco una mujer, según las puras leyes de la naturaleza, tiene derecho a alegar, como motivo para rechazar al que la desea, su amor por otro, porque tal actitud se convierte en motivo de exclusión, y ningún hombre puede ser excluido de la posesión de una mujer desde el momento en que es evidente que ésta pertenece a todos los hombres», afirma en *La filosofía en el tocador*. Y concluye así: «Tenemos derecho a obligarlas a que se sometan a nuestros deseos no en forma exclusiva, sino de manera momentánea.»

2.3.6. Del usufructo al sacrificio

Hay que insistir en que, en la lógica sadeana, no hay contradicción entre afirmar que las mujeres son del padre y que son de todos *proindiviso*: si el Padre no ha muerto, entonces no se ejecuta la herencia ni se la distribuye. En la medida en que el Padre no se ha visto obligado a ceder las mujeres a los hermanos, el derecho privado patriarcal es retenido por parte del Padre mítico en nombre de todo el genérico masculino. Así, de forma individualizada, cada varón tendrá un derecho de usufructo pero no de propiedad. Y, en la medida en que este usufructo no deja de ser una transgresión, el libertino tendrá que pagar por este peculiar derecho un tributo, algo así como un peaje por transitar un terreno que es común. Así, la relación sexual con las mujeres es una usurpación a la vez que un usufructo. Y en la usurpación misma está la esencia del propio goce: es un acto de autoafirmación de *hybris soberana* frente al Padre, cuyo decreto no ha sido derogado porque en tal caso se volvería imposible la transgresión y el propio goce. Ahora bien: el Padre que se ha visto provocado y desafiado por el desafuero exige desagravio, propiciación. Este acto de desagravio se relaciona con la ascesis de purificación que forma parte de las prácticas del libertinaje metódico. Hace falta un ritual catártico que aplaque la ira de un padre cuyo deseo era ley. Este Padre despótico es desafiado por un hijo que, al pretender a su vez hacer de su deseo ley, quiere suplantarle —transgresivamente— por identificación imaginaria, remedando la ley despótica sin derogarla ni transformarla. En este pulso entre dos déspotas, el objeto transaccional será, una vez más, la mujer como mediadora simbólica entre los varones, y, como el deseo sólo puede instituirse en ley por destrucción metódica del objeto del deseo, su mediación revestirá la forma de inmolación, de sacrificio.

Habría que completar esta reconstrucción tentativa del imaginario sadeano de la transgresión señalando que el ofrecimiento que más aplaca la ira del Padre es siempre una víctima inocente. Representa en el mundo del contrato la pura gratuidad, santo y seña del aristocratizante imaginario libertino. De ahí la preferencia por la inmolación de niñas y adolescentes a modo de ofrecimiento de un trofeo por parte del cazador furtivo.

2.3.7. Nueva edición de «el erotismo transgresivo»: «el animal sagrado»

Uno de los hitos contemporáneos más representativos de la genealogía —paradójica, como tuvimos ocasión de verlo— de los libertinos en nuestra contemporaneidad es George Bataille. Si recordamos que los relevos o las pretensiones de relevo de élites del poder patriarcal suelen ir acompañados de cambios en las heterodesignaciones patriarcales, no nos extrañará que en Mayo de 1968 se aclamara en los muros de la Sorbona al «divino Marqués». En alguno de sus aspectos —es evidente que fue un fenómeno más complejo—, en mayo del 68 se plasmaron las ansias de una joven generación de intelectuales por reclamar su turno a viejos profesores que ellos consideraban que no estaban en sintonía con las nuevas demandas. Y se expresó, en uno de los más significativos de sus registros, como reivindicación de una «revolución sexual», de dar fin a «la represión» que sufrían cuando las mujeres jóvenes no se dejaban «liberar», siendo tachadas, a su vez, de «reprimidas.» La feminista radical freudomarxista Shulamith Firestone considera que «la retórica de la revolución sexual, si bien no mejoró en nada (la situación de las mujeres), sí demostró ser de gran utilidad para los hombres. Al convencer a las mujeres de que las astucias y exigencias femeninas tradicionales eran despreciables, injustas, mojigatas, anticuadas, puritanas y autodestructivas, se creó una nueva reserva de mujeres asequibles con el fin de ampliar la escasa existencia de mercancía para la explotación sexual tradicional, desarmando así a las mujeres de las escasas protecciones que con tanto esfuerzo habían conquistado»[15]. Pues bien, podríamos considerar a Bataille, junto con Wilhelm Reich y Marcuse, uno de los «intelectuales orgánicos» de esta revolución cuyos efectos para las mujeres tuvieron su cara y su cruz. El autor de *El erotismo*[16], *La parte maldita*[17], puede ser considerado, de acuerdo con Alicia Puleo, una figura especialmente significativa en la reconstrucción que hace la autora en su libro *Dialéctica de la sexualidad. Género y sexo en la filosofía contemporánea*[18], de lo que llama «el erotismo transgresivo.» El planteamiento de Bataille, de acuerdo con Puleo, podría sintetizarse en tres fases, para culminar en la última en la emergencia de lo que el teórico del «erotismo transgresivo» llama «el animal sagrado». La primera fase sería la de la sexualidad inmediata, que genera repetición y tedio. Esta fase tiene resonancias shopenhauerianas en la medida en que, para el autor de *El mundo como voluntad y representación*, el sexo viene a significar la reproducción de la vida, cuya esencia es dolor. La segunda fase es denominada «el universo de las reglas». Representa lo que podríamos llamar el momento lévi-straussiano, pues corresponde a la implantación de estructuras de reciprocidad

---

15. Firestone, Sh.: *La dialéctica del sexo*, Kairós, Barcelona, 1976. Traducción de Ramón Ribé.

16. Bataille, G.: *El erotismo*, Tusquets Editores, Barcelona, 1979. Traducción de Toni Vicens.

17. Bataille, G.: *La parte maldita*, Icaria, Barcelona, 1987. Epílogo, traducción y notas de Francisco Muñoz de Escalona.

18. Puleo, A.: *Dialéctica de la sexualidad. Género y sexo en la filosofía contemporánea*, Cátedra, Colección Feminismos, Madrid, 1992.

en el intercambio de las mujeres por parte de los varones pertenecientes a grupos exógamos. Es la fase en que se constituye propiamente la cultura frente a la naturaleza y se define la humanidad específicamente como tal. Pero es un momento inestable ya que, en una tercera fase, irrumpe lo que llama Bataille «el animal sagrado», que quiebra la coherencia lógico-instrumental del universo de las reglas donde el sexo está normativizado en base a otras funciones sociales. Así, este tercer momento representa la emergencia del «derecho divino» del mundo del status y, con él, de «la soberanía»: en clave sadeana, el soberano nace, no se hace. Sólo muere para renacer («El rey ha muerto, ¡viva el rey!»). Así, se puede matar al déspota pero no al despotismo: aquel que lo asesina se convierte *eo ipso* en una réplica del mismo. Pues el soberano lo es en tanto que transgresor, *ergo* ni lo podemos sujetar a su ley, ni inventarnos como sujetos de nuestras leyes: un invento tal ha estado desde siempre inventando y aquí sólo cabe el «eterno retorno» de lo mismo, con sus resonancias nietzscheanas. Y, como en Sade, la transgresión sólo lo es en tanto que transgresión permanente, *pendant* de la «voluntad general de Rousseau que debe estar, como lo vimos, en permanente proceso constituyente.

Con todo, Bataille se resigna a que *l'Ancien Régime* no sea restaurado: en la medida en que hablamos, lo que implica reconocer a semejantes, no podemos vivir en un universo sadeano y nos vemos obligados a respetar el contrato social entre los hermanos varones. En el ámbito que este contrato define, la fraternidad implica la igualdad. Pues, según afirma Bataille: «Hermano, en cierto sentido, designa un objeto distinto, pero precisamente ese objeto lleva consigo la negación de lo que le definió como objeto. Es un objeto para mí, no soy yo, no es el sujeto que yo soy, pero si digo que es mi hermano lo hago para estar seguro de que es semejante a ese sujeto que yo soy. En consecuencia, niego la relación de sujeto a objeto que de entrada se me había presentado, y mi negación define, entre mi hermano y yo, la relación de sujeto a sujeto…»[19]. Nuestro erótico transgresivo

---

19. Cfr. Bataille, G.: *Lo que entiendo por soberanía*, Paidós, Barcelona, 1996, p. 102. Traducción de Pilar Sánchez Orozco y Antonio Campillo.

busca así una solución de compromiso entre las dos dimensiones del derecho político teorizadas por Pateman: el derecho político *qua tale* y el derecho sexual patriarcal. Concede, como lo hemos podido ver, vigencia a la primera en tanto que representa el pacto político de los hermanos. Sin embargo, deja en suspenso el contrato sexual que organiza el orden de las esposas, al que entiende como un orden meramente instrumental. Asume esta suspensión como el requisito para acceder al erotismo como al ámbito en que se quiebran y diluyen todos los límites: es ahí donde la mujer se manifiesta como un «objeto erótico». Lo define así: [El erotismo] «que es fusión, que desplaza el interés en el sentido de una superación del ser personal y de todo límite, es sin embargo expresado por un objeto. Estamos ante esta paradoja: ante un objeto significativo de la negación de los límites de todo objeto, ante un objeto erótico»[20]. Nos hallamos, pues, ante un objeto cuyos límites deben ser transcendidos: ese objeto no es sino «la mujer pública». Así, las mujeres vuelven al momento sadeano: son prostitutas. El varón se autoinstituye en soberano al acceder a las mujeres a título de déspota, invocando el derecho divino del «animal sagrado». Las prostitutas aparecen en el universo simbólico de Bataille como el supremo analogante del objeto erótico: son un status, mejor dicho, un infraestatus, no una forma perversa y degradada de contrato. En realidad, para el autor de *El erotismo* existe una suerte de continuo entre las prostitutas y las mujeres, digamos, que no ejercen ese oficio. Pueden sufrir en cualquier momento «la inmersión de status» de Pizzorno. Pues todas ellas «se proponen como objetos al deseo agresivo de los hombres. No hay en cada mujer una prostituta en potencia, pero la prostitución es consecuencia de la actitud femenina. […] A menos que se prescinda del todo de ella tomando partido por la castidad, la cuestión es en principio saber a qué precio, en qué condiciones cederá. Pero siempre, cumplidas las condiciones, se da como un objeto. La prostitución propiamente dicha no introduce más que

---

20. Bataille, G.: *El erotismo,* op. cit., p. 180.

una práctica de venalidad»[21]. Se da contractualmente como lo que es, como un infraestatus.

Por su parte, el «animal sagrado» ha de pagar el tributo de rigor al genérico masculino que *pro indiviso* detenta el derecho sexual en esa tierra de todos y de nadie por donde transita «la mujer pública.» Este tributo consistirá en un ritual sacrificial sadomasoquista atenuado en comparación con fantasías o prácticas reales llevadas a cabo por los libertinos. Pero creo haber puesto de manifiesto que nos encontramos en el mismo imaginario. Como lo expresa Alicia Puleo: «El erotismo transgresivo ofrece […] una posibilidad económica de alcanzar la soberanía. La violencia del asesinato será reemplazada por la *petit mort* del acto erótico, por la inmolación de las mujeres en el abrazo sexual, sacrificio sin consecuencias graves para el orden de los iguales, dado que lo que se destruye es tan sólo el pudor constitutivo de la personalidad femenina. Al mismo tiempo, se termina con la pretensión inauténtica de ciertas mujeres de ser independientemente de la potencia fálica invasora.»[22]

Así pues, en este relevo de las heterodesignaciones patriarcales, nos encontramos con el espacio de la misoginia *versus* el feminismo.

2.4. Pactos cívicos y juramentos mafiosos: la sangre y la palabra

2.4.1. Poder mafioso y poder corrupto: la asfixia de la política

El contrato social en la modalidad rousseauniano-jacobina puede, como lo hemos puesto de manifiesto en otra parte[23], ser descrito de acuerdo con la figura a la que J. P. Sartre denomina «grupo juramentado». La Revolución Francesa pudo encontrar su expresión pictórica en el cuadro de David, «El juramento de los Horacios».

---

21. Bataille, G.: *El erotismo*, Tusquets, Barcelona, 1979, p. 183. Traducción de Toni Vicens.
22. Puleo, A.: *Dialéctica de la sexualidad…, op. cit.*, p. 194.
23. Amorós, C.: «Prólogo» a Cobo, R.: *Fundamentos del patriarcado moderno. Jean-Jacques Rousseau*, Cátedra, Madrid, 1995.

El pacto cívico está tejido con las prácticas de las libertades juramentadas de los individuos mediante las cuales éstos se instituyen en ciudadanos. En el grupo juramentado somos iguales porque somos hermanos —y no al revés—, y lo somos, no en la sangre, sino por la palabra sellada, dada al otro y devuelta por el otro a mí como exigencia bajo pena de eliminación física, en el límite, o, en cualquier caso, de ser expulsado del grupo. Somos hermanos de lo que podríamos llamar «promoción iniciática» porque ése es el único modo en que podemos ser libres: la libertad está sitiada por el reino de la necesidad, la sociedad civil en Rousseau, atomizada por los intereses particulares sobre cuya base no se pueden tejer sino pactos inicuos. Así, solamente podrá existir en su modalidad juramentada, es decir, como fraternidad, si nos hacemos los unos a los otros ser hermanos en la tensión permanente que nos constituye en un solo cuerpo, cuerpo cívico, esfera de nuestra emancipación. De acuerdo con el autor de *La Crítica de la Razón dialéctica*, el grupo juramentado tiene una estructura de Fraternidad-Terror: mi palabra dada libremente a mi hermana y devuelta por ella en reciprocidad ante el testimonio de un tercero que sella el pacto, a la vez que se constituye en miembro juramentado de otra relación binaria mediada de la misma forma es la Fraternidad. Esa misma palabra dada y sellada, en tanto que constituye un poder que yo le doy a la otra sobre mí —y a la recíproca—, puede convertirse en una exigencia bajo amenaza: a ello se refería Rousseau cuando hablaba de «obligar al otro a ser libre».

El grupo juramentado como cuerpo cívico es, por lo que acabamos de exponer, constitutivamente inestable: depende de la fidelidad de cada uno de sus miembros para perpetuarse en el ser. En la Revolución Francesa, el imaginario republicano modeló unas figuras femeninas alegóricas que representaban la estabilidad ontológica del constructo juramentado o bien su total precariedad[24]. En el primer caso, encontramos la figuración de la madre cívica, lugar de convergencia de la fratría a título de referente simbólico

---

24. Cfr. mi *Tiempo de feminismo, op. cit.,* pp. 194 y ss. Capítulo IV.

común del pacto juramentado. Será el sello de legitimación del nuevo pacto entre los varones, pacto que ahora establecen como hermanos que han accedido a la vez a la regeneración, destruyendo el Antiguo Régimen que representaba lo corrupto. Pero, si la madre cívica es la expresión del grupo en tanto que Fraternidad, en otra figuración de lo femenino, tomará cuerpo el Terror, la amenaza permanente del grupo de disolverse a través de los centros hemorrágicos potenciales que son cada uno de sus miembros en tanto que posibles traidores. Pues bien, la encarnación más pregnante de la amenaza de traición para el grupo es la Bruja, que, justamente, tiene pacto con el Diablo. El pacto cívico juramentado expresa así sus límites: su máxima consistencia y su máxima precariedad, mediante representaciones alegóricas de lo femenino de signo opuesto. En tanto que objeto transaccional de los pactos entre los varones, éstos las utilizarán a título de sello y rúbrica de la institución de sus vínculos o de representación paradigmática de su precariedad, de su vulnerabilidad a la traición.

Pues bien, si se dan determinadas condiciones, el tan maximalista como precario pacto cívico es susceptible, estructuralmente, de derivar hacia el pacto mafioso. La mafia —y aquí reside una de sus afinidades con el universo simbólico libertino— representa una voluntad de reinstitución del mundo del status, de los privilegios despóticos, en el mundo del contrato y de los derechos. Conlleva la impostación de una familia simbólica que se infiltra e incrusta en el espacio público del contrato social y lo fagocita. Y ha de hacer lo mismo, por otra parte, con el ámbito privado familiar de las naturales relaciones de sangre. No es de extrañar, en estas condiciones, que sus vínculos juramentados consistan en un dar, tomar y sellar la palabra con sangre que es a la vez literal y simbólica. La fidelidad a los lazos mafiosos suele significarse mediante la renegación cruenta de la familia privada para instituir la familia de adopción: así, el Padre es sustituido por el Padrino y se puede llegar a exigir al candidato que quiere ingresar en la red de los pactos mafiosos la inmolación de un miembro —hermana, madre— de la familia natural en el ritual inciático de adopción. La sangre sin linaje —a diferencia de los libertinos— sella metonímicamente los vínculos mafiosos. Y como las mujeres somos el objeto transaccional de los pactos entre los varones, la sangre femenina es la candidata por excelencia para sellarlos. La palabra dada, tomada y sellada del vínculo juramentado, como tuvimos ocasión de verlo, tiene poder para «obligar al otro a ser libre». Sobre esta exigencia rousseauniana planea, en el límite, la sangre como amenaza: recordemos el Terror jacobino de Robespierre en la Revolución Francesa como delirio recurrente y giratorio para soldar, hasta la exasperación, sin fisuras el pacto cívico. Esta constricción simbólica constitutiva del grupo juramentado se convierte en metonímica, en causa natural, en el pacto mafioso. Ya no es que la palabra dada, tomada y sellada pueda remitir en última instancia a la sangre: ella misma es sangre en una contundente degradación de todo simbolismo cívico. Pues el pacto cívico juramentado es virtualmente universalizable por su naturaleza misma —aunque rara vez actualiza estas virtualidades—. Pero el pacto mafioso rechaza la universalización potencial por definición: se trata de privilegios que se distribuyen, en una extensión limitada, en el paroxismo de la tensión a la que lleva la necesidad de excluir a los otros así como de acaparar el máximo de poder por parte de cada subgrupo liderado por un capo.

El grupo juramentado rousseauniano como constructo praxeológico que vehicula «la voluntad general» se instituye para conjurar las identidades facciosas: no existen relaciones intermedias en los pactos cívicos. Sus sujetos son los individuos ciudadanos *versus* cualquier modalidad estamental que pudiera favorecer los intereses de una facción. Los sujetos del contrato social se juramentan, precisamente, para instituir un espacio praxeológico que, en la tensión del juramento, disuelva todo cuerpo extraño que pueda albergar intereses particulares. Sin embargo, la fratría cívica puede distenderse y, en la medida en que ello ocurra en determinadas circunstancias, pueden emerger fratrías que no representan sino intereses comunes privados: las identidades mafiosas se hacen así con el control de la situación. Y para que ello sea posible, recurren al constructo del juramento que tendrá su referente polémico práctico en el pacto cívico cuya textura procurarán invadir. Así, el juramento que en el pacto cívico se instituye para conjurar las identidades mafiosas, en el pacto mafioso se instrumenta precisamente para asegurar que no dejarán de ser facciosas. Podemos comprender así que el objeto transaccional de estos siniestros pactos no será una madre cívica como ubre simbólica de los valores y las virtudes del contrato social: la fraternidad es fratría excluyente limitada e hiper-controlada. Sin embargo, del lado del Terror como la cara siniestra de la Fraternidad en el grupo juramentado, el pacto cívico y la mafia comparten la figuración de la Bruja, de los pactos con el diablo y el imaginario de lo demoníaco. Volveremos sobre ello.

Así pues, en las redes mafiosas los vínculos juramentados son sellados con sangre, que ha de remedar la palabra ligándolos, metonímicamente, como las partes al todo. Pues las identidades facciosas, a diferencia de la igualdad entre los hermanos del pacto cívico, restauran la jerarquía hasta la exasperación. Donde todos son sospechosos para todos, ha de planear hasta el paroxismo la figuración de la autoridad inapelable del capo, cuya exigencia de lealtad es tanto mayor en tanto que compite con otros capos y sus clientelas. De este modo, la mafia solapa y fagocita los vínculos cívicos: la sangre ya no representa sino que *es* la consistencia del propio juramento, como perversión de la política y su sustitución por el *ethos* de la lealtad incondicional.

En el juramento cívico, la palabra juramentada remite, en última instancia, a la sangre; en el pacto mafioso, la palabra no puede ser sino sangre.

2.4.2. La degeneración del contrato social

En tanto que restauración del mundo del status, la mafia tiene afinidades electivas con el imaginario libertino. Los sadianos miman su peculiar reinstitución del mundo del status: resucitan y resignifican el simbolismo de la sangre como marca de distinción del linaje, como signo de transgresión del aristócrata decadente que no puede ya recrear el mundo de los privilegios sino en clave estética. Como lo podremos ver con más detalle, no asumen el contrato social ni el contrato sexual, no quieren Estado ni familia: en su libertarismo aristocratizante reniegan de todo pacto. Como lo diría Gilles Deleuze, su imaginario es el de la descodificación de todos los flujos: los del deseo fluyen, valga la redundancia, sin referente adscriptivo alguno que pudiera vincularlos al mundo del Edipo ni a ningún significante despótico como el Estado. Estos peculiares déspotas campan por sus respetos en el imaginario de la frontera, ese espacio sin ley donde se operan todas las desregulaciones: la de la mano de obra, la de los flujos financieros relacionados con la economía criminal… Como ellos no tejen pactos —el mundo del contrato les resulta tedioso y disuasorio—, será la maquinaria mafiosa la que llevará a cabo la infraestructura necesaria para instrumentar las fantasías libertinas. A su vez, las fantasías libertinas proporcionan el apresto de la estética de la crueldad que le da un toque de abolengo al mafioso que es siempre un *parvenu*: aportarán así, para consagrar la sangre, sus rituales estéticos de los que se dobla la ética de la transgresión.

Podemos ver, a la luz de estas consideraciones, cuáles podrán ser las relaciones entre el poder despótico de una mafia investida por el imaginario libertino y el contrato social, que se ve asfixiado y degenerado en un sentido literal: apenas puede generar vida política. Es el suyo un poder corrupto en muchos de sus tejidos, que se ve obligado a pactar con el mafioso poder despótico. Pues bien, de acuerdo con el planteamiento que hicimos en *La Gran diferencia y sus pequeñas consecuencias… para las luchas de las mujeres*[25], las relaciones entre diferentes poderes podrían ser conceptualizadas como de reconocimiento o de adopción. De acuerdo con la primera modalidad, un poder constituido instituye a otro por traspaso o a título de copartícipe: se trata de un reconocimiento. Podría formularse así: «quiero que estés conmigo en el poder porque eres semejante a mí.» O bien: «dado que eres como yo, mandarás conmigo.»

---

25. Amorós, C.: *op. cit.* Capítulo IV.

La segunda modalidad tiene lugar cuando quienes están ya instalados en el poder descubren la existencia de un poder emergente. En tal caso, el antiguo poder tratará de que el nuevo se le homologue o a la inversa: «dado que mandas conmigo, haré que seas como yo».

Pues bien, en las relaciones entre el poder despótico de los mafiosos y el poder cívico, renqueante y medio asfixiado: vamos a denominarlo «poder corrupto», se establecerían según nuestro esquema las siguientes relaciones. (Como es obvio, habrá que contrastar empíricamente si es que las cosas se producen así o hasta qué punto.) El poder despótico se impone al poder corrupto y lo adopta —a la vez que lo corrompe más por el hecho mismo de la adopción—. La homologación se oficia mediante ceremonias de adopción para ingresar en la comunidad iniciática que connotan el acatamiento del poder por antonomasia, el poder de vida o muerte, como lo denominaba Foucault. En estas ceremonias, se simboliza el despegue de otros vínculos que puedan exigir la lealtad: en el caso límite, al que ya nos hemos referido, se puede llegar al sacrificio de la propia madre.[26] El poder corrupto recibe a cambio de esta adopción beneficios materiales y protección por parte del poder despótico. El poder corrupto, a su vez, se ve obligado a reconocer a este último. No en tanto que lo legitimaría, pero sí en tanto que, al tener que asumirlo *de facto*, negocia y pondera la medida o el grado de este reconocimiento. Mediante esta doble operación, ambos cierran la pinza de la impunidad: el poder corrupto se la asegura por tenerla a su disposición o participar en la maquinaria mafiosa al haberse vuelto «de los suyos»; el poder despótico, por su parte, se blinda con la cobertura legal. El poder corrupto se auto-adjudica así la impunidad al otorgársela a los otros (se la administra metonímicamente, participa de ella) mientras que el poder mafioso se puede dar el lujo de expresarla metafóricamente.[27]

---

26. Fadela Amara, en su análisis de los guettos de la emigración musulmana parisiense en su deriva mafiosa, narra violaciones colectivas de jóvenes musulmanas. Un adolescente se encontró con que la violada en cuestión era la propia hermana: la mató y se suicidó a continuación. Cfr. *Ni putas ni sumisas*, Cátedra, Colección Feminismos, Madrid, 2004, p. 66. Traducción de Magali Martínez Solimán.
27. Nos referiremos más adelante a «la violencia expresiva» tal como la trata Rita Segato.

La impunidad de los crímenes patriarcales es muy anterior a los crímenes de Ciudad Juárez: en la canción titulada «El preso número 9», la letra reza así: «Padre, no me arrepiento ni me da miedo la eternidad. Yo sé que allí en el cielo el Juez supremo me ha de juzgar. Voy a seguir sus pasos, voy a buscarlos al más allá». El preso número nueve estaba seguro de que recibiría «la bula patriarcal», como podríamos llamar a la complicidad de varón a varón que puede darse por descontada: el Juez supremo es un varón.

Para Rita Segato, antropóloga argentina, la impunidad de los feminicidios no debe ser pensada exclusivamente como factor causal, como resultado: seguirían matando porque el crimen queda en la impunidad. No. La clave de su funcionamiento está en la hipótesis según la cual los crímenes son el propio signo, la propia simbolización de la impunidad. Funcionan así como «productores o reproductores de impunidad». Son la expresión del dominio y el control de un territorio peligroso, el mensaje, para quienes saben descifrar el código, de la anexión de un territorio simbolizada por excelencia en el dominio despótico de los cuerpos de las mujeres, incorporadas, valga la redundancia, a ese territorio del que son parte a la vez que su símbolo por antonomasia. Así, la impunidad es el resultado más bien que la causa de los crímenes. Si en el espacio doméstico el asesino ejecuta el crimen en su territorio «porque puede hacerlo», afirma Rita Segato, el que se apropia del cuerpo femenino en el espacio público «lo hace porque debe hacerlo para demostrar que puede[28]». En el primer caso, añadiría por mi parte, «la maté porque era mía». En el segundo, cada uno de los asesinos podrían decir: «la maté porque *no* era mía». Era del Padre y de todo el genérico masculino, como lo veremos con más detalle. Como causa y consecuencia de la asfixia de la democracia política, de la degeneración del contrato social y la abolición consiguiente de las reglas del contrato sexual, *la función del objeto transaccional se pervierte*. Se utiliza

---

28. Cfr. Segato, R.: «Territorio, soberanía y crímenes de segundo estado: la escritura en el cuerpo de las muertas de Juárez», en: Femenías, M. L. (comp.): *Perfiles del feminismo iberoamericano*, Catálogos, Buenos Aires, 2005.

como sangre fresca para sellar los pactos del poder corrupto y el poder despótico ofreciendo al gran Padre-Padrino un tributo sacrificial inspirado, como tendremos ocasión de verlo mejor, por el imaginario libertino.

De acuerdo con lo que pudimos exponer como «el relevo de los pactos patriarcales», se comprende que, cuando existe un poder paralelo al poder político democráticamente legitimado, un poder tal articulará (en este caso, no tanto en el discurso como en la acción), su propia designación alternativa de las mujeres. Así, si existe un pacto, al menos de silencio, entre un poder despótico como el de los narcotraficantes con toda su parafernalia y un poder corrupto como el de tantos policías, empresarios y políticos que traman una red de protección al poder paralelo y despótico de la economía criminal, el poder corrupto justificará su complicidad mediante la designación estigmatizadora de las mujeres asesinadas como prostitutas. «Desapareció, le pasó eso [...] *ergo* era una prostituta.» Estaba en el terreno fronterizo, de todos y de nadie, sin protección ni la adecuada autoprotección («vivir —como lo expresa Lidia Falcón— bajo toque de queda»), *ergo* cualquiera podía acceder a ella y usufructuarla. (El policía patán subalterno participa así del aristocratizante imaginario libertino. No somos unas paranoicas si afirmamos, como Leibniz, que «todo conspira»). Merecido se lo tenían aquellas mujeres por ignorar «cómo corre el agua en Ciudad Juárez». En un alarde de mala fe, los actos más execrables aparecen así como una peculiaridad de la naturaleza física, no como actos humanos.

En cuanto al poder despótico, expresa su heterodesignación de las mujeres en su propio lenguaje: en el ámbito de un tejido social desgarrado, de la desregulación de todos los flujos (del deseo perverso, de la droga, de las leyes laborales), en la intemperie simbólica de la anomia porque se han relajado —si no quebrado— las reglas del contrato social, en el debilitamiento del Estado y el desbordamiento del «pacto nacional» así como en la ausencia de toda regla del contrato sexual, va a ejercer en las «juergas» libertinas su tiranía sin límite alguno. El contrato social, vampirizado y en suspenso, cede su espacio a los pactos entre el poder mafioso y el poder corrupto que llegan a convertirse en un «estado paralelo». En ausencia de toda mediación, este poder omnímodo expresará su heterodesignación de las mujeres como objetos de consumo ritual-sacrificial en el ejercicio del poder por antonomasia que es el poder de vida y muerte. Así, si los hermanos del contrato social vienen a afirmar, frente a los aristócratas, «mujer es lo que tenemos nosotros», los narcotraficantes criminales sentencian, con la complicidad de los corruptos, «mujer es lo que asesinamos y sacrificamos nosotros». Y, a diferencia de las heterodesignaciones del poder corrupto y su mente estrecha: «las sacrificadas son las putas», para los déspotas narcotraficantes y sus parafernalias, cuyo imaginario es más sofisticado, con sus impostaciones libertinas como veremos, la víctima inocente sacrificada tiene un valor propiciatorio mucho mayor. Podemos recordar en este sentido el sacrificio de Ifigenia en la *Ilíada* por Agamenón. Por su parte, el Kierkegaard libertino y misógino romántico de *El diario del seductor* ofrece a los dioses el himen de Cordelia. El sacrificio parece satisfacer mejor de ese modo su naturaleza de gratuidad en el mundo, como lo afirma Segato, de la violencia expresiva, no de la violencia instrumental.

Tuvimos ocasión de ver, en relación con la estructura Fraternidad-Terror del grupo juramentado, cómo se desencadenaba en éste el imaginario de la traición, dado que cada uno de los miembros que lo soportan son a la vez sus posibles centros hemorrágicos. Así, en la Revolución Francesa, la otra cara de la madre cívica como el correlato de la Fraternidad se encontraba en la Bruja como referente simbólico femenino del Terror. La Bruja es la hipóstasis misma de la traición: amenaza el pacto cívico de los hermanos por su presunta inserción en otros pactos. Es el caso de Charlotte Corday, la amante de Marat, el de Olympe de Gouges, que pretendía «hacer suyo el proyecto de aquellos seres pérfidos que pretendían dividir al país»… Y el de Théroigne de Méricourt, organizadora de destacamentos de Amazonas para colaborar en la guerra y a la que se convirtió en una Pandora: como la figura mítica de Hesíodo, destapó —se dijo— la caja de los males y las enfermedades contagiándoles a los soldados la sífilis y convirtiéndose así en la causa de las derrotas.[29]

Afirmamos en su momento que el pacto cívico y el pacto mafioso comparten la figuración de la Bruja planeando en su imaginario: así es, pues la Bruja no sólo puede estar en otro pacto sino en el pacto-Otro, en el pacto con el Diablo. Y en el aquelarre o conspiración permanente con las otras brujas, amenazando el pacto de los hermanos del juramento cívico. (La reunión de mujeres solas siempre tiene algo de inquietante —el aquelarre— o de grotesco —en inglés, «hen party»— en el imaginario patriarcal.) A la vez, funciona como soldadura del pacto mafioso que es, justamente, el pacto-Otro, el pacto excluyente, exasperadamente tenso e inestable que activa el imaginario misógino de lo diabólico. Así, no es de extrañar que este pacto tenga las connotaciones de Pacto con el diablo y, de acuerdo con Sergio González, aparezca cargado de simbolismos satánicos: algunas pandillas mafiosas se autodenominan «los narcosatánicos». El autor de *Huesos en el desierto* afirma que estos simbolismos tienen en México raíces ancestrales, de manera que podríamos asumir los pactos mafiosos contemporáneos y sus liturgias como la capa emergente de un palimsesto. La «trinidad de satanismo, el narcotráfico y los sacrificios humanos es "reincidente", y hunde sus raíces en la imaginería de un México como "el país de los caminos sin ley y los bandidos caciquiles, la violencia ilímite y los ecos de la antropofagia demoníaca de los aztecas. En estas imágenes y representaciones estereotípicas, pavor de la cultura anglosajona y protestante, confluyen la leyenda negra de la cultura hispánica y la barbarie mejicana".

---

29. «Una plaga terrible está minando nuestros ejércitos: me refiero al rebaño de mujeres y de rameras que les van a la zaga [...] esas mujeres tienen nerviosos a nuestros soldados y con las enfermedades que les contagian aniquilan una cantidad de hombres diez veces superior a los que mueren al luchar contra nuestros enemigos. No nos cabe la menor duda de que sea ésta la causa principal del debilitamiento del valor de los combatientes» (citado en Paul Marie Duhet: *Las mujeres y la Revolución*, Península, Barcelona, 1974. Traducción de J. Liaras y J. Muls).

González nos detalla elementos de los rituales de iniciación en los que se dramatiza la adopción de los corruptos por los mafiosos a que hicimos referencia. Sus fuentes le revelaron que «la policía y los delincuentes estaban unidos mediante estos ritos. El ingreso de nuevos miembros en esta hermandad delincuencial consistía, por ejemplo, en cometer alguna fechoría o tomar parte en ceremonias de tipo "narcosatánico", que incluían el consumo de drogas» (cuando, como ya hemos hecho referencia, el ingreso en la cofradía no exigía el asesinato de algún familiar del iniciado). El miembro del pacto mafioso —pacto de sangre, no lo olvidemos— ha de demostrar apodícticamente que se ha desmarcado de la sangre natural para instituir la verdadera sangre, la sangre querida y elegida en el juramento de adopción.

Por otra parte —y siempre de acuerdo con González—, en los cultos de algunas sectas, bandas de secuestradores, como la que adoraba a la Santa Muerte, «se encuentra la parte esotérica de conductas criminales que se caracterizan por su alto grado de violencia y dolo. A partir de este culto se establecían lazos o pactos de sangre y silencio de los que depende el funcionamiento delincuencial en busca de la impunidad permanente».

2.4.3. Rituales inciáticos, adopciones y prestigio

Los rituales inciáticos, desde sociedades etnológicas como las de los Baruya que nos describe Maurice Godelier[30] a las sociedades modernas del contrato social, en las que revisten otras modalidades, connotan la renegación del mundo femenino y el nacimiento natural para simbolizar un segundo nacimiento por obra y en el ámbito de los compañeros de promoción inciática guiados por un maestro. Seyla Benhabib se ha referido a los sujetos del contrato social como a «hongos hobbesianos», que nacen de la tierra en un

---

30. Godelier, M.: *La producción de grandes hombres. Poder y dominación masculina entre los Baruya de Nueva Guinea*, Akal, Madrid, 1986. Traducción de José Carlos Bermejo.

mundo sin mujeres.[31] En los rituales que dramatizan los pactos mafiosos, se da un paso más en el mismo sentido que lleva a la deriva criminal: ya no se trata de separación ni de renegación, sino de destrucción de lo femenino instituyendo a determinado tipo de mujeres en las víctimas sacrificiales preferidas. Por su parte, Diana Washington, en *Cosecha de mujeres* afirma que «algunos expertos consideran que las violaciones en pandilla son una especie de rito de iniciación para fraternidades de policías que colaboran con las actividades del crimen organizado, como el contrabando de drogas y armamento, así como tráfico de mujeres y niños».[32]

El narcotráfico constituye una forma de vida y una cultura no ya patriarcalista sino que, *versus* los antiguos códigos de honor que protegían a los débiles y a las mujeres, es claramente misógina. Sergio González hace referencia al libro de Luis Astorga *Mitología del «narcotraficante»*, que se ha ocupado, en relación con Méjico, de los fenómenos culturales que vienen constituyendo la parafernalia del narcotráfico durante décadas. De acuerdo con el autor, la práctica de los delitos violentos sería un elemento fundamental de una «catarsis colectiva» vinculada al imaginario de la transgresión que incluye léxico, modas, usos y costumbres referentes al narcotráfico. Hace referencia a fenómenos como el culto popular al bandido-santo Malverde o los corridos sobre el contrabando. Desde el punto de vista ético parecería que nos encontramos ante una cultura normativa paradójica y distorsionada.[33] En su vertiente estética se trataría de «una auténtica industria subcultural». Y en su vertiente política, «políticos [profesionales], banqueros, empresarios, dignatarios eclesiásticos, altos mandos militares[34],

---

31. Benhabib, S. y D. Cornell: *Teoría feminista y teoría crítica*, Edicions Alfons el Magnànim, Valencia, 1990. Traducción de Ana Sánchez.
32. Washington, D.: *op. cit.*, p. 118.
33. De acuerdo con la autora de *Cosecha de mujeres*, «muchos traficantes son supersticiosos y rezan a santos especiales para que los protejan, o portan amuletos y consultan a los médiums». También entre los nazis se cultivó la astrología. Los que perpetran sus crímenes en hoteles tienen preferencia por las habitaciones marcadas con la terminación 21.
34. Diana Washington, en su libro *Cosecha de mujeres* describe cómo la mafia ha podido extender sus tentáculos hasta el ejército. Los autores Laurie Freeman y

judiciales y policíacos» han salido a relucir en una danza macabra bajo la música del gran capital y la prolongación de un orden ilegal de cosas… Como lo veremos más adelante con más detalle, la desregulación de los flujos del dinero y la de los flujos del deseo bajo el imaginario de la transgresión parecen tener afinidades electivas, como si la permeabilidad de las fronteras, donde las mujeres jóvenes aparecen hiperrepresentadas en las maquilas, emigrantes descontextualizadas, percibidas como en tierra de todos y de nadie, en el lugar de convergencia de todos los «flujos descodificados» activara el imaginario libertino, como tendremos ocasión de verlo más adelante.

La impronta de la transgresión se expresa en el folklore que exalta la masculinidad mexicana: «con dinero y sin dinero hago siempre lo que quiero y mi palabra es la ley»… El modelo de masculinidad que la «industria subcultural» del narcotráfico propicia, genera imitadores deseosos de «participar en los atributos del tipo», como ocurre con todos los sistemas de prestigio. Y la masculinidad, como lo desarrollamos en *La gran diferencia y sus pequeñas consecuencias… para las luchas de las mujeres*[35] viene a ser algo así como el pacto juramentado que, en la medida en que es estructuralmente excluyente, puede funcionar a modo de infraestructura de los pactos mafiosos. Nos encontraríamos de nuevo con una disposición a modo de palimsesto. En efecto: la masculinidad es un sistema de prestigio que opera en el círculo virtuoso por el que mérito y gracia se retroalimentan.

Jorge Luis Sierra, en su escrito «México, the militarization trap» para el libro *Drugs and Democracy in Latin America*, describen el plan ultrasecreto del gobierno mexicano llamado «Chihuahua Pilot Project» e impulsado por el gobierno estadounidense. El plan se llevó a cabo en 1995 durante la gestión del ex presidente Ernesto Zedillo. Para realizar este proyecto sustituyeron a agentes de la Procuraduría General de la República por elementos del ejército. Y en el estado de Chihuahua, ciento veinte policías judiciales federales fueron reemplazados por soldados. «Este proyecto fue extendido posteriormente hacia todas las delegaciones de la PGR en donde había un elevado nivel de narcotráfico.» Los autores afirman que «el proyecto [...] fracasó desde el principio, puesto que elementos del ejército —los nuevos agentes antidroga— se pasaron a las filas del cártel de drogas. Así fue como se originó un extraño cóctel de ex policías federales y de soldados en la nómina del narco». Cfr. p. 215.

35. Cfr. Amorós, C.: *op. cit.* Segunda parte, Capítulo 5.

Ciertos varones tienen *qua tales* una posición naturalizada en el orden del *status* que los hace aparecer como el varón paradigmático: la masculinidad se muestra así como una gracia. Pero esta gracia, para legitimarse, debe ser convalidada y confirmada por el mérito: «si eres hombre [...] debes hacer tal o cual cosa». Pero, bajo la apariencia de un imperativo hipotético: deberás hacer tal cosa en función de la cláusula condicional «si eres hombre», se esconde en realidad un imperativo categórico: debes hacer tal cosa porque no te es dada la opción de no hacerla. Nobleza obliga. Obliga, ante todo, a valorar nobleza. Nos encontramos, pues, con un enunciado al que podríamos denominar pseudohipotético y criptocategórico. Ser varón es una gracia que se tiene, pero que hay que merecer y legitimar mediante determinadas conductas. Ser varón es un mérito que se adquiere pero que no se activa sin el concurso de la gracia. Para merecer ser varón hay que serlo. Pero el círculo se desbloquea cuando consideramos la masculinidad como transversal a todas las jerarquías de status. Los que están en la cima —desde los nobles hasta los jefes mafiosos— exigen el mérito y conceden la gracia a los que están en posiciones subalternas. A su vez, quienes están en estas posiciones se homologan por la adopción de los superiores y refrendan la gracia viril de éstos jaleándoles y exigiéndoles alardes de mérito. El jefe no está exento de llevar a cabo algún tipo de hazaña. El fuero y el huevo —con perdón— deben ir juntos y retroalimentarse mutuamente. Pero, si falla el fuero, se puede apelar al huevo en última instancia en tanto que detentador de la gracia: ¡mis cojones! Y, si la gracia participada y compartida se pudiera poner en cuestión —la conceden en último término quienes tienen, como ya lo afirmamos, una posición naturalizada en el mundo del status— siempre se pueden aducir los méritos para justificar el fuero: yo también soy un señor. En suma, la gracia del status de la masculinidad es a la vez difusiva —sus detentadores por excelencia hacen partícipe de la misma al meritorio mediante gestos rituales— y excluyente: con lo femenino en el límite infranqueable, se comunica de forma diferencial a los meritorios. Y, de este modo, instituye jerarquía. Por el contrario, las mujeres integramos un sistema de desprestigio: la gracia, en la medida en que la tenemos, es gratuidad pura y no depende de nada que hagamos.[36] Es más: cuando oficiamos de meritorias, en el esfuerzo perdemos la gracia. Por lo mismo, no podemos hacer partícipes a las otras de un status que es pura precariedad: afirmo por ello que, cuando ejercemos algún poder, lo hacemos sin la completa investidura. Con una «detentación vacilante» en tanto que sometida al refrendo, no ya de los varones superiores en la jerarquía, sino de los que puedan estar en grados más bajos pero lo compensan por su posición en tanto que varones. Si en el esfuerzo perdemos la gracia, en aquello en que manifestamos nuestra gracia se nos negará el reconocimiento del esfuerzo. Las Preciosas, que adquirieron protagonismo en los salones franceses del siglo XVII, destacaron especialmente en el arte de la retórica. Pero se daba por hecho que una destreza verbal como ésa fluía naturalmente de su propio ser. La Bruyère afirmó: «En semejante género de literatura (que se expresaba en epístolas, gacetas…) este sexo va más lejos que el nuestro. Al correr la pluma, las mujeres encuentran giros y locuciones que nosotros no descubrimos frecuentemente más que a costa de un largo y penoso esfuerzo.» No se nos puede reconocer gracia y esfuerzo a la vez: en nosotras deben ir disociados. «Entre las mil cualidades que los antiguos han otorgado a vuestro sexo está la elocuencia que poseéis sin trabajo y sin pena —continúa nuestro moralista—. La naturaleza os dio liberalmente lo que el estudio nos vende tan caro.» Cuando el esfuerzo se prestigia para ellos, la gracia, para nosotras, se desprestigia. El caso es que las mujeres no podamos ser importantes. Y si eso les ocurre a las que, a regañadientes, los varones se han visto obligados a hacerlas objeto de un cierto reconocimiento, ¿qué no les ocurrirá a las de los medios humildes y marginales? En Chihuahua, el patriarcado apático —cuando no corrupto— de las

---

36. Simplemente, le caemos a algún varón o a algunos varones en gracia —o en desgracia—. De esa gratuidad —ya nos hemos referido a ello—, depende en buena medida nuestro valor sacrificial: el de mero don en el que se estampa la firma de quien celebra el *potlacht* en tanto que ceremonia que a la vez expresa e instituye el prestigio, como puede derivarse de los análisis de Marcel Mauss en su *Essai sur le don*.

autoridades y el libertino transgresor comparten la concepción de las mujeres como lo insignificante: es «un fastidio» seguir la pista de sus cadáveres, para unos. Para los otros, son meros instrumentos de su sadismo misógino.

2.4.4. De mafiosos y libertinos

De acuerdo con Sergio González, las complicidades y los pactos de silencio transcendían la oposición entre los partidos: «las autoridades del PRI en Chihuahua defendían a los ex funcionarios del PAN» en lo concerniente a negligencias en la búsqueda de pruebas y la identificación de rastros. Podríamos afirmar así que el patriarcado, como conjunto de pactos diversos entre los varones, tiene una política sexual, como con tanta pertinencia denominó Kate Millet las estrategias masculinas que se orientan a y logran producir efectos sistémicos en su dominio sobre el conjunto de las mujeres. Los feminicidios tienen sin duda que ver con esta política sexual. Política sexual que confina con la guerra de exterminio. Pues, según ciertas evidencias disponibles, «los homicidios en serie contra mujeres se producían en orgías sexuales y de fraternidad por parte de uno o más equipos de operadores o asesinos protegidos por funcionarios de diversas corporaciones policíacas. Y cuentan con la complicidad y el patrocinio de personajes preeminentes —que poseen grandes fortunas legales e ilegales, producto del narcotráfico y el contrabando— cuyo alcance ocupa la frontera norte e incluso el centro del país». Parece que el cáncer tiene metástasis en todo el cuerpo social. Prominentes clanes empresariales —y políticos con clientelas— patrocinan los actos de los sicarios consistentes en el secuestro, la violación, el mutilamiento y el asesinato de mujeres, cuyo perfil criminológico se aproxima a lo que se ha llamado «asesinatos de juerga». Nos encontramos así en los núcleos simbólicos más duros del imaginario del «erotismo transgresivo», según la acertada denominación de Alicia Puleo, que nos evoca las fantasías sadeanas de *Los cien días de Sodoma* llevadas al cine por Passolini. El lema de la transgresión sistemática y paroxística rezaría así: «Todo es bueno si es excesivo.» Las salas de orgías se sitúan fuera de los límites de toda legalidad. En ellas se simulan casamientos ante altares en que se celebra la Misa Negra y donde se practica el derecho de pernada con el o la que actúa de novio o novia de la forma más sádica posible. El Marqués de Sade concibió estas sofisticadas y siniestras coreografías donde uno de sus personajes, Noirceuil, incorpora a otro, Juliette, para actuar en un juego de fantasía. Juliette «vestida como mujer, debe casarse con otra, vestida como un varón en la misma ceremonia en la que yo, vestido como una mujer, me convierto en esposa de un varón. Luego, vestido como varón, tu te casarás con otra mujer vestida de mujer al mismo tiempo que yo voy al altar para ser unido en santo matrimonio con un sodomita disfrazado de niña»[37]. Nos encontramos así con una parodia esperpéntica del contrato sexual en la que se miman a la par que se violan sus reglas. Seguramente, el imaginario libertino de los narcotraficantes es más tosco que el de su maestro el Marqués. Aunque en sus festejos del horror se lleva a cabo un holocausto misógino que se concreta en la muerte de la madre de una de las jóvenes raptadas para participar en la ordalía. Diana Washington, por su parte, es más escéptica que Sergio González en lo que se refiere a la conexión de los feminicidios con el satanismo, y estima que debió tratarse de casos aislados.

En la película de Kubrik, *Eyes wide shute*, aparece una ceremonia que presenta de forma muy pregnante algunos rasgos del imaginario libertino. Su contexto social es muy diferente: los participantes pertenecen a la clase poderosa estadounidense. Pero hay rasgos de este imaginario que son recurrentes: en círculos concéntricos aparecen filas de individuos enmascarados. En el centro, un personaje vestido de rojo y que acciona el incienso reviste connotaciones transgresoras con impregnaciones de simbolismo satánico. A su alrededor hay un grupo de mujeres, primero vestidas, que se desnudan, se arrodillan y se besan, según las órdenes que nuestro personaje les da a golpe de un bastón que empuña a guisa de cetro.

---

37. Citado por Pateman, C.: *op. cit.*, p. 257.

Y asimismo, a golpe de bastón, va distribuyendo a las mujeres a cada uno de los enmascarados vestidos. Se representa así el control de las mujeres por parte del Padre despótico que las presta en usufructo a cada uno de los cofrades. Asimismo, se escenifica el descubrimiento de la transgresión de un pacto de silencio sobre todo lo relativo a la ceremonia por parte del pianista, y de ello se deriva el sacrificio de la prostituta que le había sido adjudicada al protagonista e intentaba protegerle. Por seguir con nuestros referentes cinematográficos, podemos recordar que en *El último tango en París*, Marlon Brando, a la vez que sodomiza a su partenaire, exclama: «¡Familia, tú que formas ciudadanos virtuosos!». Es un claro manifiesto sadeano *versus* Rousseau: a nuestro protagonista le indignan tanto el contrato social como el contrato sexual.

2.4.5. Sobre el patriarcado-red

Para completar el cuadro de los pactos patriarcales en la era de la globalización, Sergio González nos informa de los vínculos que se entretejen entre los narcotraficantes y el tráfico de mujeres por parte de mafias como la rusa. Según sus fuentes, «desde 1977 las autoridades mexicanas supieron que el cártel de Juárez había establecido vínculos con dicha mafia».

El periodista juarense José Pérez Espino[38] critica implacablemente al autor de *Huesos en el desierto* por considerar que se ha dedicado a «imaginar más que a investigar» y no ha sido por ello riguroso. Por mi parte, no procede tomar partido en cuestiones gremiales ni tengo obviamente competencia para contrastar si González debió o no dar crédito a sujetos tales como Pando en el caso de la mujer holandesa asesinada en un hotel. Sólo puedo tomar partido en la cuestión metodológica. Y aquí, volviendo a las consideraciones con las que inicié

---

38. Pérez-Espino, J.: «Homicidios de mujeres en Ciudad Juárez: la invención de mitos en los medios y la lucrativa teoría de la conspiración», en: Gutiérrez Castañeda, G. (coord.), *Violencia sexista*, México, UNAM, 2004.

este trabajo, me identifico con la forma de trabajar de González en la medida en que toda investigación requiere de hipótesis —«conjeturas», las llama el autor de *Huesos en el desierto*, citando a Pierce—. Si renunciamos a forjar hipótesis, lo único que nos aparece es una colección de asesinatos imputables a causas muy diversas, y por ese camino no creo que podamos ir demasiado lejos. Todo parece apuntar a la existencia de un entramado: afirmarlo no es necesariamente caer en una especie de delirio relacional. Lo que hay que establecer es cómo se trama este entramado, pues no es sino el precipitado, operativo pero inestable, de prácticas diversas de articulación. Me considero una nominalista moderada en el sentido que precisé previamente y en esa medida me distancio de posiciones que podríamos llamar de patriarcoescepticismo. Creo que en la situación en que nos encontramos no nos podemos permitir el lujo de esa displicencia espistemológica. Sin duda, las hipótesis requieren control y contrastación. Pero, en la medida en que las —supuestas, para Pérez Espino— orgías sexuales no permiten la entrada de periodistas, estimo que es legítimo reconstruir al menos alguno de sus aspectos, como trato de hacer yo misma, remitiéndonos a ciertas constantes significativas de las representaciones y las prácticas de los libertinos en su lógica profunda y en su recurrencia histórica, contrastable a través del ensayo, la literatura, el arte cinematográfico, etc.

Por lo demás, trabajos posteriores de periodismo de investigación como el de Diana Washington en *Cosecha de mujeres* se inscriben más bien en la estela del autor de *Huesos en el desierto* y trabajan con hipótesis referentes a la conexión de los fenómenos criminales y no a su desconexión. Tampoco el mero constatar es investigar ni nos lleva más lejos en la tarea de una exigencia de claves de inteligibilidad que, por supuesto, no redimen los horrores. No hay redenciones espistemológicas. Pero quizás comprender algo más y mejor pueda colaborar en alguna muy modesta medida a luchar contra las atrocidades y prevenirlas.

Para Diana Washington, y como conclusión de su reconstrucción de la muerte de Sagrario González, su contexto y sus implicaciones, «sólo un grupo altamente organizado podría llevar a cabo crímenes a tal escala —se refiere aquí al caso de los ocho cuerpos descubiertos en 2001—, y con una secuencia de delitos como el secuestro, violación, tortura, asesinatos, así como almacenamiento y traslado de los cadáveres. Este grupo, que en apariencia incluye a la policía, ha logrado actuar sin ser descubierto durante años. Es posible que los homicidas distribuyeran los cuerpos en determinados lugares para establecer una postura política, para establecer una especie de mensaje hacia la comunidad, para avergonzar o perjudicar a terratenientes bien intencionados, o como una forma de comunicación entre ellos mediante una clave macabra. Se trata de un *modus operandi* que habla de dinero y poder. Hay suficientes recursos para costear la logística necesaria, y para comprar el silencio de todos los cómplices. Gradualmente, fue aparente que una red corrupta de funcionarios judiciales, políticos, líderes empresariales y narcotraficantes hicieron posible que el asesinato de mujeres en Juárez se convirtiera en un deporte para ciertos hombres.»[39]

No es de extrañar que en la era de «la sociedad red» estudiada por Manuel Castells se estructure una suerte de patriarcado red, con mallas más apretadas en determinadas partes y más laxas en otras zonas. Pero muchas mujeres son atrapadas en estas mallas. Con todo, la información acerca de la teleología de los crímenes es limitada en proporción directa a las posibilidades abiertas que se nos enumeran: «o para», «bien para», «o quizás para…». Habría que precisar y articular mejor estas presuntas teleologías. De acuerdo con la autora de *Cosecha de mujeres*, el contexto que hizo posibles los feminicidios se venía fraguando desde la década de los 90 en la frontera, cuando se produjeron desapariciones forzosas en Juárez relacionadas con motivos políticos. «La complicidad de funcionarios con el narcotráfico en ese tiempo, a la vez que la tolerancia hacia toda clase de abusos, se combinaron para alimentar la corrupción oficial, sin precedentes, que alcanzó su punto culminante con los crímenes contra mujeres. Los enlaces de complejidad se fueron tejiendo antes de la década de 1990, y sirvieron después para sembrar el terror e inestabilidad en

---

39. Washington, D.: *op. cit.*, p. 61.

ensayos de Estado, como Chihuahua, México y Morelos, donde se ha producido la industria del secuestro, la extensión del narcomenudeo y la violencia extrema. Esto se llama la "colombianización" de México, una aparente estrategia de los Carrillo Fuentes, que a su vez ha producido en distintos lugares un gobierno amafiado.»[40] En su reconstrucción de los *modus operandi* de la investigación federal de los crímenes, Washington hace referencia a un agente federal que, siendo ya Presidente Vicente Fox, le envió una carta sobre lo que había descubierto pidiendo que no se revelara su identidad. Al poco tiempo comenzó a recibir amenazas de muerte. El agente reveló que «maleantes bajo contrato, implicados en los primeros crímenes contra mujeres, fueron asesinados posteriormente. El cártel usa el mismo *modus operandi*, matar a sus trabajadores que saben demasiado»[41]. Por otra parte, el periódico *Dallas Morning News* publicó una nota, en el año 2004, en la que aseveraba que traficantes de drogas mataban a mujeres en Ciudad Juárez para celebrar sus transportes de drogas exitosos a través de la frontera.» La transgresión activa el imaginario libertino para reduplicarla con otra transgresión. Soy por ello menos escéptica que Diana Washington en relación con esta noticia, que ilustra mi hipótesis acerca de la vinculación entre el narcotráfico y el imaginario libertino. En la misma línea, la autora de *Cosecha de mujeres* afirma que, en la época de Ernesto Zedillo, una investigación federal «descubrió que varios funcionarios de la Procuraduría del Estado de Chihuahua estaban implicados como promotores de orgías, después de las cuales, las jóvenes declaradas desaparecidas eran encontradas sin vida»[42].

2.4.6. El lenguaje de la impunidad

Para recapitular, la autora de *Cosecha de mujeres* se hace eco de una fuente del FBI, que, en el año 2003, el mismo año en que

---

40. Ibídem, p. 178.
41. Ibídem, pp. 208-209.
42. Ibídem., p. 209.

Amnistía Internacional elaboró un duro informe sobre los homicidios, emitió una evaluación confidencial sobre los feminicidios. «¿Quiénes están detrás de los asesinatos? Por lo menos uno o más asesinos en serie, unos narcotraficantes, dos pandillas sádicas y violentas, y un grupo de hombres muy poderoso.»[43] Figura, pues, de forma recurrente, la misma nómina.

Rita Segato, por su parte, desde la perspectiva, no de una reportera, sino de una antropóloga feminista, nos aporta consideraciones muy pertinentes para arrojar luz sobre el sentido de los feminicidios que, desde otras orientaciones de la atención, no pueden aparecer sino como el puro sinsentido. Se desprende de sus análisis que poderes como los mafiosos han de combinar de una peculiar manera secretismo y exhibición. «Exhibición de una capacidad de dominio que debe ser asociada a los gestos rituales de renovación de los votos de virilidad.» La mostración de un poder soberano (yo lo llamo despótico para subrayar su ilegitimidad) implica la exhibición impúdica de impunidad —y a la inversa—. A su vez, una exhibición tal conlleva la escenificación del hecho de que se encuentra más allá de la ley: en el caso del poder mafioso, del contrato social y el contrato sexual que se encuentran en la base de la misma. De este modo «ostenta la cohesión, vitalidad y control territorial de la red corporativa que comanda». Una red de socios extensa y leal apta para proporcionar lugares, vehículos… La autora de «Territorio, soberanía y crímenes de segundo estado: la escritura en el cuerpo de las muertas de Juárez»[44], a quien ya nos hemos referido, aplica un modelo semiológico a la interpretación de los feminicidios. De acuerdo con esta aproximación metodológica, los asesinatos podrían ser tratados como un sistema de comunicación de mensajes. Así, si desciframos en relación con estos mensajes «qué es lo que dicen, a quién y para qué nos veremos llevadas a la posición del sujeto del discurso que de este modo se inscribe y se vuelve reconocible». (En su asimilación de las mujeres a mensajes, Segato toma como sus referentes a Lacan y a Lévinas. Por mi

---

43. Citado por Washington, D.: en *op. cit.*, p. 195.
44. En: Femenías, M. L. (comp.): *Perfiles del feminismo iberoamericano, op. cit.*

parte, la conceptualización de las mujeres como objeto transaccional de los pactos —o conflictos— entre los varones remite de una manera más pertinente al modelo de Claude Lévi-Strauss que, en *Las estructuras elementales del parentesco*, comparó explícitamente a las mujeres que son intercambiadas por los aliados por el matrimonio con las palabras que los hablantes se intercambian en el uso del lenguaje. De este modo, los crímenes contra las mujeres apuntan a una lengua para iniciados, y la pregunta acerca de por qué se mata en un determinando lugar puede reformularse como por qué allí se habla una determinada lengua. La lengua del feminicidio, justamente. Podríamos observar aquí que, si se ha dicho que una lengua es un dialecto con un ejército detrás, el dialecto peculiar del poder mafioso y corrupto sería un dialecto con un estado paralelo detrás. Pues bien, sobre estos supuestos, la lengua del feminicidio es hablada por el sujeto que quiere establecer que Ciudad Juárez tiene dueño y que esos dueños asesinan a mujeres para demostrar que lo son. Recordemos que su heterodesignación patriarcal se expresaba en la acción más bien que en el discurso. Pero en el modelo semiológico puede ser traducida a discurso: «Mujer es lo que matamos nosotros.» ¿A quién se dirige este discurso? Yo lo expresaría en clave de Pateman: a los sujetos del contrato social y del contrato sexual, es decir, al Estado y a las familias vinculadas por consanguinidad y alianza. Como, justamente, quienes reniegan de esos vínculos y repudian tanto el contrato social como el contrato sexual son los libertinos, como hemos tenido ocasión de exponerlo, no nos extrañará que el imaginario del sujeto mafioso sea precisamente el libertino. Y el libertino, por las razones que también hemos expuesto, ha de pagar al Padre despótico un tributo por su usufructo de las mujeres, debe sacrificar mujeres.

Pues bien, la exhibición de cadáveres mutilados funcionaría entonces a modo de confirmación a los aliados de los mafiosos de que «su control sobre el territorio es total». Los Barones de provincia expresarían así su competencia como si respondieran a la consigna: «Dígaselo con mujeres.» Esta hipótesis se confirmaría en buena medida si de ella se pudieran derivar preguntas como las que formula Segato: ¿cuándo tendrán lugar los asesinatos?, si se puede responder que, por ejemplo, cuando se consolida una fratría, cuando se planea un negocio ilícito, o bien cuando se inicia a algún nuevo miembro, otro grupo mafioso desafía el control del territorio o se producen intrusiones externas, inspecciones…

Ahora bien, ¿por qué las víctimas habrían de ser precisamente las mujeres? De acuerdo con Segato, la razón estribaría en que el cuerpo de la mujer es la víctima más fácilmente asumida por la sociedad y más «naturalizada». Sobre todo, porque se puede imputar la culpa a la propia víctima para aplacar los sentimientos de culpa que el crimen y su impunidad generan, lo cual propicia «la espiral misógina de la comunidad». Podríamos afirmar, entonces, que la misoginia, como por nuestra parte lo hemos afirmado en otros contextos, no sería causa de los feminicidios sino más bien su consecuencia. A diferencia del patriarcalismo, no es un *explanans* sino un *explanandum*. Es una heterodesignación patriarcal que se configura en determinadas situaciones, como la que en su día propició la caza de brujas.[45] El poder mafioso y el libertino lanzan su mensaje: «mujer es lo que matamos nosotros»… Y el poder corrupto lo rubrica con afirmaciones como «eran prostitutas, eran drogadictas…».

Nuestra antropóloga argentina relaciona los crímenes de lo que podríamos llamar «el terrorismo libertino-mafioso» contra las mujeres con lo que sucede en las guerras. Tenemos, por desgracia, un ejemplo pregnante en las violaciones masivas de mujeres en Bosnia Hertzegovina, donde se las obligó a prestar sus cuerpos al genocidio (paradójicamente, porque los productos de este horror no serían serbios puros). De acuerdo con Segato, en las guerras el cuerpo de las mujeres —aquí «la mujer» en tanto que esencializada— es anexionado junto con el territorio del país conquistado: «la marca del control territorial de los señores de Juárez puede ser inscrita en el cuerpo de las mujeres». Como lo afirma Diana Washington, en muchos de

---

45. La caza de Brujas es un fenómeno recurrente cuando aparecen ciertas quiebras en las redes de los vínculos sociales: como lo hemos podido ver, la Bruja es la culpable por antonomasia del centro hemorrágico porque no sólo está en otro pacto —en el aquelarre o reunión de mujeres— sino en el Pacto-Otro, en el pacto con el Diablo.

estos cadáveres se pudo encontrar inscrita en la espalda la figura de un triángulo… El cuerpo de la mujer sería de este modo parte del territorio —en el eje de la metonimia— y su representación en el de la metáfora. En el ámbito fronterizo de «los flujos descodificados» (del dinero, de las drogas, de la mano de obra, del deseo perverso…), como lo diría Gilles Deleuze, «la máquina despótica» de la coalición poder corrupto-imaginario libertino-poder mafioso produce movimientos de re-territorialización… y los inscribe en el cuerpo que representa por antonomasia el arraigo identitario, el cuerpo femenino. Así, los movimientos del capital en el neoliberalismo se conjugan con lo que, a falta de un estado fuerte, Segato denomina «totalitarismo de provincia», fenómeno que analiza en clave de Hanna Arendt: como lo afirma la autora de *Los orígenes del totalitarismo*, «los movimientos totalitarios tienen todavía en común con las sociedades secretas la división dicotómica del mundo entre "hermanos jurados de sangre" y una masa indistinta e inarticulada de enemigos jurados […]. Tal vez la más clara semejanza entre las sociedades secretas y los movimientos totalitarios resida en la importancia del ritual […]. Esa idolatría no prueba la existencia de tendencias pseudos-religiosas o heréticas […] son simplemente trucos organizativos, muy practicados en las sociedades secretas, que también fuerzan a sus miembros a guardar secreto por miedo y respeto a símbolos terribles. Las personas se unen más firmemente a través de la experiencia compartida de un ritual secreto que por la simple admisión al conocimiento del secreto»[46].

2.4.7. Sobre «los feminicidios»

A la luz de estas consideraciones, se puede afirmar con Segato que «los feminicidios de Juárez no son crímenes comunes de género

---

46. Citado por Segato, R.: en *loc. cit.*, p. 198. Quizás habría que relativizar, a la luz de los análisis de Arendt, el sentido y la importancia de ciertos rasgos de satanismo como los que sugiere Sergio González.

sino crímenes corporativos[47] y, más específicamente, son crímenes de segundo estado, de estado paralelo». Segato lamenta la inexistencia de la categoría jurídica que los volvería «jurídicamente inteligibles y clasificables». Como desde siempre lo ha sabido el feminismo, hay que instituir un nuevo orden de designaciones porque conceptualizar es politizar. Betty Friedan llamó «mística de la feminidad» al hasta entonces innombrado malestar de las amas de casa estadounidenses: «el problema —se decía— que no tiene nombre»; Kate Millet definió como «política sexual» los efectos sistémicos del subyugamiento sexual de las mujeres por el patriarcado… y así se han venido acuñando términos como «violación marital», «acoso sexual en el trabajo», «violencia sexista» (término aún no estabilizado por solaparse con esa chapuza conceptual que es «la violencia doméstica»)… entre muchos otros.

No se podrá minimizar la relevancia de la definición de «feminicidio» por parte de Radford y Russell, ya en 1992, como el «asesinato misógino de mujeres por hombres». Rita Segato se distancia, por considerarla insuficiente, de la definición de Russell y presenta la interpretación alternativa que le vino sugerida por sus estudios sobre la violación. De acuerdo con nuestra antropóloga, este delito rara vez se produce por parte de un individuo aislado y no debe ser tratado como un problema marginal. (Sin otros varones que se lo jalearan, los varones renunciarían, como en un chiste de antaño, a acostarse con Sofía Loren: «¡no se lo iban a creer!».) «Así, la violación es un fenómeno que hay que estudiar *in societate*.» En sus trabajos, enfatiza cómo los varones apuntan siempre a los otros varones en sus hazañas sexuales, así como el sentido y la importancia de la violación tumultuaria como ritual de confraternización. La violación tumultuaria es «como en los pactos de sangre, la mezcla de sustancias corporales de todos los participantes». La antropóloga argentina afirma que lo que la llevó a Juárez fue la idea de que su modelo

---

47. Entiendo aquí «corporación» como el grupo o red que administra los recursos, los derechos y los deberes propios de un Estado paralelo, establecido firmemente en una región con tentáculos en las cabeceras del país.

interpretativo de la violación [era] capaz de lanzar nueva luz sobre el fenómeno de los feminicidios… Inspirada en este modelo «que tiene en cuenta y enfatiza el papel de la coordenada horizontal de interlocución entre miembros de la fratría, tiendo a no entender los feminicidios de Juárez como crímenes en los que el odio hacia la víctima es el factor predominante. No discuto que la misoginia, en el sentido estricto de desprecio a la mujer, sea generalizada en el ambiente en que los crímenes tienen lugar. Pero estoy convencida de que la víctima es el desecho del proceso… y que condicionamientos y exigencias extremas para atravesar el umbral de la pertenencia al grupo de los pares[48] se encuentran detrás del enigma de Juárez»[49]. Como se desprende de lo que llamo «teoría nominalista (moderada) del patriarcado», tal como la he desarrollado en mi libro *La Gran Diferencia y sus pequeñas consecuencias… para las luchas de las mujeres* sobre los pactos patriarcales, y la aplico en este trabajo sobre los pactos mafiosos y el imaginario libertino, me identifico en este punto básicamente con el planteamiento de Segato.

La propia Diana Russell sustituye su definición anterior por «el asesinato de mujeres por hombres por ser mujeres», porque de ese modo puede «aplicarlo a todas las formas de asesinato sexista. Los asesinatos misóginos se limitan a aquellos motivados por el odio hacia las mujeres, en tanto que los asesinatos sexistas incluyen los asesinatos realizados por varones motivados por un sentido de tener derecho a ello y/o superioridad sobre las mujeres, por el placer o deseos sádicos hacia ellas, y/o por la suposición de propiedad sobre las mujeres»[50]. Por su parte, Julia Monárrez Fragoso ha acuñado el concepto de «feminicidio sexual sistémico», al que caracteriza por «la lujuria de matar» y creo que por un lado tiene una cierta relación

---

48. Ser capaz de participar en negocios de alta peligrosidad, dar la talla en la transgresión y el delito…
49. «Territorio, soberanía y crímenes de segundo estado: la escritura en el cuerpo de las muertas de Juárez», en Femenías, M. L. (comp.): *Perfiles del feminismo iberoamericano, op. cit.*, p. 186.
50. «Feminicidio, Justicia y Derecho», Honorable Congreso de la Unión, Cámara de Diputados, LIX Legislatura, noviembre 2005.

con lo que yo llamo «el imaginario libertino.» Por otro, sigue la línea iniciada por Jane Caputi en *The Age of Sex Crime*[51], donde aborda el asesinato sexual de mujeres por hombres. Afirma que «el crimen de lujuria, el asesinato por violación, el asesinato serial y el asesinato recreativo son expresiones nuevas para un nuevo tipo de crimen: el crimen sexual. Este asesinato de ninguna manera carece de motivación, ya la violación, la tortura, la mutilación y finalmente el exterminio nos hablan del asesinato sexual «como un asesinato sexualmente político, como un terrorismo fálico funcional» contra las mujeres. Para Caputi, «el asesinato sexual es un acto mítico ritualista en el patriarcado contemporáneo donde se funden el sexo y la violencia [...] el asesinato sexual es la expresión última de la sexualidad como una forma de poder».

Se produce aquí un deslizamiento de la afirmación: «el patriarcado *tiene* una política sexual» a «el patriarcado *es* intrínsecamente exterminador». Me desasosiega un poco un cierto esencialismo en este planteamiento, que parece situarse en la estela del feminismo cultural. Entiendo el feminismo cultural como una peculiar deriva del feminismo radical que podríamos sintetizar —un tanto abruptamente— en el paso lógico que iría de la afirmación de Kate Millet, referente teórico fundamental del feminismo radical, que desarrolla e ilustra la tesis de que el patriarcado tiene y hace una política sexual, un conjunto de estrategias de dominación sobre las mujeres con efectos sistémicos, a la consideración de que la sexualidad masculina es de suyo agresiva y tanática. La propia Diana Russell se sitúa en buena medida en esa estela al remitirse a teóricas que son referentes fundamentales de esta corriente como la teóloga feminista Mary Daly y la propia Jane Caputi (1987), que definen así el término ginocidio: «El intento fundamental del patriarcado global: la destrucción planeada, institucionalizada espiritual y corporalmente, de las mujeres; el uso deliberado de medidas sistemáticas (como asesinato, heridas corporales o mentales, condiciones de

---

51. Caputi, J.: *The Age of Sex Crime*, Bowling Green State University, Popular Press Bowling Green, Ohio, 43403, 1987.

vida insoportables, prevención de nacimientos) que están encaminadas a la destrucción de las mujeres como fuerza política y cultural, la erradicación de la religión y el lenguaje biológico/femenino, y con el fin último de exterminar[52] a la Raza de las Mujeres y a todo ser elemental.» En este texto son pregnantes las resonancias de la oposición que establece un freudomarxista como Marcuse entre *Eros* y *Tanatos*. El subtexto de género de *Eros* sería lo femenino en tanto que cultura biofílica y con virtualidades soteriológicas; el de *Tanatos*, la cultura masculina en tanto que letal. El feminismo cultural considerará de este modo que la liberación de las mujeres sólo se conseguirá mediante una contracultura que se desarrolle al margen de la tanática cultura patriarcal[53]. Esta conceptualización del «patriarcado global» resulta un tanto esencialista y tributaria de la concepción del mismo como una unidad ontológica. De acuerdo con la caracterización que presentamos en nuestra introducción, correspondería a la posición realista, con la que no nos identificamos.

Por su parte, Marcela Lagarde ha elaborado el concepto a partir del trabajo de Diana Russell y Hill Radford expuesto en *Femicide. The Politics of Woman Killing*[54]. Lagarde ha captado con gran perspicacia la idea de que conceptualizar es politizar, pues sus énfasis son fundamental y pertinentemente políticos y su tematización se orienta a la práctica política. «A través de investigaciones científicas, las feministas diferenciamos las formas de violencia, erradicamos conceptos misóginos no científicos como el de crimen pasional y definimos jurídicamente la violencia sexual —la violación, el estupro, el incesto, el acoso—, la violencia conyugal y familiar, la callejera, y otras formas de violencia de género: laboral, patrimonial, psicológica, intelectual, simbólica, lingüística, económica, jurídica y política.»[55]

---

52. Para Segato, soberanía es colonización, no exterminio.
53. Cfr. Osborne, R.: «Debates en torno al feminismo cultural», en: Amorós, C. y A. de Miguel (eds.): *Teoría feminista de la Ilustración a la globalización*, tomo 2, Minerva, Madrid, 2005.
54. Cfr. Radford, J. y D. E. Russell: *Femicide. The Politics of Woman Killing*, Twayne Publishers, New York, 1992.
55. En Honorable Congreso de la Unión, *op. cit.*, p. 150.

Necesitamos estas distinciones como los esquimales necesitan usar diecisiete formas diferentes para referirse a la nieve: esta práctica lo es de una resignificación de la realidad social que es un elemento vital para las mujeres. Para nuestra antropóloga y política, el desarrollo de las mujeres es un *test* de legitimidad democrática. «Mujeres de distintos países damos vida a la cultura democrática al denunciar la opresión de género y crear una conciencia crítica sobre la condición de las mujeres… Nombramos y definimos la discriminación, la marginación, la explotación y la enajenación genéricas, enfrentamos la falsa creencia sobre la inevitabilidad de la violencia, la sacamos del encierro y el silencio, del tabú y la complicidad.»[56] Es de este modo como los movimientos sociales, de acuerdo con sus teóricos como Ana de Miguel[57], van creando «un sentido común alternativo» logrando cada vez en mayor medida una permeabilidad social para los nuevos conceptos y una actitud crítica hacia aspectos de la vida social que hasta hace poco «se habían venido considerando como normativos». En la estela de Kate Millet, Lagarde entiende la violencia de género como uno de los dispositivos básicos de una política sexual. «Uno de los aspectos por revelar de la violencia de género es su dimensión de mecanismo político cuyo fin es mantener a las mujeres en desventaja y desigualdad en el mundo y en las relaciones con los hombres […] contribuye a desvalorizar, denigrar y amedrentar a las mujeres; y reproduce el dominio patriarcal». Podríamos afirmar que es un dispositivo que contribuye sustancialmente a consolidar y a reproducir la masculinidad como sistema de prestigio a costa del desprestigio de las mujeres. Nuestra autora define así, como feminicidio, «el conjunto de delitos de lesa humanidad que contienen los crímenes, los secuestros y las desapariciones de niñas y mujeres en un cuadro de colapso institucional. Se trata de una fractura del Estado de derecho que favorece la impunidad. Por

---

56. Ibídem, p. 152.
57. Cfr. de Miguel, A. y J. M. Robles: «Dimensión simbólica y cultural de los movimientos sociales. El movimiento feminista y la construcción de marcos simbólicos», en: Funes Rivas, M. J. y R. Adell Argilés (eds.): *Movimientos sociales: cambio social y participación*, Universidad Nacional de Educación a Distancia, Madrid, 2003.

eso, el feminicidio es un crimen de Estado. Es preciso aclarar que hay feminicidio en condiciones de guerra y de paz»[58].

Tuvimos ocasión de exponer que, para Rita Segato, los feminicidios eran crímenes de Estados paralelos sintomáticos de la debilidad de los Estados de derecho. Para Lagarde, el feminicidio es un crimen de Estado por omisión. «Hay feminicidio cuando el Estado no da garantías a las mujeres y no crea condiciones de seguridad para sus vidas…» Desde este punto de vista, podríamos considerarlo un delito de leso contrato social, pues, desde Hobbes, el Leviatán se genera y se justifica por el transpaso que los firmantes del contrato social llevan a cabo de su poder a cambio de la seguridad. Esta situación señalada por Lagarde pone de manifiesto, en la línea de Pateman, que las mujeres, por causa del contrato sexual, no somos firmantes del contrato social. Y en la violencia patriarcal y su expresión máxima, los feminicidios, ello se pone de manifiesto con particular pregnancia. Desprotegidas por el contrato social —por lo demás, precario— y por un contrato sexual que está en crisis —entre otras muchas razones, como se ha señalado[59], por el «machismo ultrajado» de tantos y tantos varones que han fracasado en su intento de cruzar la frontera y se vuelven así «nómadas frustrados»—, las mujeres, en la intemperie social y simbólica, nos convertimos en pasto de los mafiosos y los libertinos. De ahí la insistencia de Lagarde en la necesidad de una agenda política que implique «la inclusión de las mujeres en el contrato social y en el pacto político del Estado en condiciones de paridad».

A la luz de los análisis de Rita Segato y del planteamiento de Marcela Lagarde, creo que tendría sentido conceptualizar los feminicidios como crimen de Estado paralelo en el sentido *positivo* de que es esta maquinaria la que perpetra esos crímenes, y como crimen de Estado de derecho en el sentido *negativo* de proceder por omisión o negligencia.[60] Pero hemos tenido ocasión de exponer que el poder corrupto, investido por los rituales de iniciación, pacta con el poder

---

58. Lagarde, M., *loc. cit.*, p. 155.

59. Gutiérrez Castañeda, G.: *op. cit.*, p. 13 y ss.

60. Para Segato, los feminicidios «se asemejan a los rituales que cimentan la unidad de las sociedades secretas. Comparten una característica idiosincrática con

mafioso y se incorpora el imaginario libertino. De este modo, podríamos afirmar que los feminicidios son producidos por determinados entramados patriarcales en que están implicados el poder cívico y el poder mafioso, el poder legítimo corrupto y el poder mafioso de *parvenus* que borran las huellas de su plebeyez —al menos simbólica— homologándose a y alternando con el anarquismo aristocratizante decadente de los libertinos. Este entramado infernal sería lo que está en la base de lo que Julia Monárrez denomina «el feminicidio sexual sistémico», y entiende que debería articularse como una categoría jurídica. Pues, en casos como el de Ciudad Juárez —y el fenómeno se reproduce en otros lugares de México—, «existen motivos, actos violentos, las víctimas tienen códigos, los asesinos tienen firmas, hay un acompañamiento de asesinos, hay escenarios transgresivos y hay impunidad», en primer lugar. En segundo lugar, «se ha asesinado a los miembros de un grupo identificados como objetos genéricos de violencia y sexo. Y cuando se destruye gente sobre la base del sexo debe merecer el mismo estatus bajo las leyes internacionales, como el de destruirlas sobre la base de la etnia, la nación y la religión»[61].

La definición de los asesinatos de mujeres y la tipificación de sus diversas modalidades es una polémica emergente del feminismo contemporáneo a partir de los crímenes de Ciudad Juárez y otros lugares. El núcleo de la cuestión estribaría en determinar si el feminicidio es una categoría específica o bien se la puede aplicar a todo tipo de crímenes perpetrados contra las mujeres. Siempre he afirmado que conceptualizar es politizar: en el caso de la mal llamada violencia doméstica que sumaba peras con manzanas se ha podido pasar al concepto de violencia sexista o patriarcal, yendo de ese modo de la anécdota —«el crimen pasional», por ejemplo— a la categoría. Se ha podido crear de este modo, como lo afirman teóricas de los movimientos sociales como Ana de Miguel, un «sentido común alternativo» hacia la especificidad de los crímenes del patriarcado y ha hecho

---

los abusos del poder político: se presentan como crímenes sin sujeto personalizado realizados sobre una víctima tampoco personalizada...». Este fue el caso de Argentina.
61. Cfr. Honorable Congreso de la Unión, p. 208.

posible desglosarlos de los homicidios sin más. En la misma línea, lo que ahora está sobre el tapete son las ventajas epistemológicas y políticas de singularizar conceptualmente el feminicidio idiosincrático. Algunas feministas entienden que un mayor volumen cuantitativo de crímenes contra las mujeres genera un efecto de masa que tendría más efectos sobre la sensibilidad social que la que se derivaría de las delimitaciones estrictas. Rita Segato[62] por su parte, se muestra partidaria de una identificación precisa del *modus operandi* propio de los distintos casos y estima muy útil la elaboración de una tipología afinada, sobre todo en orden a la identificación de los agresores y a lograr el fin de la impunidad. Así, la autora de *Las estructuras elementales de la violencia*[63] entiende que la «voluntad de indistinción» tiene más bien efectos perversos. Compartimos con ella su crítica de la indiscernibilidad en lo que se refiere a cuestiones relacionadas con las mujeres que lo arrojan todo al batiburrillo de las idénticas. *Versus* este batiburrillo que no hace sino arrojar tinta de calamar, se impone identificar las características precisas que reviste la violencia feminicida.

El filósofo Baruch Espinosa afirmaba que «las ideas adecuadas generan una mayor potencia de obrar». De este modo, la producción de adecuadas categorías subsume los datos pertinentes contra lo que ocurre cuando, al no disponer de categorías idóneas tampoco resulta posible identificar los datos adecuados. Tendremos que pasar así del círculo vicioso al círculo virtuoso. Hay que tirar del hilo del ovillo y no de las cerezas que se enredan: ello arrojaría luz sobre el funcionamiento de los poderes paralelos. En lugar de conformarnos con el «*totum revolutum*», se vuelve preciso formular las preguntas en los términos adecuados lo cual, para la antropóloga argentina, es ponerse en la vía para que puedan ser respondidas.

Los feminicidios, a los que ya hemos hecho referencia, están en íntima relación con cotos territoriales que surgen en buena medida como consecuencia de la crisis de los estados nacionales en la era de

---

62. Belausteguiogoitia, M. y L. Melgar (coord.): «¿Qué es un feminicidio? Notas para un debate emergente», en: *Fronteras, violencia, justicia: nuevos discursos*, Universidad Nacional Autónoma, Programa Universitario de Estudios de Género, México, 2007.
63. Año 2003.

la globalización. Estos poderes territoriales paralelos aplican a su modo la «capacidad normativa [...] sobre el cuerpo femenino como índice de la unión y la fuerza de una sociedad»[64]. Quieren significar así la unidad del poder territorial *versus* la fragmentación.

Por otra parte, la perpetuación de los crímenes se relaciona, para Segato, con el hecho de que la violencia, en la medida en que se instituye en lenguaje, se perpetúa con la inercia de cualquier lengua: en este caso concreto, *a fortiori* como *lingua franca*.[65]

En suma, detectar las características precisas del feminicidio como crimen de estado paralelo es lo que puede hacer posible la elaboración de leyes que faciliten la formulación de los requerimientos adecuados a las fuerzas policiales. Facilitaría asimismo la colaboración entre países, así como la identificación intelectual de paralelos entre el feminicidio y el genocidio que se pudieran plantear en la Corte Penal de La Haya. Sólo la tipificación diferencial puede llevar a arbitrar estrategias específicas de investigación policial.

Las analogías entre el feminicidio y el genocidio se basarían, de acuerdo con Segato, en el análisis de una mujer genérica, de un tipo: el de la mestiza joven y pobre. El crimen, como los crímenes de estado, no es activado por una motivación personalizada, sino por la pertenencia de la víctima a un grupo identificable. Se opera aquí en el eje paradigmático (no sintagmático promovido por motivos individualizados) que subsume a un subconjunto característico de lo que yo llamo «las idénticas». Se vuelve pues imperiosa la protocolización del estado paralelo, que empieza a encontrar instancias en otros lugares (Recife, en Brasil; Cipoletti, en Patagonia). De este modo, los crímenes de estado paralelo se encuentran cerca, aunque se diferencian y pueden producir un efecto acumulativo de permeabilidad social al rechazo contra la violencia. El efecto político se potencia de este modo y no se desactiva: juntos pero no revueltos.

En suma, la cuestión de los feminicidos se convierte en un tema prioritario en la agenda feminista global actual.

---

64. *Op. cit.*, p. 40.
65. Ibídem, p. 42.

2.5. Fronteras e imaginario de la globalización

2.5.1. Globalización y descontextualización

En este apartado pretendo dar algún elemento de respuesta a la pregunta: a la luz de fenómenos tan execrables como los feminicidios de Ciudad Juárez, ¿sería pertinente la hipótesis de trabajo según la cual existirían afinidades electivas significativas entre algunos aspectos del imaginario de la globalización y el imaginario libertino reconstruido como una modalidad del imaginario patriarcal? Para tratar de responderla, nos basaremos en primer lugar en análisis del imaginario de la globalización llevados a cabo por quienes, como la bióloga y analista feminista de la ciencia Donna Haraway, conocen de primera mano lo que el sociólogo español Manuel Castells ha llamado «paradigma informacionalista». Este paradigma (en el sentido de Kuhn) se ha constituido fundamentalmente por la unificación epistemológica —o, si se quiere, la difuminación de las fronteras— en las formas de producir el conocimiento, de la informática y la biotecnología, sobre todo la ingeniería genética. La elaboración de una «ontología cyborg» u «ontología sucia», que estaría en consonancia con el imaginario de la globalización, puede ser asumida en buena medida como consecuencia de dos órdenes de fenómenos por lo demás íntimamente relacionados entre sí. Por una parte, la unificación epistemológica, o utilización de los mismos modos de aproximación formal para estudiar objetos de conocimiento como las máquinas informáticas y los organismos vivos: ambos se investigan de la misma forma, si no con los mismos métodos, en tanto que procesadores de información. La ontología cyborg representa por un lado una radicalización de este proceso epistemológico. Por otra, nuestra bióloga feminista posee un grado notable de familiaridad —lo conoce de primera mano— con el funcionamiento de nuestro capitalismo neoliberal, el que financia los macroproyectos de la biotecnología como «El Genoma Humano». Lo denomina «el Nuevo orden mundial, S.A.». Ambos procesos convergen hasta el punto de llevarla a afirmar que «la biotecnología es la continuación de la política por otros medios»: decide qué seres vivos van a poblar la tierra, «quién vivirá y quién morirá». De esta convergencia surgirá la difuminación de las fronteras entre lo humano y lo animal, lo orgánico y lo maquínico. Somos cyborgs: coexistimos amigablemente con nuestras prótesis tecnológicas y, por otra parte, relativizamos cada vez en mayor medida las separaciones antaño tajantes entre lo humano y lo animal. Con esta ontología, tan acorde con un imaginario de la globalización caracterizado como el de la permeabilidad y la difuminación de todas las fronteras así como de la producción de todo tipo de hibridaciones, nos encontramos, querámoslo o no, «en el vientre del monstruo». Lo monstruoso ha sido siempre caracterizado por la transgresión de los límites: así, para una «ontología sucia» como lo es la ontología cyborg, se vienen a desdibujar un tanto los límites entre lo maquínico, lo animal y lo humano. Esta ontología, en la que deberá, para Haraway, basarse nuestra política, celebra los mestizajes y las formas de identidad no canónicas: las identidades *queer*, como *Female-Man*, que aparece en el título de su libro: *Testigo_ Modesto@Segundo Milenio. Hombre Hembra©_conoce_Oncoratón®*, las diversas identidades multiculturales, indígenas…, o los enfermos de Sida…, son sus sujetos emergentes.[66]

Nuestra autora entiende que la globalización neoliberal se caracteriza, *versus* el espacio de los lugares, por la descontextualización radical: desde la recolocación de las potencias y competencias de las conejas de laboratorio, «cuyo "lugar natural" es completamente artefactual (pues es el laboratorio, como "tecnología de inscripción", su nicho y su habitat[67]), hasta las prácticas de deslocalización de las multinacionales […] y la segmentación de los mercados que puede ser transversal a las distintas entidades nacionales». La descontextualización es de este modo la forma histórica de la naturaleza en el capitalismo tardío, a la que denomina «naturaleza empresarializada».

Por nuestra parte, añadiríamos que la descontextualización tiene su correlato en el imaginario sexual de nuestra era global: el

---

66. Lo hemos expuesto con detalle en los capítulos 3, 4 y 5 de este libro.
67. Cfr. *«Las promesas de los monstruos», loc. cit.*

imaginario de la pornografía, especialmente activado en ella, requiere que sea total: uno de los mayores alicientes para sus consumidores es la eliminación de cualquier tipo de mediaciones en el encuentro sexual (recordemos la película de Marlon Brando, *El último tango en París*) y la obsesión por la mujer troceada, el cuerpo femenino fragmentado... En este punto, se diferencia la pornografía del erotismo, que juega con una mezcla de elementos de contextualización y descontextualización (la pareja estable que busca cambiar de escenario, por ejemplo) así como del turismo sexual. En esta modalidad, es el sujeto de su consumo el que se descontextualiza a sí mismo para disfrutar de la idiosincrasia folklórica de la mujer —o del niño— en su propio contexto.

En otro orden de cosas, el uso de los teléfonos móviles instituye un contexto comunicativo a distancia que irrumpe y rompe el contexto comunicativo natural de la contigüidad: en la reunión familiar o en la cena de amigos, se producen interrupciones en el curso de la conversación que vuelven a ésta sincopada, discontinua... a trozos...

2.5.2. Metafísica de las fronteras e imaginario de la transgresión

En su libro *Huesos en el desierto*, Sergio González nos describe el imaginario fronterizo en Chihuahua, en la zona de las maquilas donde Ciudad Juárez es un polo principal: «Las fronteras mejicanas sufrieron diversos efectos donde se anudaba una erosión múltiple que incluía el pacto nacional y la inseguridad pública. Pero las circunstancias fronterizas del país y su desarrollo crítico se habían gestado al menos desde una generación atrás...» De acuerdo con nuestro periodista, en esta línea hay que situar el Programa Industrial de la Frontera (1965-1995) y su perspectiva integradora con Estados Unidos, que concluiría en el proceso globalizador del fin del siglo XX. Con la guerra entre los Cárteles de la Droga desde mediados de la década de los 90 (el Cártel del Golfo, el de Tijuana, el de Juárez) se produce «un desgarramiento fronterizo, terreno o marítimo, que se extendería al núcleo del país…». Sergio González cita aquí al estadounidense Barry Gifford, quien escribía que las ciudades de la frontera norte de México se asientan «en un territorio indeciso entre algo y nada». Añade que este rasgo de incertidumbre parecía expandirse. «Era la fronterización imprevista de las grandes ciudades, que hacía temer algo indeseable: el día en que todo México llegara a ser un territorio a medio camino entre algo y nada.»

Esta especie de vacilación y precariedad ontológicas de la zona fronteriza ha sido señalada también por César Delgado Ballesteros, quien afirma que «en Juárez se concentran, en un terrible círculo vicioso, esas energías distorsionadas del desarrollo del subdesarrollo, presididas por el gran negocio al lado de la informalidad y débiles instituciones públicas, en una sociedad abierta pero muy desintegrada…». En clave heideggeriana, podríamos afirmar que no hay ser porque no hay hogar, porque los emigrantes mejicanos que afluyen a Ciudad Juárez son extranjeros y exiliados en su propia patria. «Ciudad Juárez, afirma nuestro sociólogo, está alejada de todo lo que significa la República Mejicana y sus mejores tradiciones e instituciones […] es […] un lugar de paso, no una ciudad, entendida como espacio urbano que concentra todo tipo de capacidades y que constituye un proyecto civilizatorio.» Sostiene que tampoco lo es El Paso, a pesar de sus apariencias. Juárez es, en realidad, «un gran resumidero del subdesarrollo y El Paso su formidable retén aséptico, que busca contener a toda costa la contaminación proveniente del sur»[68]. Podríamos afirmar que Ciudad Juárez es un lugar emblemático y paradigmático de la descontextualización por la que caracteriza Haraway la globalización neoliberal. Como lo afirma Griselda Gutiérrez en relación con la aportación a su libro[69] de Delgado Ballesteros, nos encontramos ante un «espacio fronterizo […], lugar de paso y expectativas, pero también de límite y bloqueo para las mismas; un canal de migración […] signado por la falta de arraigo, como de afán alguno

---

68. Delgado Ballesteros, C.: «El alma de las mujeres de Ciudad Juárez», en: *Violencia sexista, op. cit.*, pp. 78-79.
69. Cfr. *Violencia sexista, op. cit.*

por construir un orden estable y vivible, pero que cuando se convierte en refugio, como ocurre frecuentemente, y sede de un nomadismo frustrado, no puede menos que condensar altas dosis de marginalidad, riesgo e ilegalidad»[70].

Espacios de tan extrema descontextualización no pueden dejar de convertirse en escenarios de transgresión. Las reglas, en Ciudad Juárez, parecen existir únicamente para que «el animal sagrado» de George Bataille las transgreda. «Las reglas escritas de la vida en Juárez aparentemente son las mismas de cualquier ciudad fronteriza compleja. Sin embargo, más allá de sus endebles tradiciones institucionales, en el mundo de su intensa e irrefrenable vida subterránea (alcohol, drogas, prostitución, pornografía y contrabando), otras son las verdaderas reglas. Más bien no hay reglas. Priva el criterio y la fuerza de los más poderosos, de los mejor pertrechados. Ahí es el verdadero reino de la violencia y la impunidad. Si hace no mucho hubo un "señor de los cielos", cuántos señores habrá hoy de los infiernos. Si Juárez fuese, como pesimistamente se ha llegado a afirmar, el cabaret de El Paso, qué se podría esperar de los derechos de las mujeres en ese lugar»[71]. «Lugar de grandes oportunidades pero también de grandes riesgos», para nuestro sociólogo, la vida ahí no vale «prácticamente nada». Y no es de extrañar. Pues, como lo ha afirmado Amelia Valcárcel, «lo poco que puede llegar a valer la vida humana en cualquier punto de la tierra tiene una medida exacta: es lo que valga una vida humana femenina.»

César Delgado Ballesteros se suma a las «voces que apuntan con enorme valentía a presuntos implicados [en los feminicidios]; aseveran que los asesinatos se cometen en rituales macabros, donde autoridades y narcotraficantes, luego de pactar negocios, sellan complicidades mediante la violación y el sacrificio de jóvenes juarenses, previamente secuestradas»[72].

Parece existir algo así como una metafísica de las fronteras a la que se vincula un imaginario de la transgresión… «Todo en Méjico,

---

70. *Op. cit.*, p. 13.
71. Ibídem, p. 79.
72. Ibídem, pp. 81-82.

afirma el autor de *Huesos en el desierto*, semejaba ya una línea fronteriza: un tejido de poderes centrífugos que se reproducen a escala contra las normas y las instituciones. Un suspenso entre algo, la nada y las expoliaciones de pocos.» Para Rita Segato, el subtexto de este «algo» y esta «nada» serían «el exceso» y «la carencia» en esa línea de puntos en la que todo parece transitar a la vez que el tránsito es selectivo: los grandes empresarios viven de un lado y trabajan de otro, a la vez que la frontera separa las manos de obra más caras y las más baratas. El espacio de la acumulación global descontrolada coexiste con «microfascismos regionales», que no otra cosa vienen a ser los totalitarismos de provincia en la crisis del Estado de Derecho. El control territorial absoluto se logra en el nivel subestatal. A su vez, de acuerdo con Segato, la ideología nacionalista es funcional para legitimar los privilegios de una élite regional: se practica la hermenéutica de la sospecha hacia cualquier tipo de discurso no emanado de lo autóctono ni sellado por el compromiso de la lealtad interior. Así, «extranjero» y «extraño a la comarca» funcionan como «categoría de acusación». Esta forma de descalificación de lo foráneo es instrumentada para rechazar el discurso de la ley y los derechos. Hay que perseguir a «los otros» *ad intra*. Tanto los periodistas como nuestra antropóloga han tenido la experiencia de que los medios de comunicación juarenses descalifican a cualquier observador foráneo. El subtexto rezaría así: «mejor asesino propio, por más cruel que sea, que justiciero ajeno, aunque tenga razón»[73].

2.5.3. Dislocación de la jerarquía sexual

El imaginario de la globalización es un imaginario cyborg. Pero tiene sus diferentes versiones para el desarrollo y el subdesarrollo. Las mujeres cyborg que pinta Lynn M. Randolph y que ilustran el libro de Donna Haraway subtitulado *Feminismo y tecnociencia*[74]

---

73. Segato, en *op. cit.*, p. 197.
74. Subtítulo de *Testigo modesto...*

son versiones californianas de la mujer-cyborg con su ordenador y su felino un tanto sofisticadas. Hay otra versión de mujeres cyborg para pobres. Hiperrepresentadas en las maquilas, el fin de semana se las puede ver en bares y salas de baile de esta frontera desquiciada.[75] Sergio González las describe así: «Inmersas en la sustancia de una geografía tan real como fantástica (sobre la que planea el mito del Norte) brillan las muchachas de 15, de 16 años, que vienen del agotamiento de la semana en la maquila o en la empresa de servicios. El mando patriarcal convertido en razón eficientista.» Estas jóvenes y sus prácticas ilustran la versión subdesarrollo de la ontología cyborg harawayana: «encarnan una suerte de prótesis industrial en la que se unen sus cuerpos, el tiempo de ocio y los artilugios comunicativos: microfaldas estrechas, teléfonos móviles y radiolocalizadores en el cinto, sandalias de cintas doradas y plateadas, lociones y perfumes agudísimos»[76]. Tenemos así «*latin people*» en potencia siempre referida hacia el «otro lado». La geografía que los devora, continúa Sergio González, acepta, como horizonte último, el sentido del desarraigo y el abandono de la memoria comunitaria de una tierra adentro que los ha expulsado. Nuestro periodista atribuye una «identidad nómada» a este «*latin people*» cuyo «entorno natal, familia y amigos quedan atrás para ser reemplazados por otro universo vertiginoso de técnica y productividad, de mercancías y cálculo urbano que se desenvuelve entre la explotación, la supervivencia, la esperanza para algunos».

Hay que diferenciar, sin embargo, esta situación de acuerdo con los roles de género. Sergio Zermeño se refiere a la dislocación de la jerarquía sexual que produce el hecho de que las mujeres se suelan conformar con el dinero ganado en la maquila. Son ellas, las jóvenes, quienes tienen el «*argent de poche*» para las disipaciones del fin de semana, lo que les da un cierto margen de autonomía. Por el contrario, «los hombres habitan esa sociedad esperando cruzar la frontera y desempeñar el rol más heroico de ganar en dólares». En la medida en que ese proyecto se ve frustrado, la masculinidad como

---

75. *Huesos en el desierto, op. cit.*
76. Ibídem. Nos encontraríamos aquí con una estética cyborg en versión kitch.

sistema de prestigio se vuelve contra ellos. Ese «machismo ultrajado»[77] se encuentra por doquier. «Los medios de comunicación y la frecuencia de los asesinatos le confieren a esta agresión de género una cierta "normalidad" en el ambiente cotidiano (en términos estrictamente sociológicos a eso se le llama una "moda" y abre un espacio para la impunidad: "si otros matan mujeres, el que lo haga yo no puede ser tan grave")».[78]

Nuestro sociólogo establece una relación entre el terror juarense y la caza de brujas en la Edad Media que, de acuerdo con Isabel Covarrubias[79], «se desató cuando las mujeres empezaron a tener un rol protagónico, haciendo imperar una racionalidad instintiva que ponía en cuestión la jerarquía y el papel preponderante de las instituciones y del orden: fueron entonces juzgadas y quemadas». El «machismo frustrado» generaría así una «misoginia asesina». Zermeño hace referencia a la tesis de Marta Altoaguirre de que «la mayor parte de las muertes fueron perpetradas por un compañero íntimo»[80] ante la impasibilidad o complicidad de los cuerpos policíacos. En consonancia con esta interpretación, entiende que se está ante un asunto de enfermedad social y no de criminalística…Y concluye que: «Nadie quiere aceptar una hipótesis de esta naturaleza porque implicaría que las asesinadas de Juárez constituyen el rostro horrendo de la degradación y la anomia social, el precio que hemos tenido que pagar por nuestro más exitoso enganche a la globalización. Ni la opinión pública, ni el gobierno en el nivel local, nacional y menos aún internacional pueden aceptar que el modelo dominante está asociado a la muerte.»[81]

---

77. Diana Washington hace referencia también a un informe del sexólogo Krippner de acuerdo con el cual «es probable que alguien resentido con el trabajo femenino esté implicado, aun cuando se trate de alguien perteneciente a una escala social superior a la de las víctimas», *op. cit.*, p. 213.
78. Cfr. *Violencia sexista*, p. 98.
79. Cfr. Covarrubias, I.: «*Violencia y anonimato*: una interpretación de la violencia sobre las mujeres en Ciudad Juárez (1993-2000)». Tesis de doctorado.
80. Altoaguirre, M.: «Informe de la relatora especial de la Comisión Iberoamericana de Derechos Humanos (CIDH)», en: *La Jornada*, 27 marzo de 2003.
81. Cfr. *op. cit.*, p. 59.

2.5.4. «La maté porque era mía» y... «la maté porque no era mía»

Por mi parte, y a la luz de la información de la que he podido disponer, no me parece verosímil, no ya que tantas muertes —en España al día de hoy[82] contabilizamos 64 muertes por violencia sexista en lo que va del año— hayan sido perpetradas por parejas de las víctimas, sino que los *modus operandi* sean análogos en este tipo de asesinatos y los que se cometen en Ciudad Juárez. Los asesinos de sus parejas se resienten por lo que entienden como una ruptura del contrato sexual y operan en consecuencia: «la maté porque era mía». Pero los asesinatos de Ciudad Juárez, además de implicar toda una infraestructura compleja y potente, ponen en juego una parafernalia simbólica que remite a lo que yo llamo «el imaginario libertino»: la regresión a formas feudales de control territorial a las que Rita Segato hace referencia, lo activan en el sentido de que las mujeres no son para él *singulatim* propiedad de cada varón, sino que se les representan como algo «usable y desechable» —por decirlo en los términos de Marcela Lagarde— por parte de *omnis* en la medida en que pertenecen al Barón amo del territorio. La lógica feudal del derecho de pernada tiene sus afinidades con el imaginario libertino, que en algún aspecto se reedita: implica que las mujeres del feudo son del Señor y éste hace de ellas una cesión a los siervos, lo cual se simboliza en la prerrogativa de éste de desvirgar a la recién casada. También es suya la propiedad de la tierra que los siervos trabajan y a cambio de cuyo usufructo han de pagar un tributo en especies de diezmos y primicias. El cuerpo de las mujeres está, pues, también aquí, adherido al territorio, y su uso sigue las mismas reglas del poder feudal. Así, cuando se quiere simbolizar que se controla un territorio por parte de poderes mafiosos, de acuerdo con Segato, la «regresiva conjunción de feudalismo y postmodernidad» se exhibe en el ejercicio de un «Derecho de pernada bestial, de un Barón feudal y postmoderno con su grupo de acólitos».

---

82. Viernes, 13 diciembre, 2007.

Griselda Gutiérrez Castañeda entiende que el marco que explica el problema de los crímenes es la apropiación por parte de las mujeres de ámbitos que antaño eran exclusivos de los hombres: entran en el mercado laboral, en los bares… con todo lo que ello conlleva. Sin duda es un elemento de explicación muy pertinente y necesario para entender la complicidad masculina en todo el proceso. Pero no parece suficiente para dar cuenta del fenómeno en todas sus dimensiones que, como se ha afirmado, requiere una disponibilidad de recursos complejos que no están al alcance de cualquiera, y la movilización de una infraestructura para llevar a cabo asesinatos y desapariciones en tan impresionante número y en forma cualitativamente escalofriante. Entiendo así que se pueden establecer distinciones y contrastaciones nítidas entre ambos tipos de crímenes: los que vamos a denominar «crímenes del contrato sexual» —que lo tienen como su telón de fondo y determinan que la mujer lo ha transgredido— y «crímenes mafiosos y/o libertinos», que no asumen para nada ese contrato. En los crímenes sexistas cometidos por parejas o ex parejas no hay impunidad: en un elevado porcentaje de casos el asesino se suicida a continuación o bien, lejos de evitarla, se entrega él mismo a la policía. Los primeros son individuales, con raras excepciones, mientras que los segundos apuntan a grupos. Además, los crímenes del contrato sexual rara vez son rituales —ha habido algún caso excepcional en que la víctima, antes de ser incinerada, había sido rociada con gasolina—. En abrupta contraposición, los crímenes mafiosos y/o libertinos ponen en juego un ritual complejo y metódico para destruir a la víctima y esta característica les es constitutiva. El lema de los primeros reza, en clave de —siniestro— tango, aquello de «la maté porque era mía». Mientras que el lema de los mafiosos y/o libertinos se expresaría como «la maté porque no era mía»: era del Padre representado por o representante de todo el genérico masculino. El mensaje de los crímenes del contrato sexual va dirigido, obviamente, a la propia víctima del asesinato y, si se quiere, a todas las mujeres a título de escarmiento así como al rival: «¡yo soy así de macho!». En cambio, los feminicidios emiten, de acuerdo con Segato, un mensaje más complejo y más difícil de descifrar. Lo podríamos expresar así: «quiero comunicarles a mi grupo enemigo o a la colectividad que aquí soy yo quien manda y "se lo digo con mujeres… asesinadas".

La antropóloga argentina Rita Segato hace referencia al hecho de que se fomenta la «percepción indiscriminada» de crímenes misóginos que revisten modalidades distintas: «pasionales», «domésticas», de «abuso sexual», violaciones por parte de «agresiones seriales», «tráfico de mujeres», «crímenes de pornografía ritual», entre otros. En general, todo cuanto se refiere a las mujeres, en la medida en que se nos considera «las idénticas» y se nos trata como un genérico que no ha accedido al estatuto de la individualidad es percibido en la indiscernibilidad: de aquí que la precisión y la individuación en este campo sea revolucionaria y un ejercicio de militancia feminista. Por su parte, Segato afirma que esta «voluntad de indistinción» funciona a modo de «una cortina de humo cuya consecuencia es impedir ver claro el núcleo central […]. Es como si círculos concéntricos formados por una variedad de agresiones ocultasen en su interior un tipo de crimen particular, no necesariamente el más numeroso pero sí el más enigmático por sus características precisas […]: secuestro de jóvenes […] de un tipo físico definido, en su mayoría trabajadoras o estudiantes, privación de la libertad por algunos días, torturas, violación "tumultuaria"[83] […], mutilación, estrangulamiento, muerte segura, mezcla o extravío de pistas y evidencias por parte de las fuerzas de la ley, amenazas y atentados contra abogados y periodistas, presión deliberada de la autoridad para culpabilizar chivos expiatorios, a las claras inocentes, y continuidad ininterrumpida de los crímenes desde 1993 hasta hoy»[84].

Por otra parte, el resentimiento varonil contra la incipiente autonomía femenina en campos como el laboral y el erótico se produce en muchos lugares, hasta en los países nórdicos, teniendo por consecuencia asesinatos de mujeres. Pero no revisten la forma de feminicidios característica de Ciudad Juárez y otros lugares de América Latina, como Guatemala. Si las causas fueran las mismas sin la interferencia

---

83. Así lo declaró el ex jefe de peritos Oscar Máynez más de una vez.
84. Segato, R.: en *op. cit.*, p. 179.

de otras variables significativas, las consecuencias deberían ser homologables. Sin embargo, es obvio que no es el caso.

2.5.5. El tributo del libertino

Los rasgos de los crímenes movilizados por el imaginario libertino son tediosamente recurrentes y, cuando se tienen las claves, susceptibles de ser tipificados. El libertino tiene la obsesión de que le debe al Padre un tributo para compensarle por su usurpación y de que ese tributo ha de relacionarse con el sacrificio del objeto transaccional que, «a diferencia de lo que ocurre en el contrato sexual», los divide. Entre el gran déspota y el pequeño déspota anda el juego, y el sacrificio recompone aquí, sólo momentáneamente, la unión. Pues no otra es la función de todo sacrificio. De acuerdo con Lévi-Strauss, en el sacrificio se ligan los dos dominios —los de ambos déspotas— «por medio de una víctima consagrada (objeto ambiguo que, en efecto, pertenece tanto al uno como al otro), y después aboliendo este término de conexión…»[85]. Crea así un déficit de contigüidad que deberá ser compensado una y otra vez mediante una cadena infernal. No es otro el sentido que tiene el sacrificio del libertino. Por tanto, como lo hemos visto, su lema no es el del compañero íntimo: «la maté porque era mía». Sino que, cuando el contrato sexual no se incumple *singulatim* sino que es abolido para *omnis*, el lema del libertino podría formularse en estos términos: «La maté porque no era mía» (se la usufructué al padre y se la devuelvo como tributo). En la medida, pues, en que el libertino no ha sustituido la simbólica del Antiguo Régimen, a la vez que quiere liberarse del mismo, será el suyo un imaginario de la transgresión. Y, en la medida en que el mafioso, por razones distintas, es un transgresor, los pactos mafiosos se suelen asociar con el imaginario libertino. Así, las mujeres los habrán de sellar con su sangre.

Sin embargo, aunque «el machismo ultrajado» no sea el ejecutor de los crímenes, comparte desde su modalidad el «imaginario de

---

85. Lévi-Strauss, C.: *El pensamiento salvaje*, pp. 325-327.

género» con aquellos que los perpetran. Así, el «resentimiento por el trabajo femenino», en términos de Diana Washington, se constituye en un importante elemento de complicidad social. Habría que averiguar en qué medida este resentimiento tiene una capacidad de totalización suficiente como para constituir «grupos en fusión» o «grupos juramentados» (en el sentido sartreano al que hicimos ya referencia) o bien se mantiene en el nivel serial, de atomización que no logra la tensión sintética suficiente como para llegar a ningún resultado significativo. Aquí habría que tener en cuenta a las pandillas, cuya proliferación relacionan muchos con la desintegración familiar y cuyo chivo propiciatorio es el trabajo de las mujeres. Uno de de sus miembros, según el testimonio de Julián Cardona, al ser interrogado acerca de si era de Juárez obtuvo una contundente respuesta: «Yo no soy de Juárez, Juárez es mío». Y en relación con las muertes y las rencillas entre pandilleros, responde a nuestro fotoperiodista: «es la coca, pues qué más, y déjame decirte que éstos están más armados que los de la guerra de Irak. No te imaginas cuánto»[86]. Por su parte, Alejandro Gutiérrez afirmó en 1999 que «los hijos de las obreras, conocidos como la generación de la maquila, en un alto porcentaje son actores de la escalada de violencia e inseguridad pública, como víctimas o como victimarios»[87]. Sostienen duras disputas por el control del territorio. Algunas de ellas, como la Kid-13, cuyos miembros son niños de trece años y suman la cantidad de unos doscientos «está —de acuerdo con nuestro periodista— estrechamente ligada al cártel de Juárez, particularmente en el terreno del tráfico de armas»[88]. Son grupos iniciáticos que, como tales, se constituyen por el desmarque y la renegación del mundo femenino: cambian su sangre natural por la sangre que sella los pactos mafiosos y adoptan como sus ídolos figuras masculinas violentas.

El imaginario patriarcal, de este modo, se solapa con un imaginario social que reviste sus modalidades más violentas y donde las

---

86. Cfr. en *Violencia sexista, op. cit.*, p. 34.
87. Ibídem, p. 70.
88. Ibídem, p. 71.

mujeres se encuentran en el ojo del huracán apresadas entre mensajes paradójicos y contradictorios. Los agentes de la globalización las requieren como mano de obra de quita y pon hecha a la medida de sus necesidades, y los miembros de su familia —maridos, compañeros, hijos— les recriminan por prestarse a ello y no actuar a la medida de las suyas, que pasan sin embargo por la aportación del salario femenino. Hagan lo que hagan lo hacen mal. No es de extrañar que, como en su día en las brujas[89], se proyecte en ellas el mal. Por una parte, han de rendir su tributo al capital neoliberal que transciende las fronteras; por otra, se les extrae ese tributo de sus propios cuerpos y sus propias vidas como pasto del imaginario libertino. El capital en el régimen del neoliberalismo —puro flujo sin código, como lo afirmaría Deleuze— transciende los tabúes en su flujo libidinal desterritorializado... En la terminología de Segato, se produciría una convergencia en el límite de la economía material —la lógica de la extorsión de cuanto pueda ser refuncionalizado y de exclusión de cuanto no sirva a tales designios, según el análisis de Castells[90]— y la economía simbólica, a la que yo prefiero llamar «lógica del imaginario patriarcal». Para Segato, el exterminio de algunos —algunas, preferentemente— entraría en la lógica del capitalismo neoliberal como límite de su dinámica de exclusión: la mestiza asesinada, mejor, sacrificada, sería de este modo el trofeo de pingües ganancias. Por mi parte, prefiero distinguir —por más que haya que articularlas, ya que funcionan juntas *in re*— analíticamente la dinámica capitalista de la lógica patriarcal —aquí en su modalidad libertina—. Tanto la una como la otra extorsionan y sacrifican a las mujeres, pero sería perfectamente concebible un sacrificio sin extorsión y una extorsión sin sacrificio. Entiendo por ello que sería pertinente reeditar en nuevas claves lo que se llamó «los sistemas duales», que en su día aceptaban el marxismo a la vez que reconocían la necesidad de añadirle una teoría suplementaria para explicar la opresión de las mujeres. Ahora, el capitalismo neoliberal no ha encontrado su Marx —y seguramente

---

89. Tesis de Isabel Covarrubias, inédita.
90. Castells, M.: *La era de la información, op. cit.*

es una buena cosa que no lo encuentre, porque no hay ni tiene por qué haber un sujeto revolucionario privilegiado que oficie a modo de vanguardia—. Y el feminismo de la era global debería ir más allá de la *Política sexual* de Kate Millet, si bien en muchos aspectos en la dirección que ella marcó. Las condiciones teóricas en las que puede plantearse la relación entre capitalismo y patriarcado han cambiado profundamente: el feminismo radical, en la medida en que ya no tiene por qué ser compulsivamente reactivo a la absorción de la problemática de las mujeres en los parámetros marxistas, debería liberarse de su obsesión de ir a «la raíz» de la opresión. Porque no hay ni una sola ni una paradigmática raíz: hay raíces y, como lo quiere Deleuze, «rizomas». Hay un proceso de globalización capitalista neoliberal y unas relaciones patriarcales complejas, que hay que analizar en cada caso en su funcionalidad específica para la misma —en la medida en que la haya—, así como en las modalidades precisas que reviste un imaginario salvajemente complejo pero que puede ser teóricamente domesticado con la ayuda de algunos algoritmos. Estos algoritmos se plasman en hipótesis que es preciso controlar e ilustrar con hechos empíricos disponibles. Y parece ponerse de manifiesto a la luz de los mismos que el tributo patriarcal y el tributo capitalista convergen *de facto* en el sacrificio y la extorsión de determinados seres humanos a los que denominaré «las idénticas».

2.5.6. Entre nómades y cyborgs: la reescritura de Malinche

Estimo como una interesante aportación a la comprensión de la complejidad de los asesinatos de Ciudad Juárez el haber señalado el carácter sexuado de la identidad nomádica. En Europa, la feminista holandesa de origen australiano Rosi Braidotti propone la figuración nomádica de la subjetividad como una «metáfora performativa» adecuada para nuestro mundo en proceso de globalización. La identidad nomádica debe ir, de acuerdo con nuestra autora, más allá de la propia de la emigrante, que instituye los referentes que se ha visto obligada a abandonar en instancia normativo-utópica.

Braidotti invita a el/la nómada a desmantelar su «registro de objetos perdidos», que así le llamaba Freud a la melancolía. En la línea de la caracterización que hace su maestro Gilles Deleuze de «*los flujos del deseo*» en la era capitalista como «flujos descodificados», no adheridos a referentes edípicos de adscripción, las «máquinas deseantes» se liberan de «papá y mamá». Braidotti concibe así la identidad nomádica como «un vector de desterritorialización»[91]. Asume así la sustitución que propone el autor —junto con Guattari— de *El Antiedipo*[92] de las raíces por los rizomas, que crecen hacia los lados. En la medida en que estas identidades políglotas que, según nuestra autora, «practican una amable promiscuidad con sus diferentes cimientos lingüísticos», tienen «múltiples pasaportes», la propuesta de Braidotti ha podido ser criticada por elitista. Pues, como se sabe, la inmigración que recibe Europa no tiene ni siquiera un pasaporte en la mayoría de los casos. Pero la intención de Braidotti, que tiene su referente empírico en los flujos migratorios —y su feminización progresiva en Europa— en la era de la globalización no es hacer una sociología del fenómeno migratorio, sino una propuesta que ella califica de «política» en la línea de la concepción de Deleuze de «las políticas del deseo». Por mi parte, encuentro en la autora de *Sujetos nomádicos* ciertos déficits normativos y estratégicos como para armar un proyecto político, y asumimos su propuesta de un troquelado nomádico de la subjetividad en clave estética, como un «estilo de vida» en la órbita de Foucault.

Por lo que concierne a la autora de *Testigo modesto@del Segundo Milenio. Hombre Hembra© conoce a Onco-ratón®*, compartimos su rechazo de los sujetos políticos unitarios que se plasman en partidos de vanguardia así como cualesquiera supuestas identidades genuinas. Donna Haraway se sitúa así en la línea del feminismo postcolonial que se instituye «en instancia de desestabilización de las identidades revolucionarias tradicionales del Hombre de Occidente».

---

91. Bradotti, R.: *Sujetos nómades*, Paidós, Barcelona, 2000. Traducción de Alcira Bixio.
92. Deleuze, G. y F. Guattari: *El Antiedipo*, Barral Editores, Barcelona, 1972. Traducción de Francisco Monge.

Se propone, como hemos tenido ocasión de exponerlo, en esta línea la resignificación subversiva de los mitos del origen de la cultura occidental que nos han colonizado. Así, aboga por la reescritura de la historia de Malinche, que, de la figura de traidora en que la han convertido las proyecciones de la paranoia masculina, se reconvertirá en «la madre letrada que nos ayuda a sobrevivir». Y entiende que debemos atender al significado subversivo de la escritura para los grupos colonizados, como lo ilustra la escritura mestiza de la chicana Cherri Moraga, que no reclama una lengua original. O la de Gloria Anzaldúa. Como la nómada de Rosi Braidotti, ellas no tienen como referente ninguna lengua materna entendida al modo fundamentalista en que lo hace la italiana discípula de Irigaray Luisa Muraro, sino que muestra, en un mundo global de fronteras metaestables, su «habilidad para vivir en los límites».

2.6. La macabra reedición de «las idénticas»

En mi libro *La gran diferencia y sus pequeñas consecuencias… para las luchas de las mujeres,* establecí una distinción entre «el espacio de los iguales» y «el espacio de las idénticas». Afirmé que la igualdad se da entre quienes son individuos, quienes pueden producirse como sustantivos en la semejanza, mientras que la identidad subsume a los/las que no lo son. Los grupos dominantes están compuestos de individuos, no sufren los efectos de estereotipia de las heterodesignaciones por parte de otro grupo, ni predicaciones compartidas en lotes semánticos pro-indiviso, así como no comparten casas de vecindad.

Los enunciados en que se expresa la igualdad implican la discernibilidad de los términos que homologan, en contraposición con los que expresan identidad.

Pues bien, los espacios de poder están íntimamente relacionados con la individuación: en ellos es esencial, para orientarse y transitar por ellos, saber quién es quién: «¡usted no sabe con quién está hablando!». Y, en esa misma medida, generan paridad: hay que repartir para seguir compartiendo —y a la inversa—.

Las mujeres, por el contrario, serán tratadas práctica y simbólicamente como «las idénticas», como indiscernibles —pues no son individuos— en un bloque ontológico compacto. El término genérico «la Mujer» se emplea y se interpreta así en clave de lo que en nuestra Introducción llamamos «el realismo de los universales». De este modo, poder, entre otras cosas, implica, como lo hemos afirmado ya, poder diferenciarse produciéndose como una unidad sustantiva en el ámbito de los pares. A su vez, esta forma de producirse como tal sólo es posible en el ámbito del poder. Así, entre los miles de guerreros de Xiang (China) representados por figuras de terracota, no hay uno sólo que sea idéntico a otro. No son intercambiables. Quizás nadie haya expresado la disimetría entre «los iguales» y «las idénticas» con tanta pregnancia como Kierkegaard: «En el hombre, lo esencial es lo esencial, y, en consecuencia, todos los hombres serán siempre iguales unos a otros. En la mujer, en cambio, lo accidental es lo esencial, y, por tanto, siempre será una diversidad inagotable y nunca jamás habrá dos mujeres iguales [...]. La mujer es una criatura infinita y, en consecuencia, un ser colectivo: la Mujer encierra en sí a todas las mujeres.»[93] Nuestro misógino romántico también afirmaba que «en las especies animales no hay individuos».

En consonancia con estas expresiones del imaginario patriarcal, en el caso de las mujeres el conocimiento no implica reconocimiento, homologación en un rango que funciona como un *a priori* —«ser como»— clasificatorio. Como lo afirmara Bataille, en tanto que «la mujer» es «un objeto erótico» no se instituye en un «alter ego», a diferencia del «hermano». Se asume como un ente empírico más que se añade a una colección amorfa. Así pues, el poder produce efectos de individuación, de reconocimiento y, en esa misma medida, de percepción por los demás a título de individuo. Por el contrario, la promoción a la individualidad no se produce en el espacio «del ser social negado, no reconocido y no expresado», en términos de Rossana Rosanda. Nos encontramos en el espacio de los indiscernibles porque

---

93. Cfr. Kierkegaard, S.: *Diario del seductor*, Santiago Rueda, Buenos Aires, 1973. Traducción de A. Gregori.

no hay «razón suficiente» —como Leibniz lo diría— para que se opere en él la discernibilidad: donde nada hay que *tribuere*, nada hay que *distribuere*. Estamos en «el espacio de las idénticas».

Don Juan está enamorado de «la feminidad», de ese «ser colectivo» kierkegaardiano que encierra en sí a todas las mujeres. Por ello ve escurrirse su deseo, de ejemplar en ejemplar, a falta de alguna característica sustantiva de una mujer concreta que pudiera retenerlo. Ser víctimas de la seducción es uno de los precios que las mujeres pagamos por no ser individuos. Y seguramente lo mismo le ocurre, en versión sádica, al asesino en serie: no le retiene siquiera ningún cadáver femenino…

Es notable la cantidad de nombres genéricos que connotan estereotipia o indiferenciación aplicados a las mujeres: «el mujerío», «las Marujas» —así se denominan en nuestro país las amas de casa—, en el registro popular; «las Pléyades», «las Nereidas», «las Oceánides», en el registro culto, son términos que apenas tienen correlatos masculinos. Vamos siempre «de mogollón»: «las tres Marías», «las cien mil vírgenes» (Santa Úrsula y compañeras mártires) y colectivos semejantes nos aparecen en el santoral sin que exista simetría en el caso de los varones. Ortega y Gasset, discípulo de Simmel, que nos adjudicaba a las mujeres una cultura idiosincrática a la que denominaba «cultura subjetiva», *versus* la «cultura objetiva» de los varones que representaba lo universal, lo canónico y lo neutro, afirmaba que «la mujer es un genérico». Los filósofos se nos muestran aquí como «los intelectuales orgánicos» de los varones de la base. Como lo expresaba Poullain de la Barre, «lo que confirma al vulgo en su concepción sobre las mujeres es que se ve apoyado por el sentimiento de los sabios, sin darse cuenta de que casi todos los filósofos tienen al propio vulgo por única regla, y no es precisamente la ciencia aquello sobre cuya base se pronuncian, principalmente en la materia de la que se trata». Así se constituye «el círculo Poullain», como me gusta llamarlo: la remisión mutua, en un juego de espejos, de varones cultos a varones legos en sus ocurrencias —pues no tienen otro estatuto epistemológico— sobre las mujeres. El «imaginario filosófico», como lo denomina Michèle le Doeuff, se nutre del imaginario patriarcal y a la inversa: para Platón, «las mujeres son irascibles», mientras que «Alcibíades es valiente». De acuerdo con Schopenhauer, «las mujeres, en apretadas filas, marchan, "como una sola mujer, al encuentro del ejército de los hombres […]. Tienen un solo oficio y un solo negocio».

En este sentido, me ha llamado poderosamente la atención una leyenda medieval cuyas diversas versiones llegan hasta nuestro Zorrilla y que nos narra los avatares de «La monia fugata». Se trata de la monjita de un convento que se escapa del mismo con un galán. Los oficios que desempeña la descarriada pueden variar desde el de madre abadesa, campanera, o cocinera o bien limpiadora del convento. El caso es que nuestra monja seducida resulta ser abandonada por el galán o sucede que es ella quien lo abandona presa de arrepentimiento. Decide regresar al convento. Y héte aquí que nadie se ha percatado de su ausencia porque la Virgen María, sea cual fuere el cometido que tenía asignado, la había suplido durante la misma. También ella pertenece al espacio simbólico de «las idénticas», aunque sea objeto del culto de hiperdulía. La madre de Dios ha servido como un comodín, como sustituta o interina de cualquier desempeño femenino, sea cual fuere su categoría. Este carácter de interinidad, precariedad y sustituibilidad será el propio de «las trabajadoras genéricas» de la era de la globalización: trabajadoras de quita y pon para maquilas que son de quita y pon a su vez… Como hemos tenido ocasión de exponerlo en anteriores capítulos, Richard Gordon ha caracterizado el trabajo en la era de la globalización como «la economía del trabajo doméstico fuera del hogar»; es decir, las características del trabajo femenino tradicional: jornadas elásticas, interinidad, precariedad, ausencia de derechos laborales, consideración del trabajador como un servidor más que como un sujeto con derechos se extienden ahora a nuevas formas del trabajo remunerado, y en la segunda fase del ciclo vital de las mujeres les espera la economía sumergida a domicilio: la economía del trabajo remunerado en el hogar… Así, la historia de las mujeres —telón de fondo de los asesinatos de Ciudad Juárez— es la del muro de arena: salimos de forma intempestiva por donde oscuramente entramos sin dejar rastro… sin registro de salida ni de entrada.

Parecería que cuanto nos concierne llevara el sello de la indistinción: así, Diana Washington nos informa de que «en el pasado, el estado de Chihuahua acostumbraba a notificar los asesinatos de mujeres al Instituto Nacional de Estadística, Geografía e Informática del Gobierno Federal bajo el título de "crímenes varios"»[94]. En las investigaciones federales del año 2003 se puso de manifiesto que «las víctimas de crímenes sexuales del campo algodonero y del Cristo Negro coincidían en ciertas características: jóvenes, bonitas, provenientes de familias pobres, algunas estaban atadas, y fueron halladas desnudas o semidesnudas. De manera extraña, unas de las chicas eran muy parecidas entre sí, era como si las hubieran escogido con cierto perfil»[95]. La contabilidad de los cadáveres de «las idénticas» no se hacía, según la misma fuente, con demasiado rigor… Y es que «las idénticas» están bastante cerca del no-ser. De acuerdo con Washington, «un funcionario de Chihuahua, familiarizado con las investigaciones de homicidio en Juárez, declaró: "Hay varias muertes reportadas que nunca llegan al conocimiento de la gente porque estos casos son para el cajón, y tenemos prohibido hablar de ello"». La autora de *Cosecha de mujeres* comenta: «Era muy desalentador presenciar cómo los funcionarios gubernamentales podían reducir a la nada esas vidas, al hacer creer que jamás existieron.»[96] No es extraño que «las idénticas» se presten a «no-ser identificadas».

Las mujeres asesinadas, por lo que se ha podido reconstruir, responden a un paradigma. Con no menor tenacidad que la repetición infinita de los rasgos de las indiscernibles, el paradigma replicado de forma recurrente era, en el aspecto estético, la «mujer delgada, de cabello largo y morena», de acuerdo con Sergio González. En un nivel más pragmático, por ser presas más fáciles y con menor posibilidad de generar represalias, se prefería a las de «extracción humilde»,

---

94. Cfr. Washington, D.: *Cosecha de mujeres, op. cit.*, p. 39.
95. Ibídem, p. 56.
96. Ibídem, p. 92.

trabajadores de la industria maquiladora y, a ser posible, menores de edad. La imaginación libertina no es incompatible con el tenerlo todo bien calculado: el protagonista del *Diario del Seductor* de Kierkegaard se cuida mucho de elegir como víctima de su seducción a una muchacha como Cordelia, que vivía sola con su anciana tía.

Las mujeres, como «idénticas», mantienen entre sí las relaciones que Jean-Paul Sartre llamaba seriales: sin la soldadura que une a aquellos que son individuos en grupos de pares, cada mujer es para cada una de las otras un centro hemorrágico por el que se escapa la *potentia*, la capacidad de incidir sobre lo real. Y sus entornos no propician precisamente que puedan emerger de la serialidad. El autor de *Huesos en el desierto* ha sabido captar lo que llamamos «la condición serial» de las mujeres como elemento de explicación fundamental de la indiferencia de las autoridades federales de México ante las mujeres asesinadas en Ciudad Juárez. «Sin duda, afirma [se debía a que] las víctimas eran mujeres desposeídas y detrás de sus muertes sólo había el reclamo de sus familiares y amigos, o el de las organizaciones civiles.» Así, las serializadas, para algunos, no tenían mejor forma de defenderse que la de volver al régimen de cobertura jurídica reeditándolo en la era de globalización y ser las eternas menores. De acuerdo con nuestro periodista, un ilustre criminólogo recomendaba que «el padre, un hermano o un hombre las esperara o las acompañara al trabajo». ¡Como lo hacen los islamistas con las mujeres musulmanas! Así, las mujeres tendrían que optar entre convertirse en la garantía de los lazos de la organicidad social, como lo querrían los comunitaristas —si es que fuera aún posible recomponerlos— o quedarse en una intemperie simbólica peligrosa. La globalización, que todo lo descontextualiza según el diagnóstico de Donna Haraway, no hará de las mujeres una excepción: las descodifica en el proceso general de los flujos sin código —mercancías, drogas, tráfico de personas, mano de obra— que caracteriza nuestro capitalismo tardío. Descodifica el sistema del contrato sexual sin darles alternativas, no ya de emancipación, sino ni siquiera de supervivencia.

Sergio González ha denunciado el ninguneamiento de las víctimas en los informes policíacos. Por ejemplo, en el caso —que tuvo cierta resonancia— de la holandesa Hester van Nierop, asesinada en la habitación de un hotel, «resulta notorio un detalle (!): están ausentes las referencias sobre la víctima. No hay testimonio alguno acerca de la actitud de la joven al llegar al hotel, ni de cómo iba vestida. Ni, sobre todo, de la forma en que se comportaba con respecto a su acompañante. Ni una palabra. Como si ella jamás hubiera estado allí antes de morir». Parecería como si en todo el proceso de reconstrucción de los crímenes hubiera una conspiración contra la individualidad femenina. Se la tipifica y se la arquetipifica para despedazarla, torturarla y asesinarla. Pero también los rostros de los avisos de búsqueda, «en simples hojas de papel blanco, reproducidos en mimeógrafo o fotocopiadora, son casi indistinguibles». Niñas, jóvenes: «los trazos fisionómicos pugnan por escapar de los claroscuros que la reproducción deficiente les asigna», observa nuestro periodista. «Caracterologías que devienen manchas, nombres que se confunden o enciman unos con otros.» Y se le informaba siempre al demandante de que antes de su caso había *n* denuncias por atender.

Para Rita Segato, el cuerpo de la mujer mestiza aparece como «emblema de la transgresión de toda regla y todo límite». Su sangre sella los pactos mafiosos; su carne, susceptible de ser troceada, se presta para el sacrificio con el que se satisfará el tributo propiciatorio que exige el Déspota implacable. Su homicidio es así un feminicidio, como lo conceptualizaron Russell y Lagarde. Es el asesinato «de una mujer genérica, de un tipo de mujer». Pues toda mujer, como hemos tratado de mostrarlo, es en el imaginario patriarcal una mujer genérica, una mera partícipe de los atributos del tipo sin que esta participación configure individuación alguna. El feminicidio es así una forma de genocidio entendido como agresión «genérica y letal» a una categoría —aquí— de no-individuos. Así, en cierto modo por definición, todos/as las víctimas de genocidios son tratados como «los idénticos»: se les priva de su individuación. En los campos de concentración nazis se despojaba a los prisioneros de todos sus rasgos de identidad sustituyéndolos por símbolos de colectivos, uniformes y números. No se trata de comparar horrores, pero en el sentido preciso de atentado contra el principio de individuación, aquí se pone el énfasis en la dispersión de los miembros: el feminicidio podría ser considerado supremo analogante del genocidio.

En suma, para que cesen los asesinatos femeninos en serie, las mujeres tendremos que dejar de ser, por lo pronto, una serie atomizada e impotente, donde sólo se puede ejercer poder en la modalidad de la influencia puntual en oblicuo, en disposición en batería, carente de toda virtualidad sintética y de cualquier efecto potenciador. Como lo afirmara Sartre, el poder y la voluntad general se producen en el grupo que logra totalizar espacio social, no en la serie atomizada para la que este espacio no es sino un horizonte de fuga.

Hay que constituir, pues, la individualidad femenina en la regla misma de la serie. En suma, hacer que el colectivo femenino se estructure en el troquelado de las individualidades.

2.7. El holocausto misógino

Según nos informa Sergio González, el Comisionado de seguridad pública de Ciudad Juárez lanzó a las organizaciones civiles la consigna de dejar de «magnificar» los crímenes contra las mujeres. Para el imaginario patriarcal, «las idénticas» son insignificantes, y lo insignificante nunca se trivializará demasiado.

Con todo, una consigna tal tiene algo de reactivo. Las mujeres allí, pese a ser explotadas en las maquilas, empezaban a ser sujetos emergentes, como se pone de manifiesto de forma tan pregnante en el óleo de Lynn Randolph «*La Mestiza*», y empezaban a participar «en la construcción de su propia vida». Así, se sacrificaba justa —o, al menos, preferentemente— a mujeres que, de acuerdo con el autor de *Huesos en el desierto,* «podían ser el emblema de la mexicana de tierra adentro: joven, morena, breve, empeñosa». En suma: una indeseable vanguardia. Así, estos crímenes sacrificiales constituyen toda una *Política sexual* en el sentido de Kate Millet. Y el mal de la frontera mexicana no se circunscribe: irradia hasta lo global en un mundo global. En lugares como Guatemala, se han venido detectando ya un número significativo de asesinatos de mujeres.

De acuerdo con fuentes como Diana Washington y Sergio González, en determinados ranchos durante los últimos años se celebraban festejos «fastuosos» y orgías. Narcotraficantes y agentes de la policía constituían una parte fundamental de las mismas. Y en ellas no podían faltar los secuestros, las ejecuciones así como las inhumaciones de las víctimas. La mayor parte de los cuerpos de las mujeres asesinadas a partir de 1993 se encontró en el perímetro de lo que se llamó «los narcocementerios»: desnudos, semidesnudos, con huellas de violencia sexual, mutilaciones y muerte por estrangulamiento. Parece evidente la vinculación de estos «narcocementerios» y «narcofosas» con laboratorios clandestinos de droga. El perfil de la víctima propiciatoria más común era el de las jóvenes y adolescentes. Diana Washington, por su parte, testimonia que el informe de la comisión que investigó el caso de una de las víctimas, Juanita Sandoval, recogió su relato según el cual un doctor «nos decía a mí y a mis amigas que si queríamos ver vídeos pornográficos en la computadora [...] en una ocasión antes de ver el vídeo nos preguntó que si ya habíamos tenido relaciones sexuales y cómo lo habíamos hecho, y que si éramos vírgenes»[97]. En la literatura libertina, de la que es una muestra paradigmática *Diario del Seductor* de Sören Kierkegaard, se pueden encontrar interesantes elementos de comprensión de esa preferencia por el sacrificio de una virgen. Nuestro filósofo reedita en esa obra el mito hesiódico de Pandora en las claves de la misoginia romántica decimonónica. Esta modalidad de misoginia puede ser asumida como un fenómeno reactivo con respecto a las posibilidades emancipatorias que se abrieron para las mujeres con la Ilustración y la Revolución Francesa (si bien no se vieron realizadas hasta el desenlace de la lucha sufragista a finales del XIX y comienzos del XX). Este imaginario romántico tan pronto ensalza a las mujeres (Kierkegaard) como las denigra (Schopenhauer). Pero no las considera iguales en ningún caso. Es más, la misoginia romántica se aplicó especialmente a negar a las mujeres el principio de individuación y a tratarlas como «las idénticas». Pues bien, el héroe romántico de esta versión del mito de Pandora es

---

97. Cfr. Washington, D.: *op. cit.*, p. 200.

un anti-Epimeteo. A él no le engañan los dioses cuando le ofrecen ese simulacro que es «la mujer» para que la tome por esposa. Por el contrario, la sacrifica desflorándola y les brinda el himen a los dioses a modo de holocausto propiciatorio. Nada les es tan grato a los inmortales como esa prenda de inocencia de la víctima, pues, como en todo sacrificio, la víctima debe ser inocente para moverse en el puro registro de la gratuidad. Pandora, inanidad ontológica —su registro es el del simulacro—, en el plano epistemológico se caracteriza por su no-saber, por no ser consciente de sus encantos ni de los peligros que conllevan. No existe la *hybris* de Pandora. Sin embargo, «la virginidad aparece a la vez al imaginario patriarcal romántico» como un poder sumamente codiciable y cargado de una ambigüedad explosiva, ya que, destinada por esencia a ser-para-otro, el mantenimiento de su integridad es percibido como un desafío. «La feminidad, afirma Kierkegaard, toma entonces el carácter de una crueldad abstracta, que es como el contraste irónico con la dulzura propia de la virginidad. […] Si se quiere dar la imagen de una fuerza de la naturaleza cuya crueldad no conoce límites, tiene que buscarse en un ser virginal. Queda uno horrorizado cuando lee la historia de aquella virgen que mandó quitar la vida a sus admiradores sin experimentar la más pequeña conmoción.»[98] Desde luego, no hay mejor defensa que un buen ataque. Pero, ¿qué ocurre con Barba Azul?, «[…] es verdad que Barba Azul mandó matar en la noche de bodas a todas las mujeres que amó; pero en eso no encontró ningún placer, al contrario, si lo hizo fue porque el placer había acabado para él. […] No puede, pues, decirse que ésto sea crueldad en absoluto.»[99] Mucho menos imaginativo y perverso que Barba Azul y el marqués de Sade, el seductor kierkegaardiano dejará a Cordelia, su seducida, al menos sobrevivir. Se limita, en legítima defensa, a conjurar y neutralizar la crueldad que proyecta en la virgen practicando de forma ritual su desfloración para ofrendar el himen a los dioses a modo de holocausto

---

98. Cfr. citado en Amorós, C.: *Sören Kierkeegard y la subjetividad del caballero*, Anthropos, Barcelona, 1987, p. 135.
99. Ibídem, p. 135.

propiciatorio. Pero este tributo es un tributo irónico: por una parte, se comporta como un deudor que rinde su homenaje haciendo los honores a la ofrenda-señuelo de los dioses (a la trampa de Pandora). Pero, por otra, esquiva la ley de la castración simbólica —por expresarlo en terminología psicoanalítica— que los dioses ocultan tras el himen de la virgen como se ocultaban los aqueos en el caballo de Troya. Esa ley le insertaría en el orden temporal de las generaciones donde habría de aguardar el turno impuesto por la muerte, «señor su-premo» de ese engranaje fatídico. Así, astutamente, instituye el culto al «instante» como solución de compromiso entre el cumplimiento y el incumplimiento de la ley, la intersección entre la concesión simbólica a la ley y su transgresión.[100] Presentan como dones de Abel obsequios cainitas. A su vez, la teoría del culto al instante está en íntima relación con su elaborada concepción de la mujer como objeto de consumo ritual instantáneo. Y esta teoría se pronuncia así: «el ser para otros es siempre obra del instante [...] cuando viene, el ser que existe para los otros se torna un ser relativo, deja, por tanto, de existir». Y no de cualquier manera sino de acuerdo con determinados ritos en «el instante». Pues la secuencia de la orgía, de la transgresión, es como si se desenvolviera fuera del tiempo, de esa ley primordial que todo lo mide y lo delata.

De acuerdo con Sergio González, las víctimas de estas orgías sacrificiales «de cariz misógino» son buscadas y elegidas de forma sistemática (en calles, fábricas, comercios o escuelas)[101] en un contexto de protecciones y omisiones de las autoridades mexicanas y sus redes de cómplices. En la medida en que, como tuvimos ocasión de exponerlo, las mujeres no tenemos principio de individuación, se seleccionará a aquellas que encarnen por antonomasia los rasgos genéricos. Esta representación se encontrará, como en el totemismo según los antropólogos, en el ejemplar joven y tierno de la especie, el que suele ser seleccionado como objeto de sacrificio en ciertas prácticas rituales.[102]

---

100. Ibídem, p. 136.

101. Diana Washington hace referencia a las escuelas de computación ECCO como un caldo de cultivo próspero para que los asesinos reclutaran sus víctimas (cfr. p. 53).

102. Cfr. mi *Kierkegaard…*, *op.cit.*, p. 139. Ello no obsta, según González, para que el «furor misógino» se haya cebado alguna vez en una anciana o una minusválida…

Sin embargo, el autor de *Huesos en el desierto* asume la afirmación del criminólogo K. Ressler según el cual «el asesino en serie mata por matar, no suele tener un móvil en particular». Aquí estimamos de nuevo que es pertinente tener en cuenta las extravagantes particularidades del imaginario libertino. Ciertamente, el asesino en serie no tiene un móvil económico ni de fácil identificación. Pero para entender el febril imaginario del asesino en serie debemos recordar de nuevo la tortura simbólica del libertino, que accede a las mujeres en un acto de afirmación de *hybris* soberana frente a un Padre cuya ley, recordemos, no ha sido derogada: ahí está la gracia de la transgresión. Ahí reside también la necesidad de un ritual catártico que aplaque la ira del Padre despótico a quien ha querido suplantar por identificación imaginaria. La mujer será el objeto transaccional de este conflicto entre dos déspotas. Y como el deseo sólo puede instituir su soberanía por destrucción metódica del objeto del deseo, su mediación revestirá la forma de inmolación, de sacrificio.

Es recurrente en la literatura erótica libertina la metáfora del «sacrificio» para referirse a la consumación del acto sexual y, sobre todo, a la desfloración de la virgen. Citamos de nuevo el *Diario del Seductor*: «No es de admirar que los poetas describan a los amantes, no en el momento de la furia de la pasión [...] sino cuando, después de haber estado sumergidos en el amor, se yerguen de este sagrado sacrificio.»[103] No en vano, como tuve ocasión de ponerlo de manifiesto en *Tiempo de feminismo*, el imaginario libertino y el imaginario romántico tienen sus afinidades electivas.

En el ámbito que no es regulado por el contrato social y su corolario, el contrato sexual, el hijo transgresor que ha burlado la ley-deseo del Padre le brinda a título de desagravio el trofeo arrebatado, como un cazador furtivo ofrecería la pieza de caza más exquisita al señor de los dominios invadidos. La inmolará en el altar imaginario del deseo tiránico patriarcal. Ahora bien: lo hará a título de prenda de una reconciliación siempre inestable. Pues el comportamiento del héroe ante los dioses es ambiguo, provocador y conciliador a la

---

103. Ibídem, p. 128.

vez, paradójico, como su figura misma. Los dioses, frente a él, siguen estando celosos y coléricos. Aplacados tan sólo momentáneamente —en «el instante»— por una ofrenda intermitente que podría repetirse al infinito sin llegar a cumplir una función mediadora entre ellos y los hombres: nunca se podrá sellar un pacto. Estamos ante el sacrificio profanador o la misa negra.[104] En este acto de soberanía de su deseo, el libertino llevará a cabo nuevas y nuevas transgresiones. Y el Padre exigirá en contrapartida nuevas y nuevas propiciaciones en un ciclo potencialmente infinito… que arrojará nuevas y nuevas víctimas. Pues la destrucción del objeto del deseo del libertino ha de ser constante para que pueda reinstituirse —infinitamente— la soberanía del deseo patriarcal. Así, la serialidad de los asesinatos (como infinitud potencial) se deriva tanto de la relación perversa del libertino con el Padre despótico como de la propia modalidad de su deseo por «la mujer» como deseo compulsivamente soberano.

2.8. Muertas sin sepultura: Pasión y muerte de «las idénticas»

De acuerdo con los testimonios, el despedazamiento del cuerpo femenino es un elemento importante del ritual sádico a que son sometidas las asesinadas de Ciudad Juárez. La fragmentación del cuerpo de las víctimas aparece como fenómeno recurrente y significativo: «en el caso de las mujeres asesinadas se dejan rastros de tortura y violación sexual, mutilaciones de pechos, cuerpos mordidos, desmembrados y quemados». De acuerdo con A. Gutiérrez: «Las imágenes son elocuentes y estrujantes: los cuerpos inertes de las mujeres-objeto ultrajadas, sacrificadas y abandonadas en el desierto que rodea esta frontera. Su piel tostada por el sol, el efecto de la fauna depredadora y lo que queda de su ropa desgarrada, algunas de ellas con el uniforme de la fábrica donde laboraban.»[105]

---

104. En esta lógica patriarcal se inscribe el que la seducción donjuanesca elija como su víctima a una monja.
105. Cfr. *Violencia sexista, op. cit.*, pp. 153-154.

Por nuestra parte, relacionamos la obsesión por el descuartiza-miento del cuerpo femenino con la ausencia de individuación que presentan las mujeres en el imaginario patriarcal, tal como, según tuvimos ocasión de verlo, se plasma en el mito de Pandora. Diana Washington aporta numerosos testimonios de este horror: el seno derecho del cadáver de una joven hallado en Lote Bravo «fue cor-tado de tajo y el izquierdo había sido literalmente arrancado a mor-didas. Se la apuñaló en varias ocasiones, su cuello estaba fractu-rado…»[106]. De acuerdo con la misma periodista, «un investigador privado de El Paso, Texas, comentó […] que había información de que asesinaban a algunas de las víctimas para vender pedazos de sus cuerpos, y no para traficar con sus órganos. Según expertos, la "industria de body-parts" no requiere equipo muy elaborado»[107]. Según la misma fuente, un funcionario del FBI hizo referencia a que «nuestros informantes nos notifican que todavía están asesinando mujeres en Juárez, con la excepción de que ahora se deshacen de los cadáveres de otra manera. Descuartizan los cuerpos y con ellos ali-mentan a los cerdos en un rancho. ¿Por qué a los cerdos? Porque los cerdos comen cualquier cosa»[108].

Ha sido recurrente, de acuerdo con la misma fuente, la consta-tación por los forenses de que las víctimas presentaban «un seno cer-cenado y otro arrancado a mordidas» y de que los asesinos emplea-ban «cuchillos y otros elementos punzocortantes».

Donna Haraway caracteriza el proceso de la globalización como aquél en donde fábricas, hogares: «todo se desmonta y se vuelve a montar». El cuerpo de las mujeres, no.

Antes de la tortura por despedazamiento les espera a las idénti-cas la violación como ritual de la soberanía patriarcal. Como lo afirma Rita Segato tomando pie en los trabajos de Menacher Amir *Patterns in Forcible Rape*[109], la violación es colectiva. De acuerdo con

---

106. Cfr. Washington, D.: *op. cit.*, p. 20.
107. Ibídem., p. 147.
108. Ibídem, p. 219.
109. Cfr. Menacher Amir: *Patterns in Forcible Rape*, The University of Chicago Press, Chicago y Londres, 1971.

J. P. Sartre en su *Crítica de la Razón dialéctica*, las claves de la inteligibilidad de la dialéctica hegeliana del amo y el esclavo «no se encuentran [...] solamente en la relación de estos dos personajes-figuras de su *Fenomenología del espíritu*, sino, también y fundamentalmente, en la dinámica de las relaciones de los amos entre sí, de igual modo que en la de los esclavos. «En realidad, la pluralidad de los amos entre sí así como el carácter serial de toda sociedad hacen que el amo en tanto que tal [...] encuentre otra verdad en el conjunto de su clase. Los esclavos son la verdad de los amos pero también los amos son la verdad de los amos y estas dos verdades se oponen como ambas categorías de individuos.»[110] Un sistema de dominación se constituye, al menos en uno de sus aspectos fundamentales —el otro, correlativo, sería el de la heterodesignación del conjunto de los dominados o dominadas— por medio de mecanismos de autodesignación para marcar la pertenencia al conjunto de los dominadores. («[...] La autodesignación que aquí entra en juego se refiere a la pertenencia —práctica— al conjunto de los varones. Subrayamos el carácter práctico —en el sentido de praxis— de esta pertenencia, pues el conjunto de los varones como género-sexo no está nunca constituido, sino que se constituye mediante un sistema de prácticas, siendo la de autodesignación la que desempeña el papel de articularlas. [...] la autopercepción por parte de los varones de su virilidad no se produce nunca *in recto* —¡Qué macho soy, soy un hombre!— sino que se agota en la tensión referencial hacia los otros varones —"soy un hombre porque soy uno de ellos"—.»[111])

Desde estos supuestos, quizás se comprenda mejor la violación como un ritual de grupo. En términos sartreanos, correspondería a un momento en que algunos varones se constituyen en «grupo en fusión» —están *in praesentia* (en acto) uno para todos y todos para uno— en la celebración confirmatoria de la masculinidad como sistema de prestigio. La fratría masculina, en tanto que grupo de

---

110. Sartre, J.-P. : *Critique de la Raison dialectique*, Gallimard, Paris, 1985, p. 269, nota al pie de página. Edición de Arlette Elkaïm-Sartre. La traducción es mía.
111. Amorós, C.: *La gran diferencia..., op. cit.*, pp. 116-117.

privilegios excluyente, funcionando como telón de fondo imaginario sobre el que se proyecta la ceremonia de la violación colectiva ritual, viene a ser de este modo una *ur-mafia* que proporcionará, a modo de *palimsesto*, una especie de infraestructura real y simbólica para la emergencia de otras mafias. Sólo cuando los vínculos cívicos incluyan por completo a las mujeres podrá la política dejar de ser asfixiada. Feminismo y democracia o caminan juntos [...] o no caminan.

De acuerdo con Rita Segato, «la violación se dirige al aniquilamiento de la voluntad de la víctima, cuya reducción es justamente significada por la pérdida del control sobre el comportamiento de su cuerpo»[112]. Para nuestra antropóloga, pues, «la violación es el acto alegórico por excelencia de la definición schmittiana de la soberanía-control legislador sobre un territorio y sobre el cuerpo del otro como anexo a ese territorio». Es así en la medida en que la reducción moral es un requisito para que la dominación se consume, y la sexualidad está impregnada de moralidad. Pues «no existe poder soberano que sea solamente físico. Sin la subordinación psicológica y moral del otro lo único que existe es el poder de muerte, y (este poder), por sí solo, no es soberanía. La soberanía completa es, en su fase más extrema, la de «hacer vivir o dejar morir». Por eso, una guerra que resulte en exterminio no constituye una victoria; solamente el poder de colonización permite la exhibición del poder de muerte ante los destinados a permanecer vivos.

La tortura se relacionaría con la violación en el análisis de Jean-Paul Sartre según el cual el torturador quiere que se rinda la voluntad de la víctima pero, justamente, en tanto que libertad, al mismo tiempo que le administra la prueba por medio del determinismo. En otra escala, como lo afirma Segato, «en un régimen de soberanía algunos están destinados a la muerte para que el poder soberano grabe su marca; en este sentido, la muerte de estos elegidos

---

112. El caso límite sería la violación con estrangulamiento en la que, según se ha afirmado, el violador asesino obtiene un placer adicional proporcionado por las convulsiones de la víctima.

para representar el drama de la dominación es una muerte expresiva, no una muerte utilitaria.»[113]

Como culminación de este carácter de «muerte expresiva», nos encontramos con el hecho de que las asesinadas de Ciudad Juárez no han recibido sepultura. Abundan los testimonios acerca de madres o familias que «han recibido cuerpos[114] que no corresponden al de sus hijas extraviadas». Para Sergio Zermeño, «la avanzada laboral de nuestro modelo globalizador [...] tiene una faz horrenda, la muerte por violación, mutilaciones, estrangulamiento, suplicios, cortes e incineraciones de más de trescientas mujeres, entre 1993 y 2002. Mujeres jóvenes, la mayoría entre trece y veinte años de edad, morenas, pobres; y algo más: esos cadáveres mal enterrados son sólo la parte visible del terror, pues los reportajes hacen referencia a más de quinientas desaparecidas (la organización civil *Nuestras hijas de regreso a casa* reporta que en los últimos diez años la lista asciende a cuatro mil desaparecidas)»[115]. En muchos casos, de acuerdo con Diana Washington, las familias no podían afrontar «el costo de 4 mil dólares (para) practicar el análisis de ADN en la muestra ósea» que les había sido entregada. En otro caso, «el médico forense encontró arena en los pulmones (de la víctima) y estableció que fue sepultada viva». Se encontraron casos de reconstrucciones de esqueletos incongruentes, como aquél en el que «el cráneo que acompañaba el esqueleto no podía ser de Neyra (la víctima) porque correspondía a un hombre.» Además «los dientes que salen en las fotos (de la PCJE de Chihuahua) no son los mismos dientes que se ven en las fotos de Neyra en vida»[116].

Dar sepultura a los difuntos es uno de los índices que se consideran como más significativos del proceso de hominización. Su negación a las mujeres asesinadas es como una condena a la regresión desde la cultura al ámbito de la pura naturaleza. Ya hemos tenido

---

113. Segato, R., en *loc. cit.*, pp. 182-183.
114. A veces, «un costal de huesos».
115. Zermeño, S.: en *Violencia sexista, op. cit.*, p. 55.
116. Washington, D.: *op. cit.*, p. 229.

ocasión de ver cómo la precaria soldadura de partes del cuerpo de las Pandoras se presta particularmente a que se la descomponga a trozos.[117] Nos encontramos en el ámbito de lo indiscernible, donde la comunicación de los atributos del tipo no produce individuación sino una serie de ejemplares no sustantivos. El patriarcado, al que Cristina Molina define como «poder de asignar espacios», en su versión mafiosa y libertina adjudica a las mujeres el de la muerte sin sepultura. Enterrar a un muerto es reconocerlo como individuo. Ese estatuto se le niega a quien se entierra en una fosa común (narcofosas, por ejemplo) o a quien ni siquiera se entierra: a las idénticas, a las indiscernibles: mera ejemplificación serial de lo odioso femenino.

En la *Fenomenología del Espíritu,* Hegel sentencia, como tuve ocasión de exponerlo en mi *Hacia una crítica de la razón patriarcal*[118], que «la ley divina[119] ordena, en nombre del derecho absoluto de la familia, que se dé sepultura al muerto para que éste sea tratado como cultura y no como naturaleza, para que le quede incorporada la dimensión de la conciencia y el para-sí —lo que fue el sentido de transcendencia de su vida y de sus actos— a lo que de otro modo quedaría degradado para siempre a la naturaleza, al estatuto del en-sí. El miembro de la familia deberá enterrar a su muerto para que su "ser último", este ser universal, no pertenezca solamente a la naturaleza y permanezca algo no racional, sino que sea obrado y se afirme en él el derecho de la conciencia»[120].

Nuevos Creontes no cívicos, sino mafiosos y despóticos, impiden —ahora— a los Polinices que entierren a las Antígonas: estamos ante un verdadero trastorno de las relaciones entre los sexos. Por ello, no quiero dejar de agradecer a Sergio González el recuerdo,

---

117. En la Edad Media el suplicio del descuartizamiento se aplicaba a menudo a quienes se consideraba que habían sido desleales.

118. Amorós, C.: *Hacia una crítica de la razón patriarcal*, Anthropos, Barcelona, 1985. Capítlo II, 7.

119. Ley no escrita, ancestral, que emerge del reino de las sombras para constreñir a Antígona a dar sepultura a su hermano Polinices contra la prohibición de Creonte.

120. Hegel, G.W.F.: *Fenomenología del espíritu*, Fondo de Cultura Económica, México, 1966. BB. VI. A. a.1. Traducción de Wenceslao Roces.

individualizado y detallado que nos brinda, hasta donde puede, de muchas víctimas del holocausto. Las rescata del trágico destino de las idénticas dándoles, al menos, esa sepultura simbólica que promueve los cadáveres desde su condición de presa de carroñeros y necrófilos a sujetas individualizadas por la ceremonia del reconocimiento.

La función de la Antígona de Sófocles no tiene por qué tener subtexto de género: el femenino. Gracias a la paciencia ética y a la pasión política por la democracia de algunos y algunas —pues también la democracia debe llegar a las pompas fúnebres— el «gran osario infame» se convierte, al menos simbólicamente, en un cementerio digno.

No puedo cerrar este capítulo sin referirme a la invitación de Griselda Gutiérrez Castañeda al empoderamiento de las mujeres. «El feminismo, afirma nuestra filósofa, [...] intenta concebir propuestas que en un mismo canal articulen un proceso inmanente de acrecentamiento de poder interno, personal, pero, simultáneamente, desencadenador de efectos objetivos en las y los individuos, en su entorno y en sus relaciones interpersonales. [...] Este trabajo puede cobrar peso en la medida en que esas habilidades involucren un poder real sobre recursos y toma de decisiones y un manejo del plano interrelacional tal que se desarrolle un aprendizaje para ejercer poder, saber compartirlo, tomar decisiones y ser capaces de negociar. Proceso cuya finalidad es subvertir lo dado, construir condiciones legítimas de existencia, en que las mujeres se reconozcan a sí mismas y se hagan reconocer por los otros.»[121]

En suma: necesitamos firmar y ser partícipes de un nuevo contrato social.

---

121. Gutiérrez, G.: *Violencia sexista, op. cit.*, p. 156.

En el aniversario de Simone de Beauvoir: Feminismo y nihilismo

Obrar es afirmar que el ser tiene sentido
J. P. Sartre

1. Ilustración, nihilismo y misoginia romántica

En una primera aproximación, si consideramos el nihilismo como talante que se asocia a la conciencia de decadencia, no parece haber afinidades electivas entre feminismo y nihilismo. El feminismo como proyecto emancipatorio ético-político está muy distante del *pathos* de la conciencia trágica. Es más: parecería que las mujeres, y no digamos las feministas, no estamos especialmente dotadas para la nostalgia de pasadas vigencias de valores que el nihilismo se habría encargado de desimplantar.

En cuanto al nihilismo, no ya como talante epocal sino como elaborada posición filosófica, podemos preguntarnos: ¿Qué encuentros o desencuentros se han podido producir entre el pensamiento nihilista y la teoría feminista? Para responder a una pregunta como ésta, hay que plantear, ante todo, una cuestión metodológica previa, relativa a las peculiaridades de la incorporación de las mujeres a la investigación científica y al quehacer filosófico tanto como objetos como en cuanto que sujetos del conocimiento. La historiadora Kelly-Gadol lo hace en estos términos:

«[…] en el momento en que se asuma que las mujeres somos una parte de la humanidad en su sentido más pleno, el período o conjunto de eventos que tratamos asumirá un carácter o significado totalmente distinto del normalmente aceptado. Y lo que emerge es un modelo muy regular de pérdida relativa de status en las mujeres precisamente en los períodos del llamado cambio progresista […]. Nuestras nociones de los desarrollos llamados progresistas, como la civilización ateniense clásica, el Renacimiento y la Revolución Francesa experimentan una nueva valoración digna de asombro […]. De repente, vemos esas épocas con una visión nueva, doble, y cada ojo ve un cuadro distinto.»[1]

¿Somos los varones y las mujeres hijos/as de nuestra época del mismo modo y en el mismo sentido? Quizás, más exacto que afirmar que todos/as «navegamos en el mismo barco» (Muguerza), lo sería que vamos en las embarcaciones rezagadas de la misma flota, lo que vuelve más intuitivo el comprender a la vez que no hay un separatismo esencialista de los sexos pero que la inserción de ambos en lo real es distinta. Los mismos vientos no soplan para unos y otras con la misma intensidad, y las estrategias de los/las timoneles se acomodan en consonancia con la misma y/o con algunos cambios de dirección. En el caso que nos ocupa, la relación entre feminismo y nihilismo, podemos asumir el estrabismo de Kelly en un sentido preciso: cuando soplan para los varones vientos decadentistas, las mujeres intensificamos nuestras luchas emancipatorias. Y a la inversa: cuando más vindicativas estamos las mujeres, más apocalípticos se nos ponen los caballeros. Sören Kierkegaard lo expresa así en *La alternativa:* «[…] debido a que la mujer explica la finitud, es la vida más profunda del hombre, pero una vida que siempre debe ser ocultada y escondida, como siempre lo están las raíces de la vida. Por esta razón, odio toda esa palabrería sobre la emancipación

---

1. Kelly-Gadol, J.: «The Social Relation of the Sexes: Methodological implications of Women's History», en: *Signs*, 1, 4, 1976.

de la mujer. Dios nos libre de que eso llegue a suceder. No puedo decirte con cuanto dolor traspasa este pensamiento mi corazón, ni qué apasionada exasperación, qué odio siento hacia todo aquel que da rienda suelta a esa palabrería [...]; en caso de que se extienda ese contagio, en caso de que penetrara también en la que amo, mi esposa, mi gozo, mi refugio, las verdaderas raíces de mi vida, entonces realmente me faltaría el valor, entonces la pasión de mi alma se apagaría, entonces sé bien lo que haría: me sentaría en la plaza del mercado y lloraría, lloraría como ese artista cuya obra ha sido destruida y que ni siquiera recuerda lo que él mismo ha pintado»[2]. El autor del *Diario del seductor* asume aquí el feminismo como un síntoma si es que no una modalidad del nihilismo. Si las mujeres emergen como sujetos, los varones sufren cierta des-identificación y les da por la melancolía.

Podemos también ilustrarlo en el nihilismo de Shopenhauer, que se da la mano con su particular modulación de lo que en otra parte[3] hemos llamado «la misoginia romántica». Interpretamos este tipo de misoginia como una reacción que puede detectarse tanto en filósofos como en literatos y artistas[4] contra los conatos emancipatorios de las mujeres a partir de la universalidad de los postulados de la Ilustración y cuyas implicaciones políticas se harán patentes a lo largo de la lucha sufragista del XIX. Para interrumpir las virtualidades universalizadoras de abstracciones tales como individuo, sujeto moral autónomo, ciudadano, nuestros misóginos elaborarán conceptualizaciones ontológicas del género femenino que lo sitúan fuera de lo genéricamente humano, ora por idealización, ora por la vía de la naturalización. Es esta última la que elige Shopenhauer. Para el autor de *El mundo como voluntad y representación*, la vida no es sino

---

2. Cfr. Kierkegaard, S.: *Obras y papeles de Søren Kierkegaard. Estudios Estéticos I. Diapsálmata. El erotismo musical*, Guadarrama, Madrid, 1969. Traducción de Demetrio G. Rivero.

3. Cfr. «Misoginia romántica» en Amorós, C.: *Sören Kierkegaard o la subjetividad del caballero*, Anthropos, Barcelona, 1987, Capítulo I; *Tiempo de Feminismo. Sobre feminismo, proyecto ilustrado y postmodernidad*, Cátedra, Madrid, 1997, Capítulo V.; Valcárcel, A.: *La política de las mujeres*, Cátedra, Colección Feminismos, Madrid, 1997.

4. Cfr. Bornay, E.: *Las hijas de Lilith*, Cátedra, Madrid, 1995.

dolor y carece totalmente de sentido. Si, no obstante, a los humanos les da, inexplicablemente desde un punto de vista racional, por reproducirse, ello se debe a que «la mujer» encarna la astucia de la especie y, a través del espejismo del amor, compromete al varón, neutralizando sus capacidades reflexivas, en la siniestra y mostrenca tarea de prolongar el sufrimiento. De este modo, podría decirse que «la Mujer» es la agente del sinsentido, la que urde la empresa nihilista mientras que el varón sería su víctima, su sujeto paciente. Crítico de la Ilustración, Shopenhauer se ceba con la Dama europea y el nivel de status que se le concede; así, los varones de los pueblos de Oriente tendrían mejor olfato ontológico ya que la relegan a su lugar natural: el harén. La sensibilidad decadentista de nuestro nihilista se dobla así, en lo que a las mujeres concierne, de veleidades exóticas. También el pintor Delacroix la representó en su lienzo «Les femmes d'Argel».

Con estas consideraciones, pretendemos introducir nuestra hipótesis de que la actitud nihilista requiere una determinada forma de inserción en lo real, y esta inserción tiene que ver —aunque obviamente no sólo— con las diferencias sexuales. En una primera aproximación, podemos constatar que los *tempus* del pensar y el actuar feministas aparecen como no sincrónicos, cuando no anacrónicos con respecto al *tempus* canónico convencional. Este viene marcado, como es obvio, por lo que los varones hegemónicos identifican como su propia épica. Desde esta perspectiva canónica, los sinuosos itinerarios del quehacer feminista son percibidos como fuera de lugar —es decir, sin un espacio claro cuya ocupación pueda ser percibida como pertinente y legítima— y fuera del otro *a priori* de la sensibilidad kantiana: fuera de tiempo. Las mujeres, por ejemplo, dan en pedir la ciudadanía, como lo ha señalado tan bien Alicia Miyares[5], cuando ésta ya se convierte en un objetivo devaluado. Así, para la clase obrera, la ciudadanía pertenece al orden de «las superestructuras», y lo verdaderamente importante se juega en los conflictos

---

5. Miyares, A.: «El sufragismo», en Amorós, C. y A. de Miguel (eds.): *Teoría feminista: de la Ilustración a la globalización*, tomo I, «De la Ilustración al segundo sexo», Minerva, Madrid, 2005, pp. 245-294.

de clase burgueses-proletarios. Después de haberse entregado apasionadamente a apoyar la lucha abolicionista, las sufragistas obtendrán el voto bastante después que los varones afroamericanos liberados. Como varias feministas lo hemos hecho notar, cuando las mujeres empezamos a acceder a posiciones de sujeto en la vida social, la cultura y la política, los postmodernos deconstruyen el sujeto y/o decretan su muerte. Si seguimos el *modus operandi* nietzscheano de filosofar a martillazos, parece que nunca damos en el clavo: el clavo se desplaza cuando parece que nuestro martillo, por fin, va a acertar. ¿Estamos condenadas, como otros grupos oprimidos, al anacronismo sistemático?[6] ¿O quizás nuestras peculiaridades sugieren la conveniencia de pensar de nuevo y de forma más compleja los *tempus* históricos? Cabe también la posibilidad de plantearse si no hubiera valido la pena buscar atajos y quemar etapas... pero parece difícil concebir que las mujeres, sin la ciudadanía, hubiéramos podido consolidar la abolición del régimen de cobertura jurídica así como otros derechos civiles que eran condición *sine qua non* para salir de la minoría de edad y tener una plataforma para futuras conquistas. Parece, pues, que más nos vale reivindicar nuestro propio itinerario e impostar sobre él los hitos de nuestra memoria histórica. Celebramos así, paradójicamente, esas «fiestas de la memoria» de las que hablaba ese misógino romántico nihilista que fue Nietzsche y nos embriagamos en ellas de savia emancipatoria.

Pues bien, si estudiamos las relaciones entre el feminismo y el nihilismo desde este encuadre teórico-metodológico, nos encontramos con bastantes paradojas. El nihilismo, *prima facie*, aparece, de acuerdo con la reconstrucción de Jacobo Muñoz[7], como el espantajo que, mucho antes de Nietzsche, el Romanticismo venía agitando contra la Ilustración: en tanto que «desvalorización de todos los valores

---

6. Por ejemplo, el caso de los gays y las lesbianas que reivindican —con toda legitimidad, por supuesto— el matrimonio como derecho civil cuando cada vez más parejas heterosexuales se constituyen en parejas de hecho y asumen el vínculo matrimonial, en su caso, de manera más *light*.

7. Cfr. Muñoz, J.: *Figuras del desasosiego moderno*, A. Machado Libros, Madrid, 2002. Capítulo II: «La génesis del nihilismo europeo».

supremos» era presentado «como flagelo de las confesiones religiosas y de la integración social». Nosotras, por nuestra parte, hemos hecho la experiencia de la Ilustración de una manera tal que nos ha proporcionado antídotos contra ese espantajo. Asumimos las abstracciones ilustradas en la medida en que sus virtualidades universalizadoras posibilitaron nuestra inclusión, en condiciones de igualdad, dentro de las mismas: si la distinción entre noble y villano no era relevante en orden a acceder al estatuto de la ciudadanía ¿por qué iba a serlo la distinción entre varón y mujer, que se basaba en determinaciones tan adscriptivas como la diferencia-jerarquía entre los sexos? Las características adscriptivas hacían referencia al nacimiento, a la cuna y al linaje: justamente, las que eran irracionalizadas por los revolucionarios en tanto que artificiosas e injustas. Mantenerlas, en nuestro caso, no era sino una inaceptable discriminación. Durante todo el proceso de la Revolución Francesa, las mujeres vindicaron la ciudadanía siguiendo este hilo argumental, pero perdieron la batalla. Los jacobinos heredaron la misoginia de su maestro Rousseau, que negaba a las mujeres el estatuto de sujetos de «la voluntad general»: su ámbito propio era lo privado y la familia. Condenadas a la heteronomía, debían usar la razón «de segunda mano», como lo expresaba polémicamente Mary Wollstonecraft[8], bajo la tutela del marido-tutor. No debían ser, así pues, sujetas ni ciudadanas. Olympe de Gouges, autora de *Los Derechos de la Mujer y de la ciudadana* fue guillotinada por orden de Robespierre… En fin, nos quedaron pendientes vindicaciones fundamentales: en el acta fundacional de nuestras democracias los varones se autoadjudicaron la cuota del cien por cien. Es fácil entender que, dadas estas condiciones, mal se puede estar de vuelta de donde se ha ido con esfuerzos hercúleos y sin lograr ninguna meta. Nos quedaba así pendiente la tarea de reclamar nada más y nada menos que el funcionamiento coherente de las abstracciones ilustradas.

---

8. Cfr. Wollstonecraft, M.: *Vindicación de los derechos de la mujer*, Cátedra, Feminismo clásicos, Madrid, 1994. Edición de Isabel Burdiel. Perteneció al círculo de los radicales ingleses, junto con Goodwin, padre del anarquismo filosófico, Thomas Pain, que tuvo una notable participación en la Revolución Americana, entre otros.

Sin embargo, los varones se dieron por enterados de que la Revolución Francesa había planteado una crisis de legitimación patriarcal. «Es de esperar que el derecho divino de los maridos, así como el derecho divino de los reyes», se tambalee en este siglo de las Luces, escribía Mary Wollstonecraft. Las francesas se quejaron de ser tratadas como «un Tercer Estado dentro del Tercer Estado», irracionalizando de este modo la introducción por la ventana, en lo concerniente a las mujeres, de la lógica jerárquica que habían expulsado por la puerta.[9] Todavía un siglo más tarde, cuando el movimiento sufragista se hizo cargo de las asignaturas ilustradas pendientes para las mujeres, la líder Elizabeth Cady Stanton afirmaba: «Vosotros, varones liberales, os comportáis con vuestras mujeres como si fuerais barones feudales».

Entre la Revolución Francesa y finales del siglo XIX, en que vuelven por sus fueros en un contexto muy diferente, las vindicaciones feministas parecen pasar por una etapa de latencia. Sin embargo, los varones —sus élites intelectuales— han tomado buena nota del juego que les pueden dar a las mujeres las abstracciones universalizadoras de la Ilustración. Pues bien: entre las nuevas condiciones que emergen tras la erosión de las jerarquías de *l'Ancien Régime,* la de ciudadano, la de sujeto —en sus vertientes éticas, epistemológicas y estéticas— y la de individuo, será esta última la que, en nuevas claves, el Romanticismo asumirá. Por limitarnos a los filósofos, Kierkegaard exaltará al singular «que tiene una relación absoluta con lo Absoluto», Shopenhauer contrapondrá el sujeto reflexivo masculino individual a «la hembra» desindividuada *sit venia verbo* en tanto que portadora del genio de la especie. Pues ellas «marchan como una sola mujer al encuentro del ejército de los hombres: tienen un mismo oficio y un mismo negocio». Por su parte, la Antígona de la *Fenomenología del Espíritu* hegeliana representa «el principio femenino» como figura de la eticidad —*Sittlichkeit*— carente de individualidad propia… Y no parece que en Nietzsche esté contemplada «la mujer» como subtexto

---

9. Sobre la resignificación por parte de las mujeres de los términos con que los revolucionarios denostaban a *l'Ancien Régime,* cfr. Amorós, C.: *Tiempo de feminismo, op. cit.* Capítulo IV.

de género de su «superhombre». Pero quizás fue Kierkegaard quien expresó la negación para las mujeres del principio de individuación de la forma más contundente: «En el varón, lo esencial es lo esencial y, en consecuencia […] todos los hombres serán siempre iguales unos a otros. En la mujer, en cambio, lo accidental es lo esencial y, por tanto, será siempre una diversidad inagotable y nunca habrá dos mujeres iguales […]. La mujer es una criatura infinita y, en consecuencia, un ser colectivo: la mujer encierra en sí a todas las mujeres.»[10] Un concierto tan concertado de voces, modulando la misma melodía: lo femenino es «el espacio de las idénticas» del que no puede emerger la individualidad, ha de tener alguna clave. Y esta clave es política: «la misoginia romántica»[11] ha de ser leída así como un discurso reactivo contra las virtualidades emancipatorias de la Ilustración para las mujeres, lo cual no deja de ser uno de los peores males que trajo consigo ese indeseable conspecto para las sensibilidades románticas. Estas sensibilidades, nostálgicas de la organicidad social quebrada por las teorías del contrato, quieren que las mujeres oficien, como siempre lo han hecho, como sus garantes a costa de su (ab)-negada individualidad. Por el contrario, las mujeres —¿por qué será?— parecemos ser negadas para la nostalgia de ese mundo armónico y reconciliado de valores indemnes, si es que existió alguna vez.

De acuerdo con el relato feminista de la Ilustración y el Romanticismo que tan *grosso modo* hemos podido narrar, no nos extrañará que el nihilismo asuma para nosotras otra forma. En la historia canónica de la filosofía se presenta el nihilismo como estación terminal de la crítica ilustrada a la tradición si se radicaliza hasta sus últimas

---

10. Cfr. Kierkegaard, S.: *Diario del seductor*, Santiago Rueda, Buenos Aires, pp. 114-115, 1973. Traducción de A. Gregori. Ortega y Gasset, discípulo en este punto de Simmel, afirmará que «la mujer es un genérico»; cfr. *Obras Completas*, IV, Alianza, Madrid, 1983, p. 433.

11. Cfr. Amorós, C.: *Sören Kierkegaard o la subjetividad del caballero, op. cit.*; Valcárcel, A.: «Misoginia romántica: Hegel, Shopenhauer, Kierkegaard, Nietzsche», en VV. AA.: *La filosofía contemporánea desde una perspectiva no androcéntrica*, Secretaría de Estado de Educación, 1993; coordinada por Alicia Puleo. Amorós, C.: *Tiempo de feminismo, loc. cit.*; Valcárcel, A.: *La política de las mujeres*, Cátedra, Madrid, 1997; Capítulos I y II.

consecuencias. Por su parte, el feminismo representa también una radicalización de la Ilustración, pero de otro signo y por otras razones. Con razón afirmaba *Raymond Aron* que «Las ideas del Siglo de las Luces no se organizan en un sistema sino que excluyen el sistema mismo». Así, a las mujeres, el denostado nihilismo nos aparece en el conspecto del Romanticismo crítico de la Ilustración y, por definición, muy bien avenido con la misoginia romántica. A decir verdad, no nos perturba demasiado. ¿Quiénes son los que se sienten «vacíos de sentido» por causa del nihilismo? ¿Qué valores son los devaluados por esta amenaza? Excluidas de las figuras de la individualidad heroica del Romanticismo,[12] las mujeres encontramos en la lucha sufragista nuestro *pathos* heroico particular: inventamos la huelga de hambre; nuestra líder británica, Eveline Pankhurst, fue encarcelada y condenada a trabajos forzados, y hubo quienes hicieron la experiencia, en alguna manifestación, de verse arrojadas a los pies de los caballos.

2. Existencialismo, feminismo y nihilismo

Hemos llegado aquí al punto en que tiene sentido preguntar: ¿existe un *ubi* en el que hayan podido encontrarse dos radicalizaciones de la Ilustración, en nuestro caso, el feminismo y el nihilismo? Podemos responder que esta convergencia se produce en la obra de la filósofa existencialista Simone de Beauvoir. Pues entendemos que su versión del existencialismo, como la de Jean-Paul Sartre, podría asumirse desde la perspectiva que aquí adoptamos como ejercicios filosóficos de lo que Nietzsche llamó «nihilismo activo». Para el autor de *La Gaya ciencia* esta forma de nihilismo está íntimamente asociada con un individualismo moral radical, que asume la responsabilidad del asesinato de Dios. Llegar a esta modalidad de nihilismo requiere una fuerza hercúlea que no le es dada al común de los mortales. «¿Cómo es que no he encontrado a nadie, ni siquiera en los libros,

---

12. Con excepciones, sin duda, pero siempre a título de tales, como George Sand o Lou Andréas-Salomé.

que se plantase delante de la moral como si ésta fuera algo individual, e hiciera de ella un problema y de este problema su dolor, su deleite y su pasión individual?»[13] El «nihilismo activo» de Nietzsche se desmarca de las connotaciones de sensibilidad decadentista que otras formas de nihilismo —el «nihilismo pasivo»— conllevan. Pues bien, en la estela nietzscheana podríamos situar la crítica de Sartre a la atribución de cualquier forma de objetividad a los valores desde que se asume que «Dios ha muerto». Para el autor de *El Ser y la Nada*, los valores no pueden mantenerse como vigencias sustantivas si no hay una realidad que sea el fundamento de su propio ser, pues de otro modo mal podría dotar de fundamentación a los valores. Ahora bien, para Sartre la conciencia no es ser, sino, justamente, nihilización del ser: es esta «carcoma» que se introduce en el ser al descomprimirlo lo que hace posible la libertad. La conciencia, que se identifica en Sartre con la libertad, es así fundamento de su propia nada sin poder serlo de su ser: ello requeriría una síntesis del ser-en-sí, lo que meramente es, con el ser-para-sí, la conciencia. Pero esta síntesis es imposible: el ser carece de la estructura que podría conferirle su repliegue reflexivo, así como la conciencia de la capacidad de autodotarse de entidad. Como ya lo viera Spinoza, la conciencia, el sujeto, no puede ser sustancia: pertenece a uno de los registros que, entre otros, infinitos, desbordan su posición descentrada con respecto a una sustancia que se define como lo absolutamente infinito: de ahí su crítica al «*cogito*» cartesiano. Y la sustancia no puede ser sujeto: sólo puede dotarse de avatares reflexivos en uno de sus atributos, el del pensamiento. Pero la reflexividad ontológicamente intacta es, por distintas razones, imposible tanto para el filósofo judío holandés como para el existencialista francés. Así, los valores no podrán asentarse en la quiebra de un ser impotente para dotarse a sí mismo de fundamento: el ser meramente es y la conciencia lo transciende sin que esta transcendencia pueda, a su vez, constituirse en ser. Sólo en virtud de esta transcendencia, y sólo en la medida en que la libertad se la confiere, el ser tiene sentido. Lo logra al precio de una apoyatura

---

13. Cfr. Nietzsche, F.: *La Gaya ciencia,* p. 345.

ontológica de radical precariedad: la permanente nihilización del ser por parte de una libertad impotente para fundarlo. Pero no para dotarlo de sentido en la medida en que se mantiene fiel a su estructura ontológica, a su «ser» transcendencia permanente del ser.

En el marco de esta ontología, ¿qué estatuto pueden tener los valores?[14] El de precipitado ontológico, por así decirlo, de las opciones y de las prácticas humanas en su movimiento mismo de transcendencia hacia el ser. El de horizonte regulador del sentido de este movimiento en su impotencia misma para instituirse en ser. Dibuja, como en una línea de puntos, la dirección en que la conciencia se mueve para darse ser y, en el fracaso mismo de esa operación, dar sentido al ser. Sartre lo expresó con claridad en la *Crítica de la Razón Dialéctica*: «el valor es el límite de la acción cuando es percibido como plenitud». Pues es preciso que la libertad, en tanto que libertad en situación, perciba el condicionamiento mismo de sus prácticas como aquello que les otorga sentido. Así, la máquina universal y las formas de práctica laboral que determina: una élite obrera especializada en torno a la cual giran peones, se encuentra en la base del humanismo del trabajo característico de la cultura proletaria anarquista decimonónica. En el mismo sentido, para el ama de casa ajetreada para dar la mejor calidad de vida posible a los suyos, el mostrenco trabajo doméstico se convierte en «la ética del cuidado». El valor, así, se instituye en horizonte regulador de las prácticas y las opciones a la vez que es instituido por ellas. En suma, remite a la filosofía profunda que se encuentra bajo la expresión: «hacer de la necesidad virtud».

Simone de Beauvoir comparte en líneas generales la posición sartreana con respecto al nihilismo, si bien aportó elaboraciones propias, sobre todo en lo concerniente al concepto de «situación», que no vamos a exponer detalladamente aquí [15 / 16]. Pero podemos afirmar

---

14. Cfr.Amorós, C.: *Diáspora y Apocalipsis. Estudios sobre el nominalismo de J. P. Sartre*, Institució Alfons el Magnànim, Valencia, 2000. Capítulo III.

15. Cfr. López Pardina, T.: *Simone de Beauvoir. Una filósofa del siglo XX*, Universidad de Cádiz, 1998.

16. Cfr. Amorós, C.: *La gran diferencia y sus pequeñas consecuencias... para las luchas de las mujeres*, Cátedra, Colección Feminismos, Madrid, 2006. Tercera parte, Capítulo V.

que la proclama de la autora de *El Segundo Sexo*: «la mujer no nace: se hace» vendría, desde la perspectiva aquí adoptada, a representar, paradójicamente, la versión feminista del «nihilismo activo» de ese complejo misógino romántico que fue Nietzsche. Pues si los valores han quedado desguarnecidos desde el momento en que «Dios ha muerto», la feminidad normativa no con mayor razón se mantiene en pie si queremos ser coherentes. «La Mujer» tendría el estatuto de una idea *ante rem* en la mente de un Padre divino que ha muerto. Y sus herederos ya no pueden mantener la legitimidad de este universal *in re*. Desde la crítica radical de Mary Wollstonecraft en *Vindicación de los Derechos de la Mujer* (1792) a ese constructo rousseauniano que se hacía pasar por la feminidad esencial, se venía poniendo de manifiesto que la tal «feminidad» no era sino «una heterodesignación» —como más tarde lo expresará Beauvoir— por parte de quienes daban nombres a las cosas. El mito de la feminidad se revela entonces como la designación de «la Mujer» como «lo otro» por los que monopolizaron la definición de lo genéricamente humano. Y, por vía de implicación, una vez deconstruida la esencia, se pone de manifiesto que el existencialismo es un nominalismo radical. Así, la afirmación beauvoireana «la Mujer no nace, se hace» implica, en su propia radicalización, un cambio en su sujeto. No podemos ya referirnos a «la Mujer» sino a «las mujeres». A ellas les queda pendiente la tarea de dar sentido, resignificándola de mil modos mediante sus opciones libres, a una identidad social desesencializada. Tenemos así que «las mujeres se hacen»: habrá, pues, tantas mujeres como proyectos vitales puedan y quieran articular libremente. Sin más fundamento —por si fuera poco— que la voluntad de universalización del programa existencialista. Programa ético que asumimos, a su vez, como una radicalización del proyecto ilustrado. Como una radicalización ontológica del ¡*sapere aude*! —¡Atrévete a saber!— que se convierte en ¡atrévete a construir tu propio ser mediante tus opciones libres![17]

---

17. Cfr. Amorós, C.: *op. cit.*

3. El pensamiento de «la diferencia sexual»: ¿una alternativa al nihilismo de Occidente?

Para exponer el «pensamiento de la diferencia sexual», habremos de trasladarnos a un escenario filosófico distinto del que nos sirvió de marco para presentar la versión feminista del «nihilismo activo» nietzscheano. Deberemos situarnos en la deriva antihumanista de Heidegger, que cobra su clara expresión en la «Carta sobre el Humanismo». Y lo hacemos así en consonancia con las posiciones antihumanistas y antiuniversalistas propias de esta corriente de pensamiento, que toma distancia y posiciones críticas en relación con el feminismo de raigambre ilustrada tematizado en clave existencialista por Simone de Beauvoir. Pues, para Luce Irigaray, la figura más representativa y la fundadora del «pensamiento de la diferencia sexual», los derroteros vindicativos del feminismo son errados. Entiende que, con su planteamiento igualitarista, las feministas «corren el peligro de estar trabajando por la destrucción de todas las mujeres [...] de todos sus valores». Hay que replantear, pues, la cuestión a partir de «una fundamentación distinta» de aquella sobre la que se erige el mundo de los hombres. Lo cual sólo será posible si se recupera a las mujeres como sujetos sexuados radicalmente diferentes de los varones, en lugar de tomar posiciones en un mundo presuntamente neutro como lo sería el de las abstracciones ilustradas. Irigaray parte, si bien las somete a su particular crítica, de las premisas del psicoanalista estructuralista Jacques Lacan referentes al «orden simbólico» de un inconsciente que está «estructurado como un lenguaje». Pues bien, de acuerdo con nuestra filósofa psicoanalista, el «orden simbólico» masculino no ha dejado espacio para que haya podido cobrar expresión la genuina diferencia femenina, sino que la ha homologado al ámbito de lo Uno y lo Mismo representado por el falo. Nos encontramos, pues, en la estela de las críticas al logofalocentrismo (Nietzsche y su crítica de Platón, Heidegger, Lacan, Derrida...). De una manera muy sintética y sumaria, y a los efectos que aquí nos interesa destacar, en el logofalocentrismo vendrían a converger la crítica de Heidegger al «pensamiento representativo» y la interpretación de Freud por parte de Lacan. Para el autor de «La época de la imagen del mundo», en el «pensamiento representativo» el sujeto del conocimiento se instituye en tal poniendo sus condiciones a la comparecencia del ser, que quedaría por ello mismo relegado al olvido y sería suplantado por «el objeto» como el correlato del designio objetivante y manipulador del sujeto. Por su parte, Lacan llama «falo» a la investidura del pene de la función de Metáfora paterna en torno a la que pivota y se estructura el «orden simbólico». Realiza así una reinterpretación de los conceptos freudianos de «condensación» y «desplazamiento» como funciones del inconsciente a la luz de las categorías de la lingüística estructural de Jackobson. La «condensación» se sitúa de este modo en el eje de la Metáfora —el eje paradigmático— y el desplazamiento del de la metonimia —la cadena sintagmática—. La relación del hijo con la madre se adscribe a la contigüidad metonímica. Por ello, si ha de acceder de pleno al «orden simbólico» que representa la cultura en contraste con la naturaleza, es preciso que intervenga la Metáfora paterna, el nombre del Padre como marca del efecto fálico así como Significante de la carencia que representa para el niño el que no se satisfaga su deseo por la madre. Podríamos decir así, en un lenguaje totalmente ajeno a Lacan, que «el falo» vendría a convertirse en el «subtexto de género» del «*logos*», el lenguaje que instituyeron los griegos como portador del sentido y la interlocución en el espacio público del ágora. (Del que, por supuesto, estaban excluidas las mujeres.) La institución del *logos* (Platón) desbroza así la senda que llevará al «pensamiento representativo» (Descartes), el cual suplanta el darse del ser como pura presencia tal como, de acuerdo con Heidegger, ocurría en los presocráticos. Desde estos presupuestos, se encuentra un isomorfismo entre la función objetivante del pensamiento representativo —a costa de la pérdida del ser— y la objetificación sexual de que es objeto la mujer en la economía libidinal del varón.

Pues bien, si las mujeres han de encontrar una línea de fuga de esta economía libidinal y significante, deberán reconstruir, desde sí mismas, su propia identidad, abandonar el discurso del *logos* como discurso fálico y explorar el cuerpo y la experiencia del placer sexual de la mujer[18]. Una reconstrucción tal, que implica la de un orden simbólico diferente y paralelo, habrá de hacerse, en última instancia, por «adaptación morfológica». Lo que sitúa a la autora de *Speculum*[19] en la línea de una hermenéutica de los órganos genitales femeninos como clave para subvertir la lógica del discurso fálico: «ese sexo que no es uno»[20] está constituido por unos labios «que se recogen sin sutura posible». Por ello mismo, son ajenos a las oposiciones dicotómicas. Y al no ser «ni uno ni dos» subvierten, de acuerdo con Irigaray, el orden «unívoco de lo Uno y de lo Mismo». En contraste con el pensamiento representativo, estos labios «acogen», «no asimilan ni reducen, ni engluten». A diferencia de la extorsión objetivadora, son un «umbral» introvertido… En ellos reside «el misterio de la identidad femenina, de su recogimiento sobre sí misma o de su extraña palabra del silencio». Tienen una «presencia difusa, están del lado de lo amorfo», de lo que se deriva que «la mujer tiene órganos sexuales por doquier»[21]. De ahí su indefinición y su «exceso». A partir de esa hermenéutica, se llevarán a cabo una serie de extrapolaciones en el sentido de una «crítica de la identidad»: de «ese sexo que no es

---

18. Judith Buttler, desde posiciones foucaultianas y *queer* critica la noción de «un placer sexual específicamente femenino que estaría radicalmente diferenciado de la sexualidad fálica». Pues no deja de plantear un grave problema que «las mujeres que no reconocen esa sexualidad como propia o consideran que su sexualidad está (al menos) parcialmente construida dentro de los términos de la economía fálica quedan potencialmente excluidas de los términos de esa teoría, dado que están "identificadas con lo masculino" o "no iluminadas". De hecho, suele no quedar claro en el texto de Irigaray si la sexualidad se construye culturalmente o si sólo se construye culturalmente en lo que se refiere al falo… ¿Está el placer específicamente femenino "fuera" de la cultura como su prehistoria o su futuro utópico? Si es así, ¿de qué sirve esa noción para negociar las luchas contemporáneas de la sexualidad dentro de los términos de su construcción?». Cfr. Butler: J.: *El género en disputa*, Paidós, Barcelona, 2001. Traducción de Mónica Manssur y Laura Manríquez. Nos encontramos aquí, sin duda, con los espinosos problemas que plantea la sexualidad normativa y que ahora no vamos a abordar.
19. Cfr. Irigaray, L.: *Speculum: espéculo de la otra mujer*, Saltés, Madrid, 1978. Traducción de Baralides Alberdi.
20. Cfr. Irigaray, L.: *Ese sexo que no es uno*, Saltés, Madrid, 1982. Traducción de Silvia Tubert.
21. Santo Tomas de Aquino afirmaba «*tota mulier est in utero*» y, para Rousseau, a las féminas «todo les llama sin cesar a su sexo».

uno» y reniega del *logos* no puede emerger un discurso con un sentido unívoco. Lo cual podría ser grave como objeción a la ciudadanía de las mujeres, a su participación en el «juramento cívico», a que su palabra sea testimonio válido… Pero no importa porque, justamente, las mujeres deben desmarcarse de la ciudadanía diseñada desde el orden logofalocéntrico… Un lenguaje sexuado será por ello mismo un lenguaje regenerado.

Como hemos tenido ocasión de exponerlo, en el «pensar representativo» el ser es desplazado por la posición del ente como *«obiectum»* correlativo a un *«subiectum»* instituido en fundamento constituyente que determina las coordenadas en las que el ente se ve obligado a comparecer. Irigaray asume la crítica del pensamiento representativo y del sujeto de la modernidad de Heidegger y la transcribe en clave de diferencia sexual: si el «olvido del ser» se encontraba en la base del nihilismo, para la autora de *Ética de la diferencia sexual*[22] el «olvido» de esta diferencia es la causa del «desamparo y la desorientación del hombre moderno». Emplea frecuentemente metáforas relacionadas con el «exilio»[23], se refiere al «olvido del ser» como «desarraigo» y se identifica, en clave de la simbólica adjudicada a la diferencia de los sexos, con la búsqueda heideggeriana de un nuevo modo de habitar la tierra. Su discípulo, J. Goux asume significativamente, con sus resonancias nietzscheanas, bajo las heideggerianas, el «olvido del ser» como «olvido de Hestia», la diosa del hogar paterno, relegada por los dioses uránicos —masculinos— cuyo culto propició el platonismo.[24]

Nos encontramos así ante la profecía de un cambio epocal, en el sentido heideggeriano, que vendría marcado por el advenimiento de «la diferencia sexual», lo que implicaría un cambio «en la forma de habitar los lugares y las envolturas de la identidad». En suma: se impone un «nuevo imaginario cultural». Pero para instrumentar estos cambios, «la vía del método racional es una utopía o una

---

22. Irigaray, L. : *Ethique de la différence sexuelle*, Minuit, París, 1984.
23. La niña es ya una «exilada» cuando entra en la escuela.
24. Cfr. mi *Tiempo de feminismo, op. cit.*, p. 389.

añagaza». La ética de la diferencia sexual se presenta, pues, como una «ética de las pasiones». Y aquí se vuelve hacia los análisis de Descartes sobre la admiración. Como pasión primigenia —Irigaray se surte aquí de aguas cartesianas para llevarlas a sus molinos diferencialistas—, la admiración «es el asombro ante el otro incognoscible que difiere de mí», *versus* la actitud objetivante. Se instituye así en «la guardiana del estatus de diferencia insustituible» entre los sexos, que crea entre ellos «posibilidad de separación y alianza». El cumplimiento de «la diferencia sexual», afirma, hará posible el encuentro de los sexos, más allá de la dialéctica del amo y el esclavo (Beauvoir es su constante referente polémico), como «celebración y fiesta», como «resurrección y transfiguración de la carne y de la sangre». Invoca en este sentido las tradiciones orientales por su culto a «la fecundidad energética y religiosa del acto sexual» que lleva a «maravillarse de la boda» y del éxtasis, pues en el misterio que anima a esta cópula se encuentra nada menos que «lo divino». Así, en el «pensamiento de la diferencia sexual», estarían las bases para sellar un tratado de paz perpetua entre los sexos que lleve a la regeneración de la pareja humana. La clave no se encontraría, pues, en las relaciones de poder sino en «el orden simbólico» *versus* la *hybris* tecnológica a que nos han llevado el orden fálico y el pensamiento representativo. El reencuentro regenerador tendrá lugar en «el horizonte de lo divino» que diseña la sentencia del último Heidegger: «Sólo un Dios podrá salvarnos». Dios y la ética de la diferencia sexual, cuyo proyecto, más bien que ético, es soteriológico.

Las discípulas de Luce Irigaray de la Librería de Mujeres de Milán lanzan la profecía de la «*era delle done*». El pensamiento de la diferencia sexual quiere instituirse así en «el pensamiento de nuestro tiempo», antídoto contra el nihilismo de Occidente y, en clave estética, por último, promete la «creación de una nueva poética». En cuanto a la tarea ética que se deriva de este diagnóstico y esta prognosis, se afirma que consistirá en «estar abiertos para preparar el camino de la nueva era».[25]

---

25. Cfr. *Speculum, op. cit.,* p. 161.

4. La restauración del sentido del ser y el mito del matriarcado

Como lo afirma Jane Flax[26], Lacan asume que el período pre-edípico es precultural. No será tampoco social ni interactivo. Pues bien, Luisa Muraro, líder del grupo de mujeres de la Librería de Milán —referente italiano del «pensamiento de la diferencia sexual» y discípulas críticas de Luce Irigaray— le va a retorcer el cuello a Lacan de la mano de Heidegger. En su particular concepción del orden simbólico, rehabilitará y concederá primacía a la metonimia, frente a la metáfora como régimen de la sustitución. Así, la relación de contigüidad —metonímica— entre madre e hijo/a, el *continuum* materno se revelará como el ámbito genuino del ser. Pues se trata de establecer otro «orden simbólico» —*versus* Lacan— que no despoje a la madre de sus facultades, a la vez que de poner en conexión la capacidad filosófica de «prestar atención a la positividad originaria del ser» con la potencia materna: «De la madre, de nuestra antigua relación con ella, si dejamos que nos hable, podemos aprender a combatir el nihilismo, que es una pérdida del sentido del ser».

Las implicaciones filosóficas de esta concepción del orden simbólico se ponen de manifiesto en sus resonancias nietzscheanas y heideggerianas: «El dualismo del cielo y la tierra que encontramos en la cosmología antigua y que sitúa lo negativo en el lado de la tierra va contra el justo sentido del ser porque carga lo negativo en la cuenta de la generación, invalidando [...] nuestra relación con la matriz de la vida y dando lugar a una sospecha insuperable frente a todo lo relacionado con la vida». El amor a la madre, entendido, no como sentimiento moral sino como incardinación en la matriz de la vida, nos sitúa *versus* la metafísica como posición de otro mundo. Pues, al vetarme un punto de vista superior al de la relación originaria con la madre, «excluye cualquier duplicación del mundo de la experiencia en otro mundo, ya que el mundo real y verdadero es

---

26. Cfr. Flax, J.: *Psicoanálisis y feminismo. Pensamientos fragmentarios*, Cátedra, Colección Feminismos, Madrid, 1995. Traducción de Carmen Martín Jimeno.

éste de aquí al que nos trajo mi madre»[27]. No deja de haber algo paradójico en esta exaltación identitaria de los valores femeninos tradicionales como valores anti-uránicos y antiplatónicos presentados como la transvaloración, en clave nietzscheana, de los valores masculinos. Justamente, los valores femeninos se identifican en buena medida con los descritos por Bachofen en *Das Mutterrecht* (religión, sentimiento del amor, protección sexual, «cultura ginecocrática») como aquellos que darían expresión a «la estructura interna de la naturaleza femenina». Sólo que Nietzsche comparte los supuestos de Bachofen, con quien se relacionó en Basilea, si bien cambiándoles el signo valorativo. Pues, justamente, a través de la religión los débiles someten a los fuertes, y la mujer ha conspirado siempre con los tipos de la decadencia, con los sacerdotes, contra los poderosos. Pese a la maniobra de redefinir y de resignificar estos valores en clave positiva, no deja de haber aquí un acomodo discursivo *contra natura*.

Seguimos en la paradoja al estimar como más acorde con el sentido de la transvaloración nietzscheana la exigencia de Simone de Beauvoir de rescatar a las mujeres del enfangamiento en los valores de la inmanencia (repetitivos, propios de la reproducción que nos es común con el reino animal) y promover en ellas los valores de la transcendencia específicos de lo humano: aquellos que, en lugar de reproducir mostrencamente la vida, la instituyen en valor al arriesgarla. Otra cuestión es el lastre androcéntrico del que no se libra la concepción beauvoireana de la transcendencia: convalida el privilegio de los valores guerreros —masculinos— como los propios de la trascendencia por antonomasia, en la medida en que anteponen las razones para vivir a la mera vida. La decisión responsable de no arriesgar estúpidamente la vida, así como la de darla o no darla en la «maternidad pensada» no tendría por qué no instituirla en valor: al menos, no en menor medida.

Las posiciones del «pensamiento de la diferencia sexual», en la medida en que buscan su anclaje en una identidad femenina

---

27. Cfr. Muraro, L.: *El orden simbólico de la madre*, Horas y horas, Madrid,1994, pp. 73. Traducción de Beatriz Albertini.

autoconstituyente y de cariz esencialista acaban, por una u otra vía, volviendo al mito del matriarcado: allí habría estado la feminidad genuina libre de las heterodesignaciones patriarcales que han colonizado y desvirtuado esta identidad. Así, podemos considerar «el orden simbólico de la madre» de Luisa Muraro como una versión ontogénetica —en la vida y el desarrollo de cada uno de los seres humanos— de la tesis filogénetica de *Das Mutterrecht* de Bachofen —asumida significativamente por Luce Irigaray— acerca de una fase de la humanidad que se desarrolló bajo el primado de las mujeres. El patriarcado se habría impuesto después con consecuencias simbólicas nefastas. «El advenimiento de la ley del padre [...] que se superpone a la positividad de la obra de la madre escinde la lógica del ser y es causa de que perdamos y volvamos a perder el sentido del ser». Muraro establece así una íntima relación entre el nihilismo como pérdida del sentido del ser —a la que abocaría la lógica patriarcal— y la represión cultural que, de acuerdo con ella, habría sufrido nuestra relación con la madre.

Así, entre el ente que usurpa el lugar del ser y el patriarcado que usurpa el *locus* de la madre, hay un isomorfismo y una convergencia tales que se viene a implantar la «retórica de la incertidumbre», versión de Muraro de «la existencia inauténtica». Esta retórica bastarda suplanta «la autoridad» de la lengua materna, que dice lo que es e instituye así a su dadora en profetisa y embajadora del ser heideggeriano.

En su concepción de la lengua materna, Muraro lleva a cabo una peculiar unificación en *El orden simbólico de la madre*[28] de ecos heideggerianos y resonancias de su interpretación de la función materna como «lugar común originario» de «la pareja primordial» constituida por la progenitora y su retoño. En este lugar, se solapan la matriz de la vida y la matriz de la palabra como un continuo de ser a ser. Pues, *versus* Lacan, para quien nuestra relación con la matriz de la vida no puede significarse, nuestra autora entiende que no es necesario el «corte» que nos separa de la Madre por obra de la Metáfora paterna para acceder al orden simbólico. Por coincidir en su

---

28. Ibídem.

matriz el ser con el sentido, «la lengua materna [...] es lo único que puede ocupar el lugar de la madre»; gracias a ella puede ser restituido el «lugar común originario», pues sus palabras no sustituyen a otras palabras: sustituyen la cosa misma. Aquí la sustitución equivale a la restitución de la experiencia primordial, es decir, el continuo metonímico de ser a ser *in praesentia*. Se puede dar, así, una sustitución sin sustitutos en la medida en que lo que restituyen-sustituyen es la experiencia primordial. Pues bien, es esta remisión al «lugar común-originario» lo que está en la base de la fuerza normativa de la lengua. Es de la madre de quien aprendimos a hablar, y ella fue en ese momento «garante de la lengua y de su capacidad de decir lo que es. Entonces la autoridad de la lengua era inseparable de la autoridad de la madre».

Entre otras formas de nihilismo que describe, la autora de *El orden simbólico de la madre* identifica la que consiste en la concepción del ser «como indiferente al ser verdadero o falso...». Este ser indiferente no puede prescribir nada en cuanto a que digamos esto o lo otro... En cuanto se sustrae a la autoridad de la madre-lengua, «la cuestión de lo verdadero-falso es sustituida por la de la verosimilitud y la credibilidad». La credibilidad se logra en la medida en que se esté «en coincidencia con un ya-dicho». Pero, entonces, «la mente piensa un no-pensado, es decir, no piensa verdaderamente, porque pensar, que es una actividad en estado puro, quiere decir, por definición, pensar lo impensado».

La lengua se aprende en el contexto de la interacción de «la pareja primordial». Pero este intercambio es constitutivamente dispar, y, justamente, es la disparidad del intercambio lo que determina «la fuerza normativa» de una lengua. «Así, sólo se puede luchar contra el nihilismo desde lo que podríamos llamar una concepción fundamentalista de la lengua materna: "He optado por sustituir el apego infantil a la madre por el saber-amarla y considerar la lengua aprendida de ella como la forma primera arquetípica de ese saber».

Pues bien, la concepción fundamentalista de la lengua se dobla en Muraro de una gran atención a y valoración de la literatura mística. Pues ese ser que la madre nos dice cómo se dice coincide, a la postre, con el decirse a sí mismo del propio ser, que se presentaría de esta forma como puro don. Ahora bien, se ofrece como tal justamente allí donde se produce el fracaso de la palabra, es decir, en la experiencia de lo inefable. De este modo, paradójicamente, la dadora de la palabra es a la vez la dadora del silencio, pues sería precisamente el silencio el lugar en que la palabra arraiga en el ser, y lo hace hasta el punto de que se niega como palabra. La mística, como experiencia de lo indecible, se produce en el fracaso del lenguaje como régimen de la mediación. Así, paradójicamente, la dadora del lenguaje como régimen de la mediación sería a la vez la dadora del fracaso del lenguaje en el don del puro ser, donde el ser, *sit venia verbo*, se «serea».

Luisa Muraro es explícita en su renegación de la Ilustración y su rechazo del ¡*Sapere aude!*[29]. Lamenta la falta de autoridad de la madre en nuestra vida adulta, pues entiende que es ésta la causa de «la incompetencia simbólica» que estaría en la base del nihilismo. Rechaza la independencia adulta «del pensamiento porque, más que ésta, deseo la coincidencia entre mi pensamiento y mi ser». De vuelta del repetitivo «decir de lo ya dicho», encuentra en una peculiar recreación de la infancia el lugar de esta coincidencia: «quizás volviendo a ser niñas […] O, tal vez de manera más realista (!), traduciendo en la vida adulta la antigua relación con la madre para hacerla revivir como principio de autoridad simbólica». Se trata, entonces, de establecer un peculiar pacto entre mujeres que las de la Librería de Milán llaman *affidamento*[30]. Consiste en entregarse fielmente y depositar la confianza en una mujer adulta que oficia como sustituta de la madre. De este modo, y paradójicamente, se recupera el contacto con la madre que es, por definición, una relación adscriptiva,

---

29. Considera que la identidad vindicativa, en tanto que «emancipacionista», es, empleando los términos del autor de la *Genealogía de la Moral*, una figura del «resentimiento», identidad propia de la dominación. Cfr. Amorós, C.: *La gran diferencia y sus pequeñas consecuencias... para las luchas de las mujeres, op. cit.*
30. El término no encuentra exacta traducción en castellano, pero viene a significar confianza, fidelidad... Las empresas han acuñado ahora el término «fidelización».

estableciendo un peculiar pacto con la matriz de la vida. Así, la relación adscriptiva resulta ser resignificada, recreada en clave contractual. Muraro se sitúa de ese modo en el imaginario moderno del contrato a la vez que reniega de la modernidad. Y pretende que este «volver a ser niñas» es lo que ha de preservarnos de caer en el nihilismo: «para nosotras, afirman sus adeptas, no existe autoridad si no va vinculada a la autoridad de la madre». Las relaciones que se establecen en torno a esta concepción de la autoridad, que ellas contraponen a los poderes constituidos de la política convencional, constituyen lo que llaman las de la Librería de mujeres de Milán «política de lo simbólico». Esta política se basa en una distinción entre «el cuerpo social» y «el cuerpo salvaje»: a este último le correspondería «la parte de la experiencia humana que desborda las capacidades de mediación de un orden simbólico-social dado y que queda fuera de la síntesis social». Pues bien: hay que luchar para que el principio materno no sea sustituido por "la síntesis social" del poder constituido», lo que equivale a «dar traducción social a la potencia materna».

Para nuestras sensibilidades democráticas, no deja de haber algo inquietante en esta peculiar alternativa al nihilismo. El *affidamento* se presta, con su disimetría constitutiva, a propiciar funcionamientos de secta, y «la política de lo simbólico» sustrae las energías de las mujeres a la lucha por sus reivindicaciones históricas porque se entiende que lo verdaderamente importante no se juega en este tablero[31]. Así pues, entre varones y mujeres ha de haber un separatismo total, pues «no hay mediación de la diferencia sexual». Y las mujeres no debemos esperar nada de lo que provenga del juego —fálico en última instancia —de la democracia. No es de extrañar que el manifiesto fundacional de esta deriva italiana del «pensamiento de la diferencia sexual» se titule: *No creas tener derechos*[32].

---

31. Cfr. Cirillo, L.: *Mejor huérfanas. Por una crítica feminista del pensamiento de la diferencia*, Anthropos, Barcelona, 2002. Traducción de Pepa Linares, prólogo de Luisa Posada.
32. Muraro es contundente en su crítica al «emancipacionismo»: no nos concierne a las mujeres «comprometernos en pos de la coherencia interna del paradigma político moderno», y niega tajantemente «la necesidad en la cual se encontrarían

Por nuestra parte, desde una posición constructivista moderada *versus* el esencialismo de las identidades, apostamos por los mestizajes genéricos, desde donde cabe proceder a una reapropiación crítica y selectiva de «la herencia de la madre».

5. De la «nación de las mujeres» a las tribus nomádicas

Luce Irigaray ha recibido críticas por su esencialismo, y en torno a la interpretación del mismo se ha generado un debate del que no vamos a dar cuenta aquí[33]. Nos interesa ahora fundamentalmente poner de manifiesto las implicaciones filosóficas y políticas que conlleva su concepción del lenguaje radicalmente sexuado y que en alguna ocasión le ha llevado a referirse a «la nación de las mujeres». Como lo pusimos de manifiesto en otra parte[34], este separatismo lingüístico podría tener dos implicaciones contrapuestas y —¿por qué no decirlo?— igualmente indeseables. Si es cierto que, como se ha afirmado, una lengua es un dialecto con un ejército detrás, entonces las mujeres deberíamos constituirnos en nación de amazonas. Pero, como se da la circunstancia de que no nos respalda un ejército, lo más probable es que se generara una situación de disglosia que diera lugar a una subcultura no difícilmente integrable. Asumiríamos el modelo de la etnia como paradigma de un régimen de multiculturalidad como tantos otros vigentes en nuestra era de la globalización. Afortunadamente —asumo mi juicio de valor—, la concepción lingüística de Irigaray no parece tener, por una parte, suficientes soportes empíricos[35], y estimamos muy discutible dotarla de rango normativo: ¿en qué sería mejor, ética y políticamente, una situación en la que el lenguaje masculino y el femenino tuvieran un estatuto de cooficialidad?

---

las mujeres de luchar contra la usurpación masculina del universal». Cfr. *La gran diferencia..., op. cit.*

33. Ibídem.

34. Cfr. Amorós, C. (ed.): *Feminismo y filosofía*, Síntesis, Madrid, 2000.

35. Cfr. no aísla todas las variables pertinentes para determinar el peso específico de la diferencia sexual en el lenguaje.

Por su parte, la autora de *El orden simbólico de la madre* ha elaborado, como hemos tenido ocasión de exponerlo, una teoría de la lengua materna que se presta a objeciones teóricas así como a protestas políticas. En lo que concierne a su concepción según la cual sería la autoridad de la madre que enseña al niño/a la lengua lo que dotaría de fundamento a su fuerza normativa, Muraro parece olvidar que, como lo puso de manifiesto Wittgenstein, el lenguaje es público y, en consecuencia, el niño aprende sus reglas de uso en tanto que tales. La «pareja primordial» no está en un burbuja como ámbito simbólico sin fisuras: la propia madre recibe, como cualquier hablante, la competencia lingüística de su atenerse a las reglas y a los criterios de uso de las expresiones lingüísticas en una comunidad determinada. El aprendizaje de la lengua por parte de las criaturas se produce en el contexto de un proceso de socialización en el que la propia madre sólo puede dar el sentido de las palabras en cuanto su propio decir es convalidado por la comunidad lingüística en la que se incardina. La posibilidad de la existencia de un lenguaje privado por parte de un hablante aislado ha sido ampliamente discutida por los teóricos del lenguaje. En cuanto a la teoría de Luisa Muraro, se trataría de un lenguaje privado *à deux,* donde la madre podría enseñar al niño significados arbitrarios sin contrastación con los usos de los hablantes que se sitúan en su contexto lingüístico y social. Podría así enseñar usos arbitrarios y delirantes. Sin embargo, la madre socializa al niño, y el aprendizaje de la lengua es fundamental en este proceso de socialización en tanto que ella es, a su vez, un ser social, así como autoriza los usos lingüísticos en tanto que, a su vez, es y ha sido autorizada en la medida en que se atiene a las vigencias públicas.

Rosi Braidotti, la teórica de los *Sujetos Nómades*[36] como la subjetividad más idónea en una sociedad global de «flujos descodificados» en el sentido de Gilles Deleuze —de quien es una discípula crítica—, es implacable con las implicaciones políticas de la concepción fundamentalista de la lengua materna. No sé si está pensando

---

36. Cfr. Braidotti, R.: *Sujetos nómades,* trad. de *Alicia Bixio,* Paidós, Buenos Aires, 2000.

en Muraro cuando pregunta: «¿Es la maternidad coercitiva provocada por la violación de una pandilla —en referencia a la tragedia de las mujeres de Bosnia Herzegovina— el precio que hay que pagar por hablar la lengua materna "incorrecta"? ¿No es toda apelación a la lengua materna "correcta" la matriz del terror, del fascismo, de la desesperación?» La subjetividad nómade, para nuestra filósofa, podría ser el antídoto y el conjuro de los genocidios. «¿Es porque practica una especie de promiscuidad con los diferentes cimientos lingüísticos por lo que la políglota ha renunciado hace tiempo a cualquier pureza lingüística o étnica? No hay lenguas maternas, sólo sitios lingüísticos que una toma como su punto de partida. Desde el momento en que una nace, pierde su origen…»[37]. La nómade renuncia así al anclaje en un «orden simbólico de la madre» a quien se atribuye la función de agente y garante de una relación genuina con el ser. No hay lenguas privilegiadas de una madre-patria en la que se expresa por antonomasia el sentido del ser, como al menos en algún momento lo creyó Heidegger. Preferimos la afirmación de Adorno: «La patria del hombre (y de la mujer) es haberse ido».

Nuestra era global parece caracterizarse por la «descodificación» de todos los flujos, es decir, por la liberación de los mismos de su adscripción y modulación de acuerdo con contenidos cualitativos cualesquiera, tal como entendía Deleuze que se producía en el capitalismo. Pero en el capitalismo del «Nuevo Orden Mundial S.A», por utilizar la caracterización de Donna Haraway[38], todo sucede, por un lado, como si la descodificación llegara al paroxismo: flujo del capital financiero, flujos migratorios incontenibles, feminización de flujos de mano de obra y globalización del cuidado…, pero, por otro, no deja de haber fenómenos o propuestas de re-codificación: el caso de Muraro es expresivo en este sentido. Braidotti, más sensible que ella a los procesos tecnológicos de la era global, detecta lo paradójico de su propuesta en un mundo en el que se ha roto el *continuum* materno…

---

37. *Op.cit.*, p. 43.

38. Cfr. Haraway, D.: *Modest_Witness@Second_Millenium. Femaleman©_Meets_Oncomouse™: Feminism and technoscience*, Routledge, London-New York, 1997.

En otra parte[39], me he referido a la ambigüedad de la obra de Irigaray, que hace posible el surgimiento a partir de ella de lo que podríamos llamar una interpretación de derecha y una deriva de izquierda: Muraro y Braidotti, respectivamente. Ahora nos interesa señalar que, a partir del exilio sexual de la autora de *Speculum*, vivido con nostalgia de impronta heideggeriana, se produce una reacción de recodificación y búsqueda de arraigo, por parte de Muraro, así como un «vector de desterritorialización» en la figuración de la nómade de Rosi Braidotti. Desterritorialización asumida como forma de vida con un talante que yo llamaría nietzscheano… Ahora bien, si las implicaciones políticas de las obras respectivas de Irigaray y Muraro son, cuando menos, inquietantes, como lo hemos podido ver, las posiciones de Braidotti no lo son menos para las sensibilidades democráticas. Incrédula en cuanto a las posibilidades de una renegociación del orden de la polis, nuestra nómade encuentra un centro de fuga —precario— en los extramuros de la ciudad. Pero no, como lo propone Seyla Benhabib, para encontrar un lugar desde donde ejercer la crítica tomando distancia cuando los valores de la polis llegan a estar demasiado reificados[40], sino porque la posición nómade es de suyo oblicua al orden de la polis irredenta.

Más bien, el proyecto nomádico, partiendo de la desterritorialización deleuziana de los flujos del deseo, de las figuraciones «rizomáticas» en contraste con las raíces que impulsan hacia arriba en un simplificador esquematismo, tiene en cuenta fundamentalmente la desterritorialización de los flujos migratorios femeninos. Es consciente de que los/las emigrantes y los/las exiliadas tienden a instituir en instancia normativo-utópica el lugar que se vieron obligadas a abandonar. Pero Braidotti, con la figuración de la nómade como «metáfora performativa», les propone un talante diferente y más acorde con las realidades de nuestro mundo global. La propuesta consistiría en hacer del límite-plenitud de otra forma y en otra dirección, en asumir, más allá de la nostalgia, su condición

---

39. Cfr. *La gran diferencia…, op. cit*.
40. Cfr. *Sujetos nómades, op. cit.*, pp. 72-73.

como un amable maridaje con el desarraigo… Quizás puede ser interpretada como una invitación a la práctica del «nihilismo activo». Se ha criticado su propuesta tildándola de elitista: parece adecuarse más a la situación de quienes tienen «múltiples pasaportes» que a los indocumentados/as «sin papeles».

Por nuestra parte, nos interesa aquí señalar una tensión conceptual en la obra de Braidotti que se relaciona con el hecho de que quiere ir más allá de Lacan, a la vez en la dirección de Gilles Deleuze y en la de Luce Irigaray. En la estela de la autora de *Speculum*, reclama un orden simbólico donde el deseo femenino pudiera ser inscrito y representable. En la del autor de *El Antiedipo*[41], se identifica con la desadscripción de los mecanismos del deseo de las figuras parentales edípicas, sea cual fuere la modalidad de «orden simbólico» en la que se podrían enmarcar. Es como si, por una parte, en la línea de Irigaray y Muraro reclamara un orden simbólico —en última instancia de factura lacaniana—, ora paralelo, ora alternativo, mientras que, por otra, con Deleuze y Guattari, asumiera la deconstrucción de cualquier modalidad de orden simbólico, en consonancia con la concepción de un inconsciente productivo: el de «las máquinas deseantes» que nada quieren saber de las formas de representación. La consecuencia política de esta tensión conceptual irresuelta es la incoherencia de demandar a Deleuze un estatuto diferencial especial para la diferencia femenina —entendida a lo Irigaray— entre las *n-posiciones* diferenciadas del deseo que resultan de la producción de «las máquinas deseantes», en un orden simbólico deconstruido[42]. Lo curioso es que su incoherencia teórica viene planteada desde una exigencia política coherente[43]: «a fin de desmitificar las categorías basadas en el falo, una debe, primero, haberse ganado una localización desde la cual poder hablar». Ahora bien, parece que nuestra filósofa deleuziana no repara en que esa localización no se logra precisamente

---

41. Cfr. Deleuze, G. y F. Guattari: *El Antiedipo*, Barral, Barcelona, 1972. Traducción de Francisco Monge.
42. Cfr. *Tiempo de feminismo, op. cit.*
43. No en vano la considero «la izquierda de Irigaray».

de la mano de Irigaray —que atribuye a las mujeres un lenguaje totalmente idiosincrático y sin traducción en el *logos*— sino que pasa por la senda ilustrada de las vindicaciones feministas. Justamente, esa senda a la que la obra de Simone de Beauvoir dotó de un lúcido fundamento filosófico.